本书由江苏大学专著出版基金资助

中国
R&D投入的
绩效评价及其战略思考

陈海波　著

PERFORMANCE EVALUATION
AND STRATEGIC THOUGHTS
OF CHINA'S R&D INPUT

江苏大学出版社
JIANGSU UNIVERSITY PRESS

镇 江

图书在版编目(CIP)数据

中国 R&D 投入的绩效评价及其战略思考 / 陈海波著
. —镇江：江苏大学出版社,2013.12
　ISBN 978-7-81130-601-9

　Ⅰ.①中… Ⅱ.①陈… Ⅲ.①企业管理－技术开发－
研究－中国 Ⅳ.①F279.23

　中国版本图书馆 CIP 数据核字(2013)第 276486 号

中国 **R&D** 投入的绩效评价及其战略思考
ZHONGGUO R&D TOURU DE JIXIAO PINGJIA JI QI ZHANLUE SIKAO

著　　者/陈海波
责任编辑/柳　艳　顾正彤
出版发行/江苏大学出版社
地　　址/江苏省镇江市梦溪园巷 30 号(邮编：212003)
电　　话/0511-84446464(传真)
网　　址/http：//press.ujs.edu.cn
排　　版/镇江文苑制版印刷有限责任公司
印　　刷/丹阳市兴华印刷厂
经　　销/江苏省新华书店
开　　本/890 mm×1 240 mm　1/32
印　　张/7.75
字　　数/220 千字
版　　次/2013 年 12 月第 1 版　2013 年 12 月第 1 次印刷
书　　号/ISBN 978-7-81130-601-9
定　　价/30.00 元

如有印装质量问题请与本社营销部联系(电话：0511-84440882)

前　言

　　R&D 活动是整个科技活动的基础和核心，是衡量一个国家和地区科技发展水平、科技活动结构、科技投入程度和科技含量的重要指标，在科技创新活动中起着关键的作用。发达国家的经济发展经验表明，R&D 投入是现代经济增长的重要元素，是经济发展的核心动力。

　　当前世界已进入后危机时代，后危机时代的经济发展离不开新兴产业的发展，目前以新能源为代表的产业革命已悄然兴起，新一轮的产业竞争已经来临。危机后引领全球经济发展的新技术和新的产业增长支柱都离不开 R&D 投入，可以说 R&D 投入对新一轮的经济发展有着至关重要的作用。目前，我国正处在经济发展方式转变的关键时期，R&D 投入绩效及其对经济发展的贡献日益受到人们的关注。加大 R&D 投入、提升 R&D 投入绩效是建设创新型国家、增强科技竞争力的关键。然而一直以来，我国 R&D 投入强度指标并未能达到预期水平，R&D 投入绩效不理想，我国 R&D 投入尚不能有力地支持我国经济的持续快速发展。因此，加强 R&D 投入的绩效评价，制定并实施适应新形势下的经济社会发展的 R&D 投入战略，加强 R&D 资源合理配置与管理，提高 R&D 投入绩效，对加快中国经济发展方式的转变，提高中国经济发展的质量，增强中国国际竞争力具有十分重要的理论和实际意义。

　　本书从 R&D 投入绩效的基础理论和相关文献研究入手，系统地分析了 R&D 投入绩效评价的内涵及其基本理论，分别从宏观、中观和微观三个层面对影响 R&D 投入绩效的因素进行了分析；构建了 R&D 投入绩效评价的指标体系和方法体系，形成了由 R&D 投入和 R&D 产出两个一级指标，R&D 人员投入、R&D 经费投人、R&D 成果直接产出、R&D 成果产出效率和经济社会效益产出 5 个二级指标以及 R&D 人员、R&D 经费支出和专利申请受理量等 24 个三级指标组成的 R&D 投入绩效评价理论指标体系;接着分析了中国 R&D 投入产出的特点,采用 Logisitic 模型对中国 R&D 经费投入强度的"S"形特点进行了分析,在企业层面上运用最优尺度回归分析的方法剖析了影响中国 R&D 投入绩效的因素;比较了绩效评价的主要方法,结合 R&D 投入绩效评价的特点,用因子分析、聚类分析和判别分析的组合方法评价了基于区域层面的 R&D 投入绩效、用 DEA 方法评价了基于产业层面的 R&D 投入绩效以及用系统动力学方法评价了基于宏观数据的 R&D 投入绩效;最后提出了提升中国 R&D 投入绩效的战略思考与对策建议。

本书针对中国 R&D 投入的绩效评价与战略研究得出的主要结论是:

第一,对 R&D 投入绩效评价基本问题进行研究的结论是,R&D 投入绩效是根据社会经济发展的内在要求,反映一定时期内 R&D 资源的投入和产出及其产生的经济效益和社会效益的可衡量效用的综合体现。R&D 投入绩效评价是采用科学、规范的绩效评价方法,对照统一制定的评价标准,对 R&D 投入过程及其效果进行科学、客观和公正的衡量、比较与综合评判。简单地说,就是对 R&D 投入及其效果进行比较,使一定的科技投入能发挥更大的效益,获得更多的回报。影响 R&D 投入绩效的宏观因素包括对外开放度、政府对 R&D 活动的支持度和区域的经济实力,中观因素包括产业集聚因素和市场结构,微观因素包括企业规模、企业实力、企业自身技术水平、企业出口贸易和企业家管理能力与创新意识等。

第二,在对 R&D 投入绩效的评价指标体系及方法选择研究后,提出了 R&D 投入绩效评价体系,包括 R&D 投入绩效评价的理论指标体系和方法体系。R&D 投入绩效评价的理论指标体系包括构建了由 R&D 投入、R&D 产出 2 个一级指标、5 个二级指标和 24 个三级指标组成的 R&D 投入绩效理论指标体系。R&D 投入绩效评价的理论方法通常有定性评价方法、系统工程方法、模糊数学方法、运筹学方法、灰色综合评价法、统计分析方法、智能化评价方法以及动态复杂系统评价方法。具体包括德尔菲法、层次分析法、因子分析、聚类分析、判别分析、模糊综合评价、数据包络分析、灰色关联度分析、BP 神经网络分析以及系统动力学模型等。经比较确定 R&D 投入绩效评价方法体系包括：将客观的因子分析和聚类分析加以组合展开区域 R&D 投入绩效的评价；采用数据包络模型（DEA）对工业行业 R&D 投入绩效进行的综合评价；采用系统动力学模型对中国 R&D 投入绩效的动态发展以及与经济增长之间的作用进行系统评价。

　　第三，中国 R&D 投入产出的现状分析表明：一是中国 R&D 投入保持持续增长趋势、三大活动类型中的 R&D 投入差异较大、R&D 活动执行部门间经费支出差异大，资金来源集中、R&D 投入的区域和行业间差异较大等特点。二是观察到我国 R&D 经费投入强度的变化呈现"S"形，其特征符合 Logistic 增长曲线的特征，故采用 Logistic 增长曲线对此进行拟合并展开预测。研究发现 R&D 投入强度指标与发展目标之所以不相符合，客观上是由于 R&D 投入与我国的工业化中级阶段的发展特征不相容所导致的。因此，在 R&D 投入上仍需要加大力度。三是分析了中国 R&D 产出的特点，表明各地区技术市场交易繁荣，按地区分布的国内三种专利申请受理数、专利申请授权数差异较大，国外主要检索工具收录我国论文总数及其在世界上的排名不断提升，国内外职务与非职务三种专利申请受理和授权数特点鲜明。四是基于影响 R&D 投入绩效的一般因素分析，以江苏省企业创新调研数据为基础，采用最优尺度回归模型对影响中国 R&D 投入绩效的微观关键因素进一步进行验证。研究表明，企业规模、高新技术企业分类变量、企业家创新意识分类变量、R&D 人员投入、R&D 经费支出是影响企业 R&D 投入绩效的关键因素，而企业规模、R&D 人员投入、R&D 经费支出对企业 R&D 投入绩效影响最大，表明现阶段企业

R&D 投入绩效离不开企业规模化的支持和人力、财力的投入。

第四,基于区域与产业层面对中国 R&D 投入绩效评价,选择多元统计分析中的因子分析、聚类分析方法,经过多次甄别与筛选,最终确定了由 $X_1 \sim X_{12}$ 共 12 个指标组成评价指标体系构成评价指标体系。对基于区域层面的中国 R&D 投入绩效展开评价并通过逐步判别分析技术建立了判别函数,进一步拓展了评价的空间。同时根据产业层面 R&D 投入绩效的特点,选择适当的 R&D 投入产出指标,选取如下 R&D 投入指标: X_1 为 R&D 人员(人)、X_2 为 R&D 人员全时当量(人年)、X_3 为 R&D 经费(万元);而 R&D 产出指标则选取: Y_1 为主营业务收入(万元)、Y_2 为新产品销售收入(万元)、Y_3 为新产品开发项目数(项)、Y_4 为专利申请数(件)、Y_5 为拥有发明专利数(件),运用 DEA 方法对产业层面的中国 R&D 投入绩效展开评价。

研究表明,在区域层面,R&D 投入绩效可分为四类,第一类为绩效领先型区域,包括北京、广东、江苏、上海。第二类为绩效发达型区域,包括浙江、山东。第三类为绩效发展型区域,包括天津、辽宁、吉林、湖北、陕西、福建、重庆、四川、湖南、安徽。第四类为绩效落后型区域,包括河南、黑龙江、甘肃、海南、山西、河北、贵州、云南、江西、广西、新疆、内蒙古、西藏、宁夏、青海。

在行业层面,R&D 投入绩效也分为四类,第一类为绩效领先型行业分析——DEA 有效,包括黑色金属矿采选业,烟草制品业,木材加工及木、竹、藤、棕、草制品业,家具制造业,文教体育用品制造业,塑料制品业,通信设备、计算机及其他电子设备制造业,电力、热力的生产和供应业,燃气生产和供应业,水的生产和供应业等 10 个行业;第二类为绩效发达型行业分析——轻度 DEA 无效,包括石油加工、炼焦及核燃料加工业,仪器仪表及文化、办公用机械制造业,医药制造业,电气机械及器材制造业,农副食品加工业等 5 个行业;第三类为绩效发展型行业分析——中度 DEA 无效,包括皮革、毛皮、羽毛(绒)及其制品业,专用设备制造业,食品制造业,金属制品业,工艺品及其他制造业,通用设备制造业,化学原料及化学制品制造业,橡胶制品业,纺织业,交通运输设备制造业,纺织服装、鞋、帽制造业,有色金属冶炼及压延加工业,印刷业和记录媒介的复制,非金属矿物制品业等 14 个行业;第四类为绩效落后型行业分析——严重 DEA 无效,包括化学纤维制造业,造纸及纸制品业,黑色金属冶炼及压延加工业,饮料制造业,非金属矿采选业,有色金属矿采选业,石油和天然气开采业,煤炭开采和洗选业等 8 个行业。

第五,运用系统动力学模型构建了中国 R&D 投入绩效系统动态仿真系统。研究结果表明,我国 R&D 投入绩效系统的良好发展与经济增长存在正相关关系。目前的 2011 年到模型预测的 2020 年,R&D 投入将逐年增加,将有力的支撑 R&D 投入绩效的持续增长。R&D 人员投入增长速度将可能因受人口数量增长的约束和高等教育规模的缩减在一定程度上放缓。为此,引进国外人才、多方开展培训和技术人员的终身教育尤为重要,对提升 R&D 投入绩效意义重大。应抓住有利时机,利用目前我国经济增长的良好势头,切实转变经济发展方式,提升科技进步对经济增长的贡献度。

第六,提出了提升我国 R&D 投入绩效的战略和对策。战略应确定为:以企业 R&D 为主导,产学研合作,坚持多元化 R&D 投入和国际 R&D 合作,着力优化 R&D 投入结构,加大海外人才引进,采用财税政策激励,切实提高中国 R&D 投入绩效。并且从投入、保障、合作以及监控等 4 个方面提出了提升中国 R&D 投入绩效的对策建议,不断加大 R&D 经费投入和人员投入的力度,一方面推进 R&D 经费投入方式的多元化以及结构的优化,另一方面实施 R&D 高级人才的引进、培养和教育工作,提高 R&D 人员投入;建立健全提升 R&D 投入绩效的保障体系,在强化政府提升 R&D 投入绩效中的作用的同时,加强知识产权管理和保护的法律保障;积极开展国内外 R&D 合作,不仅推进企业 R&D 主导、产学研合作的技术创新体系建设,而且推进国际 R&D 合作战略;重视 R&D 投入绩效评价,建立完善的绩效评价体系。

本书的创新之处主要有:

第一,本书界定了 R&D 投入绩效评价的内涵,全面系统地建立了 R&D 投入的绩效评价体系,拓展了 R&D 投入绩效评价的研究领域和应用方法。

第二,针对中国 R&D 投入的特点,对中国 R&D 投入强度的变化呈现"S"形,运用 Logistic 增长曲线模型进行分析,明确了中国 R&D 投入强度增长曲线变化的三个重要时点;采用最优尺度回归方法对江苏创新调研数据进行分析,模型显示 R&D 人员投入、R&D 经费支出、企业规模大小以及企业创新意识等因素是影响 R&D 投入绩效的关键因素。

第三,在区域层面和产业层面对中国 R&D 投入绩效评价中,有机地将因子分析、聚类分析、判别分析和 DEA 等方法优化组合;依据我国的宏观数据,构建了一个同中国 R&D 投入绩效实际较为吻合的系统动态仿真模型并应用于实践,动态预测了中国 R&D 投入绩效的变动,为把握未来绩效变化特点以及政策因素在变动中的作用提供了依据。

目　录

1 导 论

1.1 研究的背景和意义

1.1.1 研究背景

科学研究与试验发展（Research and Development, R&D）活动是指在科学技术领域为增加知识总量以及运用这些知识去创造新的应用而进行的系统的、创造性的活动，包括基础研究、应用研究和试验发展。基础研究是为了获得关于现象和可观察事实的基本原理等新知识（揭示客观事实的本质、运动规律，获得新发现、新学说）而进行的实验性或理论性研究，它不以任何专门或特定的应用或使用为目的，其成果以科学论文和科学著作为主要形式。应用研究是为了确定基础研究成果可能的用途，或是为达到预定的目标探索应采取的新方法（原理性）或新途径，其成果形式以科学论文、专著、原理性模型或发明专利为主，它主要针对某一特定的目的或目标，是为了获得新知识而进行的创造性研究。试验发展是指利用从基础研究、应用研究和实际经验所获得的现有知识，为产生新的产品、材料和装置，建立新的工艺、系统和服务，以及对已产生和建立的上述各项做实质性的改进而进行的系统性工作，其成果形式主要是专利、专有技术、具有新产品基本特征的产品原型或具有新装置基本操作的原始样机等。R&D 活动是整个科技活动的基础和核心，是衡量一个国家和地区科技发展水平、科技活动结构、科技投入程度和科技含量的重要指标，在科技创新活动中起着关键的作用。发达国家的经济发展经验表明，R&D 投入是现代经济增长的重要元素,是经济发展的核心动力。

当前世界已进入后危机时代,后危机时代的经济发展离不开新兴产业的发展,目前以新能源为代表的产业革命已悄然兴起,新一轮的产业竞争已经来临。危机后引领全球经济发展的新技术和新的产业增长支柱都离不开 R&D 投入,可以说 R&D 投入对新一轮的经济发展至关重要。2006 年我国《国民经济和社会发展第十一个五年规划纲要》首次将 R&D 投入强度指标作为经济结构调整的预期指标列入经济社会发展的 22 个主要指标,可以看出 R&D 投入/GDP 并不是单纯意义上的研发经费投入指标,而是反映了一国的经济增长质量以及经济发展方式,在一定程度上可以揭示我国创新型国家建设的进程。我国正处在经济发展方式转变的关键时期,R&D 投入绩效及其对经济发展的贡献日益受到人们的关注。许多发达国家,R&D 投入绩效评估已进入国家和政府层面的法制化、规范化时期。美国政府于 1993 年颁布了《政府绩效与结果法案》(CPRA),要求包括科研机构在内的所有公共部门对其绩效进行评估;日本在 1997 年通过了《国家研究开发评价实施办法指南》,提出了科技评价的基本框架,包括评价的目的、原则、基本程序与方法以及不同类型科技活动评价的特点与内容等。到 20 个世纪 80 年代末,我国才真正开始关注 R&D 活动的评估,直至 90 年代对 R&D 活动绩效的评估才付诸实践,主要是由中国科学院、国家自然科学基金委员会完善对研究所、国家重点实验室以及基金项目的绩效评估,而系统全面的评估仍在不断探索和实践中。

1.1.2　研究意义

加大 R&D 投入、提升 R&D 投入绩效是建设创新型国家和增强科技竞争力的关键。然而一直以来,R&D 投入强度指标并未能实现预期的一些目标,R&D 投入绩效不理想,我国 R&D 投入尚不能有力地支持我国经济的持续快速发展。因此,研究 R&D 投入绩效评价问题,具有重要的理论和实际意义。

在理论研究中,本书界定了 R&D 投入绩效的内涵,全面构建了 R&D 投入绩效评价体系,针对不同的评价单元,合理选择 R&D

投入绩效评价方法,对 R&D 投入绩效及其评价的理论研究方面具有重要的理论意义;同时,也为同行们继续完善 R&D 投入绩效评价体系提供了参考和借鉴,具有一定的学术价值。

在实证分析中,本书主要做了以下研究工作:第一,分析了中国 R&D 投入产出现状,并揭示了中国 R&D 投入强度的"S"形特征,并拟合出 Logistic 曲线,对中国 R&D 投入的规律进行了有力的探索,并对影响 R&D 投入绩效的因素进行分析,具有重要的实际价值;第二,科学评价区域层面和行业层面的 R&D 投入绩效,明确了区域和行业层面存在差异性,对中国在区域层面和行业层面的 R&D 投入绩效的提升有着重要的实际意义;第三,构建 R&D 投入绩效的系统动力学模型,动态模拟了未来十年的 R&D 投入绩效变动情况,对制定并实施适应新形势下的经济社会发展的 R&D 投入战略、加强 R&D 资源合理配置与管理,对加快中国经济发展方式的转变、提高中国经济发展的质量、增强中国国际竞争力具有十分重要的实际意义。

1.2 研究目标、内容及方法

1.2.1 研究目标

本书的研究目标有以下几点:首先,科学界定 R&D 投入绩效的内涵,并提出一套完整的 R&D 投入绩效评价体系;其次,运用理论研究的成果,针对中国的实际情况,基于合目的性的原则,从不同角度选择合适的指标体系和方法对中国 R&D 投入绩效进行合理的评价;再次,有针对性地提出符合中国国情的、具有可操作性的、提升 R&D 投入绩效的战略思考与对策建议。

1.2.2 研究内容

(1) R&D 投入绩效评价的基本问题

全面系统地分析了绩效、R&D 投入绩效评价的内涵及其基本理论,从宏观、中观和微观层面对影响 R&D 投入绩效的因素进行了详细的理论分析。

（2）R&D 投入绩效的评价指标体系及方法选择

在综合国内外学者研究成果的基础上，提出了 R&D 投入绩效指标体系构建的原则和形成程度，在此基础上提出了 R&D 投入绩效评价的指标体系，在分析比较了 R&D 投入绩效评价的主要方法后，提出了本书 R&D 投入绩效评价的方法体系。

（3）中国 R&D 投入产出的现状分析

分析了中国 R&D 投入产出的基本特点，观察到我国 R&D 经费投入强度的变化呈现"S"形，其特征符合 Logistic 增长曲线的特征，用 Logistic 增长曲线对此进行拟合并展开预测，并运用最优尺度回归模型对影响中国 R&D 投入绩效的关键因素进行了进一步的探讨。

（4）基于区域与产业层面的中国 R&D 投入绩效评价的实证研究

根据 R&D 评价的目的、内容，从 R&D 活动的环境、投入、产出、效率等方面初选了 R&D 人员投入（人）、R&D 内部经费支出（亿元）、专利申请数（件）等指标，根据指标数据的可获取性及研究的合目的性，选择多元统计分析中的因子分析、聚类分析方法，经过多次甄别与筛选，最终确定了由 $X_1 \sim X_{12}$ 共 12 个指标组成评价指标体系，对基于区域层面的中国 R&D 投入绩效展开评价，并基于因子分析和聚类分析的结果，构建对未知类别的判别函数。同时根据产业层面 R&D 投入绩效的特点，选取 R&D 投入指标：X_1 为 R&D 人员（人）、X_2 为 R&D 人员全时当量（人年）、X_3 为 R&D 经费（万元）；R&D 产出指标：Y_1 为主营业务收入（万元）、Y_2 为新产品销售收入（万元）、Y_3 为新产品开发项目数（项）、Y_4 为专利申请数（件）、Y_5 为拥有发明专利数（件），运用 DEA 方法对产业层面的中国 R&D 投入绩效展开评价。

（5）基于宏观数据的中国 R&D 投入绩效的系统动态仿真模型分析

对中国 R&D 投入绩效的系统特征展开研究，并在此基础上构建中国 R&D 投入绩效的系统模型，勾勒中国 R&D 投入子系统与国民经济子系统、人口发展子系统以及政府政策子系统之间的因果关联,采用 Vensim PLE 软件建立系统动态仿真模型并进行模拟分析,探讨影响中国 R&D 投入绩效的关键性因素,并通过控制政府政策变量,模拟在不同政策环境下 R&D 投入绩效的轨迹,寻找最佳政策下的中国 R&D 投入资源配置,为制定战略计划、提出相应的对策建议奠定基础。

(6) 提升中国 R&D 投入绩效的对策建议

在现状分析、绩效评价、系统动态仿真模型分析和预测的基础上,提出了提升中国 R&D 投入绩效的战思考略与对策建议。

1.2.3　研究方法

本书采用的研究方法有以下几种:

第一,演绎法与归纳法相结合。通过对国内外 R&D 投入绩效的理论和实证研究进行广泛的归纳分析,从一般规律的总结具体到中国 R&D 投入绩效研究。

第二,定性分析与定量分析相结合。在机理研究方面采用了定性分析,而在绩效评价、影响因素确定等方面进行最优尺度回归分析、因子分析、聚类分析、判别分析以及数据包络分析等定量分析,并进一步采用系统动态仿真模型对中国 R&D 投入绩效进行模拟和预测,为研究提升中国 R&D 投入绩效的战略及对策建议作铺垫。

第三,比较分析与综合分析相结合。体现在中国 R&D 投入与世界各国 R&D 投入的横向比较,中国 R&D 投入的纵向比较,以及中国 R&D 投入类型、区域、行业之间的比较,在比较后综合分析 R&D 投入状况。

第四,静态分析和动态分析相结合。本研究不仅着眼当前格局,更着眼于未来的发展可能,特别是在对策研究部分采用动态分析方法,体现了中国 R&D 投入战略的长远性。

1.3　研究的创新点及框架结构

1.3.1　研究的创新点

本书的创新之处主要有以下几点:

第一,本书界定了 R&D 投入绩效评价的内涵,全面系统地建立了 R&D 投入的绩效评价体系,拓展了 R&D 投入的绩效评价的研究领域和应用方法。

第二,针对中国 R&D 投入的特点和中国 R&D 投入强度的变化呈现"S"形的特征,运用 Logistic 增长曲线模型进行了分析,明确了中国 R&D 投入强度增长曲线变化的三个重要时点;采用最优尺度回归方法对江苏创新调研数据进行分析,模型显示 R&D 人员投入、R&D 经费支出、企业规模大小以及企业创新意识等因素是影响 R&D 投入绩效的关键因素。

第三,在区域层面和产业层面对中国 R&D 投入绩效评价中,有机地将因子分析、聚类分析、判别分析和 DEA 等方法组合优化;基于宏观数据,构建一个同中国 R&D 投入绩效实际较为吻合的系统动态仿真模型并应用于实践,动态预测了中国 R&D 投入绩效的变动,为把握未来绩效变化特点以及政策因素在变动中的作用提供了依据。

1.3.2 研究的框架结构

基于上述研究目标、研究内容以及研究方法,本书从 R&D 投入绩效的基础理论和相关文献研究入手,系统分析了 R&D 投入绩效评价的内涵及其基本理论,从宏观、中观和微观层面对影响 R&D 投入绩效的因素进行了分析;在综合国内外学者的研究成果的基础上,提出了 R&D 投入绩效评价的指标体系和方法体系;分析了中国 R&D 投入产出的特点,针对 R&D 投入强度指标的"S"形特征,运用 Logistic 增长曲线模型进行模拟分析,对影响中国 R&D 投入绩效因素进行了最优尺度回归分析;在理论指标体系的研究基础上,结合实际基于区域层面和产业层面对中国 R&D 投入绩效进行评价;在此基础上对中国 R&D 投入绩效系统展开模拟仿真分析,构建中国 R&D 投入绩效系统动态仿真模型,对中国 R&D 投入绩效展开动态系统研究;最后提出了提升中国 R&D 投入绩效的战略思考与对策建议。本研究的基本思路与框架结构,如图 1-1 所示。

导 论

开展广泛的国内外文献综述

| 科技管理 | 经济发展理论 | 发展经济学 |

理论研究

R&D 投入绩效及评价的基本理论

R&D 投入绩效的指标体系和方法选择

中国 R&D 投入产出的现状分析

影响中国 R&D 投入绩效因素的实证分析

中国 R&D 投入绩效评价的实证研究

实证分析

| 基于区域层面 | ← → | 基于产业层面 |

中国 R&D 投入绩效的系统动态仿真模型的建立与分析

中国 R&D 投入绩效系统的机理研究

勾勒 R&D 投入子系统与国民经济子系统、人口子系统以及政府政策子系统之间的因果关联

是否符合实际 ——否

是

提升中国 R&D 投入绩效的战略思考与对策

战略思考

| SWOT | QSPM |

结论与展望

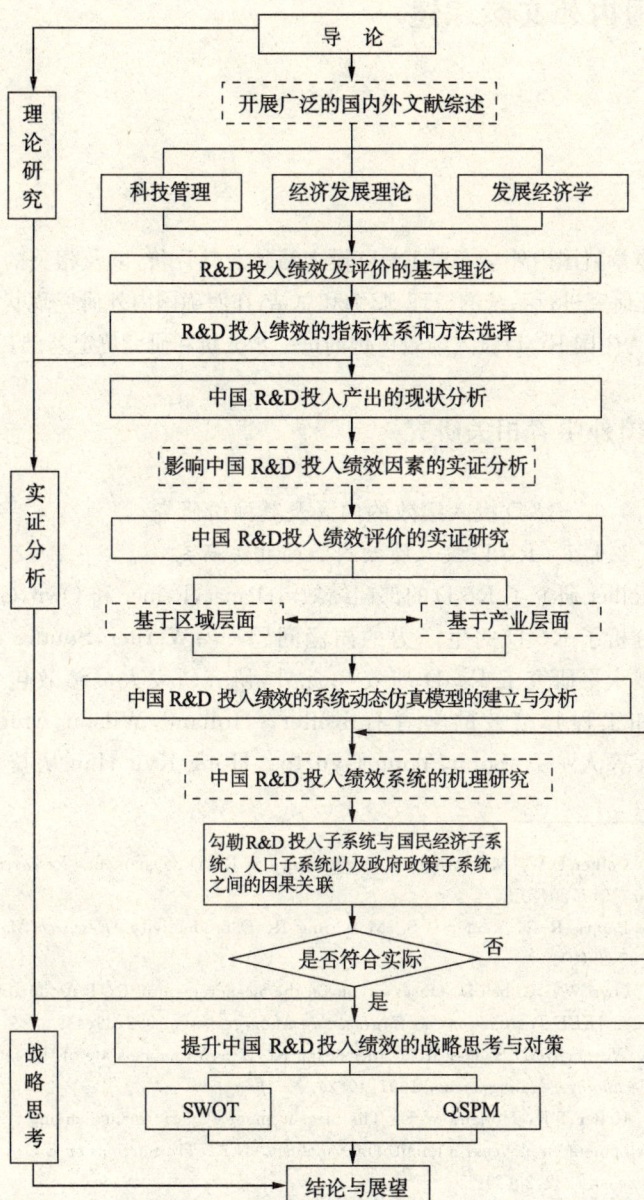

图 1-1 本书研究的框架结构

2 国内外文献综述

本章就国内外学者对 R&D 投入绩效及其评价,以及相关的理论与实证研究进行系统的梳理、归纳和总结,在明确国内外研究现状的基础上,为中国 R&D 投入绩效评价的进一步分析和研究奠定基础。

2.1 国外学者相关研究

2.1.1 R&D 投入绩效的内涵及其评价研究

2.1.1.1 R&D 投入绩效内涵的相关研究

Collier 研究了 R&D 的部门绩效[①];Papas,Remer 和 Own,Gobeli 分别分析了 R&D 的生产力的内涵问题[②③];Werner,Souder 从技术发展水平研究了 R&D 绩效[④];此外,研究研发人员绩效包含科学家和工程师绩效的学者有 Keller, Holland, Wilson, Mueser, Raelin 等人[⑤⑥]。Sohn,Yong Gyu Joo,Hong Kyu Han 从技术绩

---

① Collier D W. Measuring the performance of R&D department. *Research Management*,1977,20(2).

② Pappas R A, Remer D S. Measuring R&D productivity. *Research Management*,1985,28(3).

③ Own W B,Gobeli D. Observations on the measurement of R&D productivity: a case study. *IEEE Transactions on Engineering Management*, 1992,39(4).

④ Werner B M, Souder W E. Measuring R&D performance-state of the art. *Research-Technology Management*, 1997,40(2).

⑤ Keller T R, Holland W E. The measurement of performance among research and development employees: a longitudinal analysis. *IEEE Transactions on Engineering Management*, 1982,29(2).

⑥ Wilson D K, Mueser R, Raelin J A. New look at performance appraisal for scientists and engineers. *Research-Technology Management*, 1994,37(4).

效、商业绩效、管理绩效、制造绩效和影响力绩效等方面进行了评估①。

2.1.1.2 R&D投入绩效评价意义与指标体系设计的相关研究

一些学者在 R&D 投入绩效评价的意义、指标体系设计等方面进行了相关的探讨。Bela Gold 阐述了 R&D 绩效评价的重要意义,在指出运用投入和产出两方面指标评价的缺点后,定义了 R&D 贡献的主要类型:单独的 R&D 绩效、R&D 对于公司总体绩效的贡献和特定公司与竞争对手相比较的 R&D 绩效②。Drongelen,Cook 则提出了研发评价体系的设计原理③。Bowon Kim,Heungshik 认为如果没有有效的绩效评价,研发机构将难以激发他们的研发科学家和工程师。研发经理如何设计最适合的 R&D 绩效评价系统是一个重要的问题。通过大规模的调查,得出的结论为缺乏公平的绩效评价体系可能是最大的障碍。他们也认为,一个公平的绩效评价应更多地利用行为和质量,例如领导对年轻科研人员的指导和自下而上(例如,研发人员对自身、自己的老板和研发经理)以及横向(例如同事之间)的评价④。Eric Wang 利用1998—2002 年 5 年间美、日、法等 30 个国家的数据来构建国家面板数据,投入指标为 R&D 资本存量和人力,产出指标为专利和学术论文,同时考虑了影响研发绩效的环境因素⑤。Brian Cozzarin 提出一项研究议程,用于检测加拿大政府赞助下的研发项目所产生的经济效益。他建议采用多种方式和指标来评估政府支持下的

---

① Sohn S Y, Yong Gyu Joo, Hong Kyu Han. Structural equation model for the evaluation of national funding on R&D project of SMEs in consideration with MBNQA criteria. *Evaluation and Program Planning*, 2007,30(1).

② Bela Gold. Some key problems in evaluating R&D performance. *Engineering and Technology Management*, 1989,6(1).

③ Drongelen I, Cook A. Design principles for development of measurement systems for research and development processes. *R&D Management*, 1997,27(4).

④ Bowon Kim, Heungshik Ok. An effective R&D performance measurement system:survey of Korean R&D researchers. *Omega*, 2002,30.

⑤ Eric C Wang. R&D efficiency and economic performance:A cross-country analysis using the stochastic frontier approach. *Policy Modeling*, 2007,29.

研发项目和其部门的优势,利用现有的联邦主要研发项目的有关信息,了解哪些指标和方法能用于实际操作。具体参与调查的项目和机构包括加拿大工业部赞助的"加拿大技术合作伙伴关系研究"、国家研究理事会旗下的"工业研究援助计划"、大西洋加拿大商机局支持的"大西洋创新基金"和加拿大航天局及国防部[1]。2011 年 Valentina Lazzarotti, Raffaella Manzini, Luca Mari 设计了一个基于平衡性能的 R&D 绩效测量正式模型[2],从财务、客户、内部业务、创新和学习、联盟和网络 5 个不同角度的定量指标进行综合评价。

2.1.1.3 R&D 投入绩效评价方法运用的相关研究

在 R&D 投入绩效评价的方法运用上,许多学者尝试使用了多种手段,大体上可以分为 4 类:数据包络模型(DEA)方法、随机前沿方法、结构方程模型和网络分析法。

采用 DEA 方法的主要有:Lee 和 Park 采用 DEA 方法对 R&D 活动效率展开了国际比较[3];Hakyeon Lee, Yongtae Park, Hoogon Choi 采用 DEA 方法对国家不同类别 R&D 项目进行绩效评估[4]。Toshiyuki Sueyoshi, Mika Goto 利用 DEA-DA 来评估日本 IT 企业和其他制造企业 R&D 支出价值[5]。

采用随机前沿方法的主要有:Eric Wang 在确定指标体系和数

① Brian P Cozzarin. Data and the measurement of R&D program impacts. *Evaluation and Program Planning*,2008,31(3).

② Valentina Lazzarotti, Raffaella Manzini, Luca Mari. A model for R&D performance measurement. *International Journal of Production Economics*, 2011,134(1).

③ Hakyeon Lee, Yongtae Park, Hoogon Choi. Comparative evaluation of performance of national R&D programs with heterogeneous objectives: A DEA approach. *European Journal of Operational Research*,2008,196(3).

④ Lee H,Park Y. An international comparison of R&D efficiency:DEA approach. *Asian Journal of Technology Innovation*, 2005, 13(2).

⑤ Toshiyuki Sueyoshi, Mika Goto. A use of DEA-DA to measure importance of R&D expenditure in Japanese information technology industry. *Decision Support Systems*, 2013, 54(2).

据后,运用随机前沿方法评价了 R&D 活动的相对效率①。

采用结构方程模型的主要有:在科学地界定了绩效内涵后,Sohn,Yong Gyu Joo 和 Hong Kyu Han 运用结构方程模型从绩效内涵入手对国家 R&D 基金项目进行了评估②。

采用网络分析法的有:Uk Jung 和 Seo 提出由于国家研发项目目标的纷繁杂乱,很少有人基于项目表现来比较项目的优劣。因此,基于研究目标与评定标准间的相依性,可以将网络分析法运用到研发项目的评估中。当项目与评估标准相互依存时,网络分析法会在权衡利弊后给出最优选项。他们在论文中为项目评估提供了一个通用的模型,也借此向从业者输入了价值标准的概念。对于研究者而言,此篇论文展示了特定环境下网络分析法的创新性应用,测试性地应用网络分析法也是为了用来否定由韩国政府资助下的研究项目所提取的实验数据③。

2.1.1.4 政府科技政策与 R&D 投入绩效评价

Bhalla 和 Fluitman 检验了科技指标的运用及其在计划编制和社会经济进步评价中的实用性,并尝试根据其结构以及相关的国家发展目标来定义本土的技术能力,从技术能力框架及其形成环境两方面来寻找指标体系④。Simón Teitel 提出可依据人口规模和人均收入来计算科研人员的存量和 R&D 支出⑤。C van der Eerdena 和 Saelensb 提出科技指标可以用于量化商业组织的 R&D

① Eric C Wang. R&D efficiency and economic performance: A cross-country analysis using the stochastic frontier approach. *Policy Modeling*,2007,29.

② Sohn S Y, Yong Gyu Joo, Hong Kyu Han. Structural equation model for the evaluation of national funding on R&D project of SMEs in consideration with MBNQA criteria. *Evaluation and Program Planning*,2007,10—20.

③ Uk Jung, Seo D W. An ANP approach for R&D project evaluation based on interdependencies between research objectives and evaluation criteria. *Decision Support Systems*,2010,49(3).

④ Bhalla A S, Fluitman A G. Science and technology indicators and socio-economic development. *World Development*,1985,13(2).

⑤ Simón Teitel. Science and technology indicators, country size and economic development: An international comparison. *World Development*,1987,15(9).

活动和市场战略的优势和劣势①。Hariolf Grupp 和 Mary Ellen Mogee 介绍了科技指标发展的情况以及科技指标在制定国家政策中的作用,阐述了在国家层面上衡量创新的重要性,分析了欧洲的国家科技指标报告、日本的科技指标和合成指标的发展及相关概念,并指出如何处理合成科技指标的缺陷②。Steven Bowns, Ian Bradley, Paula Knee, Fiona Williams 和 Geoffrey Williams 认为,一直以来公共集资下的研发项目的益处和优势都是许多研究讨论的重点,也有很多方法可以帮助人们揭开研发的面纱。他们借用已在英国投入使用的用于评估公共集资研发项目的方法 MMI 模型,并介绍了在 MMI 模型上所取得的进步。作为英国国家测量系统的一部分,英国工商部将 MMI 模型应用在评估具体研究项目所产生的经济效益上。该模型在比较公共集资的研发项目方面已经被使用了 5 年以上,还可以被用于测算未来集资项目的收益和优势状况,估计未来将被应用到更广泛的领域(如英国内外公共研发投资的其他领域)③。

此外,国外学者在研究 R&D(科技)与国家政策、政府作用时也涉及了 R&D 投入的绩效评价问题,不过这类文献仅描述了国家 R&D(科技)投入状况,讨论了 R&D 投入绩效评价对于制定国家科技政策和科技发展的重要意义,但是较少涉及评价体系构建过程和方法,如 John Gibbons 和 William Wells 以及 David Hunt 和 Ian Taylor 分别对美国和英国的科技活动和政府关系进行了研究④⑤;同年

① C van der Eerdena, Saelensb F H. The use of science and technology indicators in strategic planning. *Long Range Planning*, 1991, 24(3).

② Hariolf Grupp, Mary Ellen Mogee. Indicators for national science and technology policy: how robust are composite indicators? *Research Policy*, 2004, 33.

③ Steven Bowns, Ian Bradley, Paula Knee, Fiona Williams and Geoffrey Williams. Measuring the economic benefits from R&D: improvements in the MMI model of the United Kingdom National Measurement System. *Research Policy*, 2003, 32(6).

④ John H Gibbons, William G, Wells Jr. Science, technology in the United States: and government toward the year 2000. *Technology In Society*, 1997, 19.

⑤ David Hunt, Ian Taylor. Science, technology and government: the United Kingdom. *Technology In Society*, 1997, 19.

Watam Mod 和 Toshio Ochiai 探讨了战后日本科技发展状况、公众对科技的态度、R&D 经费来源、研发人员情况，以及关于科技的基本法规和国家科技计划①。Jarunee Wonglimpiyara 分析了泰国的科技前景并提出关键性的科技战略，即泰国政府应通过国家科技发展中介（NSTDA）来推进科技政策的制定和国家远期科技规划②。Mashelkar 分析了知识生产的经济作用，指出印度在科学、技术和社会方面的前景③。当年 Rao 也介绍了印度在科技发展方面所做的努力，以及印度目前在研发上的投资情况和一些长期合作的伙伴国对印度科技的影响④。Manuel Laranja，Elvira Uyarra 和 Kieron Flanagan 分析了科技创新政策的设计问题⑤。另外，还有部分国外学者对中国科技投入和经济发展问题加以关注，Mu Rongping 和 Qu Wan 回顾了中国科技和创新的能力，包括影响能力发展的因素、实施"科技发展方面中长期国民计划纲要"的支持性政策，以及中国科技和创新能力的提升，提出了进一步推动中国科技和创新发展的对策建议⑥。此外还有 Ronald Kostoff 在 2007 年做的研究⑦、Jian Song 在 2008 年发表的论文都对 R&D 投入绩

① Watam Mod and Toshio Ochiai. Science and technology in Japan. *Technology In Society*，1997，19.

② Jarunee Wonglimpiyara. National foresight in science and technology strategy development. *Futures*，2007，39.

③ Mashelkar R A. Indian science，technology，and society：the changing landscape. *Technology in Society*，2008，30(3).

④ Rao C N R. Science and technology policies：the case of India. *Technology in Society*，2008，30(3—4).

⑤ Manuel Laranja，Elvira Uyarra，Kieron Flanagan. Policies for science，technology and innovation：translating rationales into regional policies in a multi-level setting. *Research Policy*，2008，37(5).

⑥ Mu Rongping，Qu Wan. The development of science and technology in China：a comparison with India and the United States. *Technology in Society*，2008，30(3—4).

⑦ Ronald N Kostoff，Michael B Briggs，Robert L Rushenberg，Christine A Bowles，Alan S Icenhour，Kimberley F Nikodym，Ryan B Barth，Michael Pecht. Chinese science and technology-Structure and infrastructure. *Technological Forecasting & Social Change*，2007.

效作出了描述和讨论①。

2.1.2　影响 R&D 投入绩效的因素

国外学者在研究影响 R&D 投入绩效的因素时主要集中在以下几方面。

一是企业的所有制类型、企业规模和产业链关联因素。Eric Tsang，Paul Yip 和 Mun Heng Toh 就研发影响下的新加坡本土公司与外国企业产生的经济增值做了比较。通过研究 1993—1999 年间新加坡政府的小组数据库，发现相比新加坡本土企业，外国公司的研发投资产生了更多的经济增值，但因为研发类型及工业技术水平的区别，这部分的增值差异，总体并无多大区别。因此认为，相比国内企业，外国公司在所有制上的优势对研发产生了积极的影响②。Eiichi Tomiura 基于各规模大小的日本制造型公司的相关资料，探讨了内部的研发强度和外部的网络通道如何影响公司的出口决策问题。尽管研发不是决定出口的唯一因素，但在以科技为基础的部门，研发仍与出口关系密切。大公司的出口活动与他参与的合作项目或其海外子公司的运行管理都有着紧密的联系，而小公司的出口则主要取决于其与商会的联系和自身的研发强度，网络所能产生的影响则并不明显③。Antonio Revilla 和 Zulima Fernández 通过西班牙制造公司的样本研究发现，企业规模与创新之间的关系取决于技术制度④。Hsiao-Wen Wang，Ming-Cheng Wu 研究认为，当企业从合同制造到自有品牌业务时，R&D 投资和经营业绩将同步增加；当企业采用混合业务类型，R&D 投

①　Jian Song. Awakening: Evolution of China's science and technology policies. *Technology in Society*, 2008, 30(3—4).

②　Eric W K Tsang, Paul S L Yip and Mun Heng Toh. The impact of R&D on value added for domestic and foreign firms in a newly industrialized economy. *International Business Review*, 2008, 17(4).

③　Eiichi Tomiura. Effects of R&D and networking on the export decision of Japanese firms. *Research Policy*, 2007, 36(5).

④　Antonio J Revilla, Zulima Fernández. The relation between firm size and R&D productivity in different technological regimes. *Technovation*, 2012, 32(11).

资亦可以促进更多的绩效①。

二是企业是否为高新技术企业或创新型企业因素。Jian Cheng GUAN,Richard YAM, Esther Tang 和 Antonio Lau 评估了中国各类公司的创新策略,研究了这些策略在转型阶段(20 世纪 90 年代)与其创新表现的关系。为了确定不同创新目标和制造企业创新策略的相对重要性,他们分析了 1 244 家北京公司的资料和数据。研究显示,大多数企业的创新活动局限于本土,并主要以提高质量为目标。在所有参与调查的公司中,通过高新技术企业认证、并获得政府支持的中国制造型企业总体表现较好,这些企业正在逐步摆脱单纯引进技术和机械的状况,不断地研发创新,迎接即将到来的市场经济。Katharine Wakelin 分析了生产率增长与研发消耗间的具体关系,估算并讨论了包括研发强度在内的 170 家英国公司的柯布—道格拉斯函数。研究发现,一个公司的研发消耗对其生产率的提高有着巨大的积极影响;创新型公司的研发收益率远远高于非创新型公司;以部门形式组织的公司——创新的单纯使用者(也包括部门内的其他公司)也有着高研发收益率;公司及部门的创新史对研发收益率有着深刻的影响②。

三是政府政策的支持因素,这一点在中国尤为突出。Jian Cheng GUAN,Richard YAM, Esther Tang 和 Antonio Lau 特别指出 1 244 家北京公司的资料研究表明获得政府支持的中国制造型企业的总体表现较好③。Emre Özçelik 和 Erol Taymaz 研究了土耳其制造业公司的个体研发投资的决定因素,其中着重讨论公共研发支援项目对其的影响。研究发现,公共研发支持对个体研

---

① Hsiao-Wen Wang, Ming-Cheng Wu. Business type, industry value chain, and R&D performance: evidence from high-tech firms in an emerging market. *Technological Forecasting and Social Change*, 2012, 79(2).

② Katharine Wakelin. Productivity growth and R&D expenditure in UK manufacturing firms. *Research Policy*, 2001, 30(2).

③ Jian Cheng GUAN, Richard C M YAM, Esther P Y Tang, and Antonio K W Lau. Innovation strategy and performance during economic transition: evidences in Beijing, China. *Research Policy*, 2009, 38(5).

发投资有着积极的巨大的影响（甚至对公司资助的研发支出产生"加速效应"）；小公司在研发支援上的收益较多，也实施了较多的研发活动；此外，从国内外研发成果中转移出来的技术也有着补充作用。尽管在技术薄弱的经济体中，对研发支援的研究较少，他们仍然希望欠发达地区能利用这些有限资源去制定能让社会受益的政策[1]。David Walwyn 认为对置身于科技政策研究的分析家而言，芬兰手机制造业的突然崛起极具探索价值。相对于其他部分的平平淡淡，显示 1990—2001 间芬兰经济急速增长的数据资料毫无疑问地成为公共研发对扇形经济投资的回报研究的有力根据。尽管数据显示，芬兰手机业成功的事例到如今也有点油尽灯枯了，但截至目前所有投资者所得的回报却始终令人惊叹。Patterson-Hartmann 模型（用于研究公司级研发消耗与产品收益的关系的模型）表明，政府通过先前对业务研发投资的调节（以 1∶3 的比例）及随后的转换（将后者以 1∶22 的比例转化为 GDP 的增长）取得了高于最初研发投资 65 倍的经济收益。即便与那些大的私营企业取得的效益相比，以上的数据也是高得惊人。芬兰人的远见卓识促成了他们在手机业的成功。首先，芬兰人意识到手机的研发将会是一次难得的发展机会，他们了解到只有在一个高效的国有创新系统里，风险才可以通过各部门来分担（政府、大学及制造业），然后毅然开始了稳定的研发投资。2005 年，芬兰在研发上的投资已达到总 GDP 的 3.5%，这一巨额的投入使得芬兰在研发的投资上成为一个国际领导者。对于正向高研发投资迈进但局限于有限资源的一些发展中国家如南非而言，芬兰是一个值得学习的榜样[2]。Massimo Colombo，Luca Grilli 和 Samuele Murtinu 研究了高科技初创企业的 R&D 支持政策措施的效力问题，研究表明，

① Emre Özçelik and Erol Taymaz. R&D support programs in developing countries: the Turkish experience. *Research Policy*, 2008, 37(2).

② David Walwyn. Finland and the mobile phone industry: a case study of the return on investment from government-funded research and development. *Technovation*, 2007, 27(3—4).

在竞争基础上获得的补贴产生了积极的影响①。Kyung-Nam Kang 和 Hayoung Park 以中小型企业数据为例,分析得到政府支持的项目资金直接或间接地刺激内部研发和国内上下游合作影响企业创新的结论,这表明了政府 R&D 经费和网络对国外大学和研究机构以及下游合作伙伴的重要性②。

四是企业战略定位或研发目标的因素。如 In Hyeock Lee 和 Matthew Marvel 基于资源基础理论,探讨了公司与地区的结合如何影响国际中小型企业的表现。通过对韩国 2 676 家中小型企业的调查,探索了研发投资、本土定位及财政表现间的相互关系。研究表明,研发投资与企业表现有着水平反向"S"形关系,具体体现在夹于其中的成本领导权及区别策略上。同时,我们发现,本土定位调节着研发投资与企业表现的关系,当研发投资表现在成本领导权或区别策略上时,本土定位发挥着积极作用,若是研发投资夹在两者之间,本土定位则起着消极作用③。Yasuyuki Todo 和 Satoshi Shimizutani 通过研究日本跨国公司企业级面板数据,分析了海外子公司研发行为的原因。文章认为将研发行为分成了海外创新性研发(基础及应用型研究)和适应性研发(开发和设计)两种,并利用广义最小二乘估计分别检验了各自强度的决定因素。研究发现,不同于适应性研发,海外创新型研发以利用外国知识为目标。此外,东道国市场的大小对这两种研发都有着积极的影响,而自己国家与东道国间的地理距离则产生了消极影响。最后要指出的是,母公司的知识储备只能扩大其海外适应型研发的范围。基于理论模型,以上研究成果展示了母公司的知识储蓄并不能被完

① Massimo G Colombo, Luca Grilli, Samuele Murtinu. R&D subsidies and the performance of high-tech start-ups. *Economics Letters*, 2011, 112(1).

② Kyung-Nam Kang, Hayoung Park. Influence of government R&D support and inter-firm collaborations on innovation in Korean biotechnology SMEs. *Technovation*, 2012, 32(1).

③ In Hyeock Lee and Matthew R Marvel. The moderating effects of home region orientation on R&D investment and international SME performance: Lessons from Korea. *European Management Journal*, 2009, 27(5).

全地应用在其子公司的创新研发中①。Chung-Jen Chen，Yi-Fen Huang，Bou-Wen Lin 采用 210 家台湾企业 10 年的时间内在信息技术领域的纵向数据证明了 R&D 国际化和创新绩效存在一个"S"形的关系②。

五是销售与 R&D 的结合程度以及市场压力影响着 R&D 投入绩效，如 Louis Lu 和 Chyan Yang 对新产品的开发过程研究扩展到了新的领域（台湾 IT 业）、新的行业类型（原创制造业）。过去的 20 年里，台湾 IT 业取得了令人瞩目的成就。对那些正努力从低价值货物生产中摆脱出来并转型到高科技产品生产中的新兴国家而言，台湾的经验很值得借鉴。在分析了台湾 153 家 IT 企业的研发和市场拓展的资料后，他们发现，研销结合程度越高，所取得的成果就越大，新产品的开发表现也就越好。除此以外，该文章还介绍了一家采用 Defender 创新策略的公司。相比其他采用 Prospector 或 Analyzer 创新系统的公司，采用 Defender 的公司有着较低程度的研销结合和较差的新产品开发表现。最后，指出环境的不确定性对研销结合的程度有着微乎其微的影响③。Mark Leenders 和 Berend Wierenga 指出研销结合一直被普遍认为是新产品成功的关键因素，然而是否所有公司都能从这种结合中得到等量的收益呢？他们认为，事实并非如此。文章借助制药业的相关资料，研究发现当与高水平的新品开发资源相结合时，研销结合所能发挥的成效最大。除此以外，对于那些专攻型（面向单一）公司，研销结合与新产品开发资源间的互动效果更强。因此，尽管那些面向多行业的公司在创新上有着优势（他们可以很容易地调整其资源的

---

① Yasuyuki Todo and Satoshi Shimizutani. R&D intensity for innovative and adaptive purposes in overseas subsidiaries: evidence from Japanese multinational enterprises. *Research in International Business and Finance*, 2009, 23(1).

② Chung-Jen Chen, Yi-Fen Huang, Bou-Wen Lin. How firms innovate through R&D internationalization? An S-curve hypothesis. *Research Policy*, 2012, 41(9).

③ Louis Y Y Lu and Chyan Yang. The R&D and marketing cooperation across new product development stages: an empirical study of Taiwan's IT industry. *Industrial Marketing Management*, 2004, 33(7).

投入方向),行业涉及单一的企业可以通过完善自己的研销结合来弥补其在创新上的弱势①。Alfredo Del Monte 和 Erasmo Papagni 的论文介绍了意大利公司的发展与创新活动。他们的主要设想是,产品市场上的成功将促使高研发投入的公司更快发展。在回顾了相关资料、查阅了有关意大利公司的资料库(取材于意大利 Mediocredito 调查中 1989—1997 年间的 500 家制造业企业资料)后,文章给出了关于公司的研发与发展间关系的计量经济学分析。描述性分析结果显示,参与研发的公司有着较高的销售增长率。测量经济分析将分成两步进行,首先是应用单位根据检验去确认公司大小对公司的发展是否重要影响,测试结果印证了吉布莱特定律——公司大小具有随机性;其次,该文探索了随机选择中是否存在着影响公司大小的变量。根据他们的判断,公司的发展率与研究强度有着必然关系。有趣的是,在 ICT 上的投入并不会对公司产生巨大的推动作用,甚至有出现消极影响的可能②。Chang-Yang Lee 研究了竞争市场压力对公司在研发上投资的刺激作用,研究表明,公司研发活动对竞争市场压力的回应主要取决于公司的技术水平或其研发的生产率:有着高技术水平的公司往往会积极地响应,使竞争市场压力增加(例如,表现出较高程度的研发努力),而有着低技术水平的公司则往往处于被动(例如,表现出较低的研发努力)。来自世界银行的有关公司调查资料显示,公司技术水平上的差异造成了竞争市场压力对公司研发活动影响的区别。进一步说,对于那些面对着要求灵活性的顾客的公司而言,公司的技术能力对其研发与竞争关系的影响是最为显著的③。

六是研发强度、结构、知识储备和商品化的交互作用影响着

① Mark A A M Leenders and Berend Wierenga. The effect of the marketing R&D interface on new product performance: the critical role of resources and scope. *International Journal of Research in Marketing*,2008,25(1).

② Alfredo Del Monte and Erasmo Papagni. R&D and the growth of firms: empirical analysis of a panel of Italian firms. *Research Policy*,2003,32(6).

③ Chang-Yang Lee. Competition favors the prepared firm: firms' R&D responses to competitive market pressure. *Research Policy*,2009,38(5).

R&D 投入绩效，如 Bou-Wen Lin，Yikuan Lee 和 Shih-Chang Hung 研究了技术基础型公司如何利用他们的研发及销售资源来商品化自身的技术资产。他们着重调查研发强度、知识储备和商品化定向对公司业绩的影响及以上变量间的互动作用，研究使用了 258 家美国技术型公共企业的专利和财务数据。结果显示：不同技术类别的公司应采取不同的技术商品化策略；商品化定向与研发强度间存在着互相补充的关系；在开发技术财产价值的过程中，公司的商品化定向比研发更为重要；公司技术产品的商品化，包括知识流动和知识储备，是极其复杂的，没有固定的最佳方案[①]。Yeonhee Lee，Sooyoung Kim 和 Hyejin Lee 分析了服务型 R&D 在韩国信息通信技术的中小企业绩效的影响，发现 R&D 管理对企业绩效有重要的影响[②]。Luca Berchicci 研究发现 R&D 结构影响着绩效，越依靠外部 R&D 活动的企业越有一个更好的创新绩效，但超过一个临界点时，更大的外部 R&D 活动的份额则会降低企业的创新绩效[③]。

2.1.3　R&D(科技)投入、科技进步与经济增长的研究

2.1.3.1　R&D 内生经济增长理论的起源

国外学者关于科技进步对经济增长贡献的研究成果较为丰富，索罗(Rober Solow)是较早测算科技进步贡献率的学者之一[④]，阿布拉莫维茨(Moses Abramowitz)也一直致力于增长源泉的探

---

①　Bou-Wen Lin,Yikuan Lee and Shih-Chang Hung. R&D intensity and commercialization orientation effects on financial performance. *Journal of Business Research*, 2006,59(6).

②　Yeonhee Lee, Sooyoung Kim, Hyejin Lee. The impact of service R&D on the performance of Korean information communication technology small and medium enterprises. *Journal of Engineering and Technology Management*, 2011,28(1－2).

③　Luca Berchicci. Towards an open R&D system: internal R&D investment, external knowledge acquisition and innovative performance. *Research Policy*, 2013,42(1).

④　Solow R M. Technical change and the aggregate production function. *Review of Economics and Statistics*,1957,39(3).

索①,20 世纪 50 年代他同索罗几乎同时开展过技术进步与美国经济增长的研究。爱德华·丹尼森(Edward Denison)是增长核算分析的创始人,他利用柯布—道格拉斯生产函数来估计劳动和资本对国民产出的贡献,把收集到的国民收入增长分解成若干构成元素,探寻经济增长的原因②。戴尔·乔根森(Dalew Jorgenson)通过增加投资中物化的新技术方面解释了生产率变动的原因③,而在旧式的生产理论中,新技术被设想为是"非物化的",即在某种意义上是独立于资本和劳动的增长之外的。Solow 教授首次使用增长速度方程对美国技术进步进行了实证研究,但模型中将技术进步作为经济增长的外生变量④。查尔斯·霍尔顿(Charles Hulten)探讨了存在中间投入品时的科技进步贡献率的核算问题⑤,在此后的研究中他利用美国劳动统计局提供的制造业各行业的投入产出数据进行分析,表明 20% 或更多的全要素生产力的变化可以直接归结为物化技术的存在。西蒙·库兹涅茨(Simon Kuznets)收集了主要工业化国家大量经验数据进行分析,结果表明,在 50～100 年的发展历程中,技术进步对经济发展的贡献率高达 86.7%⑥⑦。马格和杨(Stephen Ma-gee & Leslie Yang)也进行了相关的研究⑧。

① Moses Abramowitz. The search of the source of growth: area of ignorance, old and new. *Journal of Economic History*,1998,53(2).

② Edward F. Denison. The sources of economic growth in the United States and the alternatives before us. *Committee for Economic Development*,1962.

③ Dalew W Jorgenson, Zvi Griliches. Issues in growth accounting: a reply to Edward F Denison. *Survey of Current Business*, 1972,52(5).

④ Solow,Robert M. Technical:Change and the aggregate production,*Review of Economics and Statictics*, 1975,37.

⑤ Charles R Hulten. Growth accounting with intermediate inputs. *Review of Economic Studies*, 1978, 45(10).

⑥ Simon Kuznets. *Modern economic groeth rate, structure and spread*. Yale University Press, 1966.

⑦ Simon Kuznets. *Economic growth of nation*. Harward University Press,1971.

⑧ Stephen P Magee, Leslie Yang. Endogenous protection in the United States, 1900—1984. In Stern R M(ed.),*US Trade Policies in a changing world economy*,MIT Press,1987.

其他学者也从不同角度对经济增长进行了分析,如西奥多·舒尔茨(Theodore Schultz)则认为在影响经济发展诸因素中,人的因素是最关键的,经济发展主要取决于人的质量的提高,而爱德华·丹尼森在研究了美国 1929—1959 年经济增长因素后认为,23%的经济增长应单独归功于该期间美国教育的发展[1]。

2.1.3.2 R&D 内生经济增长理论的发展

到了 20 世纪 80 年代,以 Romer 和 Lucas 为代表的一批新经济增长理论经济学家创新性地将技术进步作为系统的内生变量,提出在技术进步条件下,可以避免资本边际效益递减规律,从而保持经济增长的持续性的观点[2][3]。内生经济增长理论的这一观点是把知识增长(或技术进步)看做是长期经济增长的真正动因,同时把科技投入看做是知识增长的核心因素,着重探讨了"知识"这一重要生产要素的生产过程及由此产生的技术创新、人力资本积累和知识溢出对经济增长的影响。

2.1.3.3 R&D 内生经济增长理论的实证分析

各国学者采用各种模型工具来分析科技投入是经济增长核心因素的结论,证实内生经济增长理论的合理性问题。Griliches 和 Lichtenberg 以美国制造业数据为例,分析指出全要素生产率与研发投入存在密切的联系[4]。Griliches 收集了 1957—1977 年 20 年间约 1 000 家美国最大制造企业的数据展开研究,证明科技投入对生产力的提高有着重要的作用,而 R&D 投入尤为重要[5]。此后

① Theodore W Schultz. Investment in human capital. *American Economic Review*,1961,51(1).

② Romer, Paul M. Increasing returnand long-run growth, *Journal of Political Economy*, 1986,94.

③ Lucas, Robert E. On the mechanism of economic development. *Journal of Monetary Economics*,1986,22.

④ Griliches, Zvi and Frank Lichtenberg. Inter-industry technology flows and productivity growth: a reexamination. *Review of Economics* Studies,1984,86.

⑤ Griliches, Zvi. Productivity, R&D, and basic research at the firm level in the 1970's. *American Economic Review*,1986,76.

Lichtenberg 及 Eaton 和 Kortum 分别研究了 R&D 支出与各国经济增长存在差异的关系以及国际技术扩散问题[1][2]。Coe 和 Helpman 研究了国际 R&D 溢出，认为在开放经济中，国外的知识溢出能有效促进国内全要素生产率的提高[3]。Charles 利用 10 个主要 OECD 国家的数据，也得出 R&D 是全要素生产率增长重要来源的结论[4]。Clark 的研究结果则表明区域层面上阻碍企业创新能力的因素会使企业陷入困境，与其他地区的公司相比处于比较劣势[5]。Edward Malecki 对科技的区域影响力进行研究，认为没有研发及相关活动的区域，不可能成为新产品的产地，很有可能成为专业化生产标准化产品的地区[6]。Greineretal 在 2000 年[7]、Jones 在 1995 年[8]、Denisetal 在 2004 年[9]、Yasser 和 Frederick 在 2005 年[10]从研发人员的投入对经济增长的作用方面进行了实证研究。

近几年来，国外学者仍在不断探讨 R&D（科技）投入、科技进步与经济增长的关联性问题。R&D 内生经济增长理论在 Romer

[1] Lichtenberg Frank. R&D investment and international productivity difference. NBER Working Paper, No. 4161,1992.

[2] Eaton,Jonathan and Kortum Samuel. International technology diffusion. Mimeo,Boston University,1993.

[3] Coe,David and Elhanan Helpman. International R&D spillovers. *European Economic Review*,1995,39.

[4] Jones,Charles I. Growth:With or without scale effect. *American Economic Review*,1998,89.

[5] Clark N G. Science, technology and regional economic development. *Research Policy*, 1972,1(3).

[6] Edward J Malecki. Science, technology, and regional economic development: review and prospects. *Research Policy*,1981,10(4).

[7] Alfred Greiner,Willi Semmler, Gang Gong. The forces of economic growth: a time series perspective, 2000.

[8] Charles I Jones. Time series tests of endogenous growth models. *Quarterly Journal of Economics*, 1995, 110.

[9] Cécile Denis, Kieran Mc Morrow, Werner Röger. An analysis of EU and US productivity development. *European Communities*,2004.

[10] Yasser Abdih, Frederick L Joutz. Relating the knowledge production function to total factor productivity:an endogenous growth puzzle. IMF Working Paper,2005.

理论的基础上持续地进行深化。Philippe Aghion，Paul David 和
Dominique Foray 分析了科学、技术、创新等的相互关系及其与经
济增长的关系，指出了系统理论方法在这些关联中的适应性[1]。
Christopher Freeman 和 Luc Soete 指出有组织的科技活动可以实
现一系列社会和经济目标，如此则社会经济利益会不断增长，而商
业竞争就越来越依赖于创新[2]。Ying-Chyi Chou，Ying-Ying Hsu
和 Hsin-Yi Yen 发表论文，认为科技人力资源是一个重要的研究主
题，因此分析了基于 2006 年 IMD 公布的世界竞争力年鉴的 312 项
竞争力指数，特别是 23 项选定科技人力资源的竞争力标准，配合
专家意见和层次分析法，确定科技人力资源竞争力的因素、子因素
和权重[3]。该研究包括 42 个国家和区域的经济，讨论了相关指标
的绩效，并提供相关建议。Roddam Narasimha 指出印度在 1947
年后的第一个 30 年里，年经济增长率只有 3%，但在科技基础设施
上有巨大的增长。而在过去几年里，其经济增长要快得多，但科技
系统没有经历商业界和工业界那样大的变革。公共部门的科技体
制正面临重大的危机，印度必须在其科技政策上有一个重大转
变[4]。Maria Minnitia 和 Moren Lévesqueb 由于研发能产生技术变
革，大多数与经济增长相关的文献都着力研究了研发投资。然而
这种被人们视为理所当然的定律，却不能解释近年来国际上出现
的某些特有的经济增长案例，例如在中国，研发投资还未开始，经
济却早已腾飞；而在研发项目上投入了大量人力财力的日本，经济

---

① Philippe Aghion, Paul A David, Dominique Foray. Science, technology and in-
novation for economic growth: linking policy research and practice in 'STIG Systems'.
Research Policy, 2009, 38(4).

② Christopher Freeman, Luc Soete. Developing science, technology and innova-
tion indicators: what we can learn from the past. *Research Policy*, 2009, 38(4).

③ Ying-Chyi Chou, Ying-Ying Hsu, Hsin-Yi Yen. Human resources for science
and technology: analyzing competitiveness using the analytic hierarchy process. *Tech-
nology in Society*, 2008, 30(2).

④ Roddam Narasimha. Science, technology and the economy: an Indian perspec-
tive. *Technology in Society*, 2008, 30(3−4).

却不见好转。鉴于以上情况,本书提出了一种新的分类模式,将企业分为研究型(承担 R&D 支出的)和模仿型(未承担 R&D 支出的)。通过研究发现,在一些新兴经济体中,存在着大量的极具竞争力、有较强供应能力的模仿型企业,这些企业打破了研究型与模仿型的界限,尽管在 R&D 上投资很少,却依然获得巨大的经济效益,这也同时导致了 R&D 总投资的低回报率①。Dorothée Brécard,Arnaud Fougeyrollas,Pierre Le Mouël,Lionel Lemiale 和 Paul Zagamé 指出,相比美国、日本在研发上的投资,欧洲有着明显的欠缺,意识到这点后,在 2002 年 3 月的巴萨罗纳欧洲议会上欧洲各国达成一致,计划在 2010 年前将投资在研发上的资金提高到国内生产总值的 3%。论文旨在运用欧洲宏观经济模型 Nemesis 来评估此项政策的宏观经济效果。研究表明,宏观经济的趋势将有着两个截然不同的阶段,在第一阶段,经济增长会由研发投资直接推动,而在第二阶段,通过生产率和竞争力的增加,创新则会成为经济增长的动力来源②。Mario Coccia 指出处于先进经济体中的政府为了提高生产率,制定了许多政策方针,他们对相关的刺激因素例如在研发上的投资给予了相当的重视。文章着重分析了研发投资率与生产增长间的关系。计量经济学分析显示,65% 以上的生产率的提高归功于在研发上的总投资(占有的国民生产总值的比例 GERD);经济学上的推论证实,递减的研究投资收益使得 productivity growth = $f(\text{GERD})$ 成为一个递减型凹函数。另外,研究表明,当 GERD 值在 2.3%~2.6% 之间时,研发投资对生产增长率的长期影响最明显,且保证了对现代经济增长越来越重要的稳定的生产率提高和技术进步③。

① Maria Minnitia and Moren Lévesqueb. Entrepreneurial types and economic growth. *Journal of Business Venturing*, 2008, 10(3—4).

② Dorothée Brécard,Arnaud Fougeyrollas, Pierre Le Mouël, Lionel Lemiale and Paul Zagamé. Macro-economic consequences of European research policy: prospects of the Nemesis model in the year 2030. *Research Policy*,2006,35(7).

③ Mario Coccia. What is the optimal rate of R&D investment to maximize productivity growth? *Technological Forecasting and Social Change*, 2009,76(3).

2.1.4　提升 R&D 投入绩效的对策研究

国外学者在探讨有关提升 R&D 投入绩效的对策问题时主要集中在：

一是外资政策，如 Olivier Bertrand 研究了 1994—2004 年外资收购对法国公司产生影响的因果关系。借助法国创新型制造公司的核算资料，评估技术以及与之匹配的倾向评分程序，他发现，外国企业对法国公司的收购推动了 R&D 的投资，而所有隶属于法国的国内外公司的 R&D 消耗也同时增加了。一般而言，R&D 研究主要是在当地的一些研究机构特别是地方公共实验室或大学中进行。国内 R&D 投入的增加不仅推动了经济的发展还促进基础及应用研究。还要指出的是，R&D 预算的增加不只是法国本土公司的功劳，还得益于其外国合作伙伴特别是所属公司的财政支持。因此，对于外国公司的介入会阻碍本土公司 R&D 发展以及损害法国创新系统这一想法，是不成立的。首先，收购对效率的提高量足以抵消合并花费及市场支配等带来的消极影响，并能促使在 R&D 上更多的投入；收购并未使得决策者在利益驱使下以牺牲研发为代价而做出短浅仓促的决定。其次，在技术来源扩大及海外研发发展的刺激下，收购有利于买方了解卖方公司的技术诀窍，方便买方接触到卖方所属国家的知识创新体系。这样，收购方将更好的开发卖方的创新能力并加强自己与法国合作者的关系纽带，而不是削弱这种联系重新定位海外研发方向[①]。Shaker Zahra 和 James Hayton 发现，许多公司利用国际投资来获取利益和规模扩大化的机会。然而，研究表明，靠国际投资取得业绩利润颇具争议性。结合组织学习的理论框架，他们认为国际投资在金融业绩上产生的预期效益取决于公司的吸收能力。根据 217 家国际制造企业的数据分析，公司的吸收能力确实缓和了国际投资、公司利润与财政增长间的关系。同时，为了能成功地运用从外国市场获得的新知识，

---

①　Olivier Bertrand. Effects of foreign acquisitions on R&D activity: evidence from firm-level data for France. *Research Policy*, 2009, 38(6).

许多管理人员也正在加快对自身国际研发和创新能力的开发①。

二是 R&D 的税收，Richard Harrisa，Qian Cher Lia 和 Mary Trainorb 研究了研发投入对产出的影响，预测了地方性研发课税扣除的增加对"使用者研发消耗成本（价格）"的影响以及紧接着的研发需求。北爱尔兰自治区是本次研究的对象（一是因为北爱尔兰是英国研发投入最低的地区，二是需要的相关资料比较充足，方便借用）。研究发现，长期以来，研发投入对各类制造企业都会产生极其有益的影响；一些零研发投入的工厂正经历着严峻的低生产率危机。对于那些为响应"使用成本"变化而做出的研发调整，研究显示将会是一次极其缓慢的过程，长期运行的北爱尔兰地区的价格弹性约为－1.4。同时发现，要想对区域内的研发投入产生重大改变，研发课税的扣除需要大幅度增加（对于英国财政部而言，这将会是个很大的负担）②。

三是 R&D 系统的转型与改革，如 Igor Yegorov 指出 20 世纪 80 年代后期，军事上的重投入成就了前苏联在科学界的霸主地位。研究发展方面，前苏联有着完善的基础设施，但缺乏有效的方法使研究成果商品化。20 世纪末到 21 世纪初，前苏联成员国一改常态，在 R&D 系统转型方面重新定位科学研究方向，从军需转为民用。然而从宏观分析的统计结果看，这种转变也并不特别成功。事实上，大多数解体后新独立的国家连"critical mass"（关键地位）都不能保持，更别提能成为主要研究成果供应者了。由于其系统无法有效地利用资源去产生可行的经济成果，使得前苏联成员国（该论文侧重研究俄罗斯和乌克兰这两个面积较大的地区）在研发体系上的投入产生不了能创造财富的产出。包括俄

① Shaker A Zahra, James C Hayton. The effect of international venturing on firm performance：the moderating influence of absorptive capacity. *Journal of Business Venturing*，2008，23(2).

② Richard Harrisa, Qian Cher Lia and Mary Trainorb. Is a higher rate of R&D tax credit a panacea for low levels of R&D in disadvantaged regions? *Research Policy*，2009，38(1).

罗斯和乌克兰在内的所有前苏联成员国迫切需要的不仅是在研发体制内的重大转变，还要将这种转变扩展到更广的区域。需要指出的是，近些年来，研发投资不仅受到大的经济环境的支配，前苏联成员国的政策对其也有着举足轻重的影响。相对乌克兰在科技发展上停滞不前，俄罗斯正雄心勃勃地想通过科技进步重获其强国地位。尽管态度上存在着区别，两国仍面临许多相同问题，如相关机构的发展，从工业方面刺激对研发成功的需求，更广泛地参与国际合作以及引进保护知识产权的相关法律等，对俄罗斯和乌克兰的科研机构而言都有着重要的影响。回顾过去的 15 年，Igor Yegorov 认为，研发部门的改革显得平庸且杂乱。尽管存在着研发资金增加的可能，之前遇到的一些习惯性的、消极化的问题（例如，缓慢的武器更新，过时的科学仪器以及与市场经济矛盾的机构体制等），都给俄罗斯和乌克兰的研发系统的转变带来了严峻的挑战①。

四是产学研结合，Janet Bercovitz 和 Maryann Feldman 讨论了创新策略如何影响公司参与大学研究的程度。研究表明，有着内部研发策略的公司更偏重于一些探索性的活动，他们将很大一部分的研发资源分配到了一些大学研发机构，并与这些合作伙伴建立了深度的多层关系，有着较集中的内部研发机构的公司在大学的探索性研究中投入了更大份额的研发资金。知识产权的潜在矛盾使得大学成为公司的最佳合作者。Wen-Hsiang Lai, Pao-Long Chang 面对着科技和市场飞速转变的全球化挑战，研发活动已成为各公司投入创新的主要方式之一。此外，仅靠缩减交易成本已不足以维持企业的存在了。因此，公司必须去调查、获取资源以促进组织内部的创新。本书调查研究了台湾机械制造业的发展动力以及企业间的研发联盟表现。为了再现发展动力与业绩间的关系，此项研究对研发联盟采取了两种截然不同却又互补互助的理

---

① Igor Yegorov. Post-Soviet science: difficulties in the transformation of the R&D systems in Russia and Ukraine. *Research Policy*, 2009, 38(4).

论进行分析:交易成本经济学与资源基础理论。研究包括以下几项内容:开展一项调查去揭示研发联盟中公司的发展动力,联盟中管理结构的类型,管理结构与业绩表现间关系,以及创新能力与台湾机械工业研发联盟表现的关系。研究发现,无论是从交易成本经济学还是从资源基础理论的角度看,公司的发展动力都与研发联盟的表现有着积极且重要的联系。同时,研究还表明,一些管理结构类型和企业属性的变量对台湾机械工业的研发联盟表现并无显著影响[1]。

五是企业管理者的意识,Can Huang 和 Naubahar Sharif 总结了广东、中国香港、中国澳门、中国台湾四地区间的经济联合程度。研究发现,1999—2003 年间,由四地区投资支持的公司的经济活动促进了广东省本土制造业生产率的提高;而这类公司在研发和创新活动上的表现却不如广东本土公司积极。事实上,广东的四地区投资公司都是由一些香港公司管理的,这与企业管理者的创新意识有一定的关联性[2]。

2.2 国内学者相关研究

2.2.1 R&D 投入绩效的内涵及其评价研究

2.2.1.1 R&D 投入绩效内涵的相关研究

在国内有关 R&D 投入绩效内涵的直接研究不多见。陈丽佳等在 2005 年对科技三项费用投入绩效的内涵和特点进行了分析。研究认为,政府财政支出的绩效主要包括经济绩效、社会绩效和政治绩效三个方面,其内涵包括目标效益、组织绩效和政府绩效;科技三项费用投入的绩效具有时滞性、内容与形式上的多样性、风险

---

① Wen-Hsiang Lai, Pao-Long Chang. Corporate motivation and performance in R&D alliances. *Journal of Business Research*, 2010, 63(5).

② Can Huang and Naubahar Sharif. Manufacturing dynamics and spillovers: the case of Guangdong Province and Hong Kong, Macau, and Taiwan(HKMT). *Research Policy*, 2009, 38(5).

性和不确定性的特点,并提出了基于科技三项经费特点的绩效评价指标体系框架①。普万里等认为科技投入绩效的内涵应包含科技投入的效率与效益两大内容。科技投入的效率反映科技投入的优化配置,用产出与投入之比来表征,即单位投入的产出。科技投入的效益是指在科技活动中由效率所引起的相应收益或收入,用产出与投入之差来表征②。

　　2.2.1.2　R&D 投入绩效评价意义与指标体系设计的相关研究

　　丁福虎指出科研绩效评价理论经历了同行评议、专家量化和科学计量的三个阶段,评价应遵循鼓励创新、导向合理、公开公正、分层适度与易操作原则③。徐春杰和李强在归纳和总结传统科技评价方法的基础上,遵循从研究开发(国民教育)投入—知识(人力资本)累积—科技进步贡献率(TFP)提高—经济增长的研究思路,建立了基于内生增长理论的指标体系④,包括投入指标、过程产出和最终产出,投入指标含科技经费投入、人力资本投入、知识存量投入、教育经费投入、资本投入、劳动投入(过程产出含知识产出、科技进步贡献率、人力资本,最终产出含 GDP)。普万里等从科技投入绩效评价的内涵入手,提出科技投入绩效评价应建立针对R&D 活动类型、R&D 成果应用类型、推广示范与科技服务类型三种类型的评价体系,并探讨了科技项目三种类型的绩效表征框架和指标⑤。谢福泉指出财政科技投入产出绩效评价指标初选阶段主要使用定性分析方法,在指标体系完善阶段主要使用定量方法,最终形成科技直接产出、经济效益产出和社会效益产出三个一级

---

　　①　陈丽佳,卢进:《科技三项费用投入绩效的内涵及特点研究》,《科技管理研究》,2005 年第 5 期。

　　②　普万里,王泽华,茹华所:《科技投入绩效评价研究》,《科技进步与对策》,2007年第 2 期。

　　③　丁福虎:《科研绩效评价的理论与方法》,《科技管理研究》,2000 年第 3 期。

　　④　徐春杰,李强:《科技投入产出绩效评价模型研究》,《科技进步与对策》,2006 年第 10 期。

　　⑤　同②。

指标①。张平亮提出了测量研发绩效的定量和定性指标,对企业研发绩效可采用单一的经济指标测定,也可采用多指标的综合测量②。袁志明等把财政科技投入绩效评价指标设计为"五个层面九个指标",其中五层包括项目计划执行状况指标、财政科技投入的带动效应指标、技术进步技术创新指标、直接经济效益指标、间接效益和社会效益指标③。张玉赋等提出科技投入绩效评价指标体系应由科技人力资源指标、科技财力资源指标、科技投入直接产出指标和科技对经济、社会发展的影响指标4大部分组成④。张赤东和郑垂勇以我国制造业企业 R&D 经费资源为研究对象,建立了基于循环经济的评价指标体系⑤。韩兆洲、朱珈乐参考了各版本《弗拉斯卡蒂手册》,建立了广东区域 R&D 投入产出绩效指标体系,该指标体系由三级指标组成:一级指标为 R&D 投入产出绩效指数,下设 3 个二级指标,即 R&D 投入指数,R&D 产出指数和 R&D 影响指数;在二级指标下一共设置 22 个三级指标⑥。

2.2.1.3 R&D 投入绩效评价方法运用的相关研究

在 R&D 投入绩效评价的方法运用上,国内学者尝试使用了多种手段,大体上可以分为 7 类:数据包络模型(DEA)方法、平衡计分卡方法、多元统计分析的因子分析法、模糊数学评价方法、层次分析、面板数据模型和熵值法。

采用 DEA 方法的有:赵峰运用 DEA 的方法以青岛市高新技

① 谢福泉:《财政科技投入产出绩效评价指标的选择》,《统计与信息论坛》,2008年第 8 期。

② 张平亮:《企业 R&D 绩效评价体系及其指标的研究》,《科技管理研究》,2006年第 7 期。

③ 袁志明,虞锡君:《财政科技投入绩效的内涵及评价实证分析——以 1999—2001 年嘉兴市市本级为例》,《浙江统计》,2004 年第 1 期。

④ 张玉赋,张华:《江苏省科技投入的绩效模型分析研究》,《中国科技论坛》,2006年第 5 期。

⑤ 张赤东,郑垂勇:《中国制造业企业 R&D 经费资源的优化配置——一个基于循环经济评价指标体系的尝试》,《统计与决策》,2006 年第 22 期。

⑥ 韩兆洲,朱珈乐:《R&D 区域投入产出绩效的综合评价——以广东省为例》,《统计与决策》,2012 年第 11 期。

术创新项目 R&D 活动为例进行实证评价,分析了企业高新技术创新项目 R&D 绩效①。王海燕、罗亚非、孙守霞、苏仁辉和曾慧以通信设备、计算机及其他电子设备制造业中 R&D 活动为研究对象,应用 DEA 方法,分析不同地区间的差异②。2005 年许治和师萍利用 DEA 方法对我国 1985—2003 年科技投入相对效率进行了测度。结果表明,不同部门科技资源的使用对整个社会科技投入相对效率的影响也不同,增加企业科研经费支出比例有助于我国科技投入效率的提高③。莫燕将数据包络分析的理论与方法用于 R&D 投入的绩效评价中,通过对我国部分地区 2001 年 R&D 投入的 DEA 模型运行的实证研究,发现我国主要发达地区的 R&D 投入的 DEA 效率无效,主要表现在产出的不足④。2006 年梁莱歆和张焕凤将 DEA 方法引入到对企业的 R&D 效率的评价中,以我国电子信息上市公司为研究对象,对样本公司 R&D 效率进行了全面的分析。研究表明,我国电子信息上市公司间的 R&D 效率差距明显,R&D 效率与企业规模存在较强的相关性。同时证明了 DEA 方法在企业 R&D 效率评价中的适用性⑤。罗卫平和陈志坚利用 DEA 方法对广东省 21 个地市财政科技投入绩效进行评价⑥。徐雪竹、刘振计算出云南省 2000—2004 年科技投入产出的 DEA 绩效系数⑦。沈渊利用数据包络方法(DEA)对我国 31 个地区

① 赵峰:《企业高新技术创新项目 R&D 绩效评价研究》,《中国科技论坛》,2009 年第 2 期。

② 王海燕,罗亚非,孙守霞,苏仁辉,曾慧:《通信设备、计算机及其他电子设备制造业 R&D 绩效分析》,《科研管理》,2007 年第 1 期。

③ 许治,师萍:《基于 DEA 方法的我国科技投入相对效率评价》,《科学学研究》,2005 年第 4 期。

④ 莫燕:《区域 R&D 绩效评价》,《科研管理》,2004 年第 1 期。

⑤ 梁莱歆,张焕凤:《基于 DEA 的我国电子信息业上市公司 R&D 绩效实证研究》,《科技管理研究》,2006 年第 2 期。

⑥ 罗卫平,陈志坚:《基于 DEA 的广东省 21 个地市财政科技投入绩效评价》,《科技管理研究》,2007 年第 3 期。

⑦ 徐雪竹,刘振:《DEA 模型在评价科技投入产出绩效中的运用——以云南省 2000—2004 年数据为例》,《全国商情(经济理论研究)》,2007 年第 12 期。

2005 年的科技投入技术效率、技术与规模效率进行总体评价，并利用 Tobit 回归模型对影响科技投入的无效率因素予以识别①。穆智蕊建立了 R&D 投入绩效评价指标体系，利用 DEA 模型和超效率分析法，从横向和纵向角度对北京地区 R&D 投入的综合效率进行了评价②。吕鑫和邓立众利用 DEA 方法中的 CCR、BCC 模型以及 malmquist 指数方法，对近年来中关村科技园区内的中小企业在发展过程中的 R&D 投入产出效率进行实证分析③。

采用平衡计分卡方法的有：王馨迪等指出绩效管理中常用的平衡记分卡在科技投入项目绩效评价中有重要的应用价值，其中"平衡"包括长期与短期的平衡、财务与非财务的平衡、过程与结果的平衡以及内部与外部的平衡④。

采用多元统计分析的因子分析法的有：苏仁辉、罗亚非、何舒洁和王海燕利用 2004 年全国第一次经济普查数据计算，基于因子分析方法设计了两层评价指标体系，对我国 27 个省市农副食品加工业不同区域的 R&D 绩效水平进行评价⑤。赵涛和张爱国认为因子分析方法对于大量数据的抽象分析有较好的效果，适合 R&D 活动评价，为此采用因子分析对区域 R&D 绩效水平进行了评价⑥。李松运用因子分析模型，构建出制造业各行业 R&D 投入绩效评价指标体系，运用 2004 年全国第一次经济普查工业科技活动情况相关数据，对我国制造业 29 个具体行业 R&D 投入绩效水平

① 沈渊：《我国地区科技投入对经济增长贡献及其影响因素——基于 DEA 与 Tobit 方法》，《经济管理》，2009 年第 3 期。

② 穆智蕊：《基于超效率 DEA 模型的北京 R&D 投入绩效评价》，《科技进步与对策》，2012 年第 5 期。

③ 吕鑫，邓立众：《中关村科技园区中小企业 R&D 投入产出绩效评价》，《科技和产业》，2012 年第 10 期。

④ 王馨迪，关忠良，刘小刚：《基于平衡记分卡的科技投入项目（应用类）绩效评价架构探讨》，《生产力研究》，2008 年第 18 期。

⑤ 苏仁辉，罗亚非，何舒洁，王海燕：《农副食品加工业的 R&D 绩效评价》，《科研管理》，2007 年第 1 期。

⑥ 赵涛，张爱国：《基于因子分析的区域 R&D 绩效评价研究》，《西北农林科技大学学报（社会科学版）》，2006 年第 3 期。

及差异进行综合评价与分析①。

采用模糊数学评价方法的有:谢福泉等建立了财政科技投入产出绩效评价体系,选择应用模糊数学评价方法,通过计算项目的投入产出比指标对其绩效进行评价分析②。

采用层次分析的有:宋彧等建立黑龙江科技投入评价指标体系,并用层次分析法(AHP)方法,构造判断矩阵,确定基本指标权重的总排序③。

采用计量经济学的面板数据模型的有:陈颖将内生增长理论引入科技评价,通过分析我国与美国、日本和欧盟科技投入产出的面板数据,找出影响各国科技投入产出绩效与科技进步贡献率(TFP)的主要因素,并在比较各投入要素产出绩效及其变化趋势的基础上,判断了各国未来的知识产出水平及其对科技进步贡献率(TFP)的影响④。

采用熵值法的有:杨志江等通过建立科技绩效评价指标体系,应用"熵值法"确定各指标权重,对广西 1999—2003 年科技投入绩效进行了综合评价与排序⑤。

2.2.2　影响 R&D 投入绩效的因素

一是融资结构对 R&D 投入绩效的影响。李辉和马悦认为融资结构对 R&D 绩效的影响已成为亟待研究的问题。在采用 Panel Data 模型分析了我国高技术产业企业资金投入、金融机构贷款、政府资金投入等三种主要融资方式对创新绩效的作用程度后,他们

---

① 李松:《基于因子分析的我国制造业各行业 R&D 投入绩效评价研究》,《北京工业职业技术学院学报》,2010 年第 1 期。

② 谢福泉,任浩,张军果:《财政科技投入产出绩效评价体系的构建——科技项目后评价视角》,《中国科技论坛》,2006 年第 6 期。

③ 宋彧,宋锦:《黑龙江科技投入综合评价指标体系研究》,《商业研究》,2006 年第 2 期。

④ 陈颖,李强:《内生增长条件下科技投入产出绩效评价:一个模型框架》,《科学学与科学技术管理》,2006 年第 12 期。

⑤ 杨志江,钟优慧:《区域科技投入绩效的动态综合评价——广西区 1999—2003 年科技投入绩效的综合分析》,《商场现代化》,2006 年第 11 期。

发现不同资金来源对创新成果产生的影响差异较大,金融机构贷款对创新绩效更具显著作用①。

二是政府作用对 R&D 投入绩效的影响。魏和清研究发现我国科技产出总量逐年增长但质量不高、结构差异明显、现实生产力转化能力薄弱,指出政府要提高科技发展绩效应从科技体制改革入手,加大激励力度②。邓向荣、刘乃辉和周密认为提高转型期政府科技投入的绩效,政府应在科技投入的宏观政策制定与微观资源配置两方面发挥着重要作用。应当以市场机制为基础,利用原有体制在公共政策方面的优势,配置科技投入资源③。刘丹鹤和杨舰以 1980 年美国《贝—多尔法案》为例证,分析了政府通过制定科技规划、改变市场条件等科技管理手段提高 R&D 收益(产出弹性),对弥补技术市场失灵、推动技术转移和促进经济增长的重要性④。戴勇等分析得出政府资金有利于引导企业增加研发投入,且政府投入对企业研发支出的杠杆效应大于替代效应;研发领域内社会资金的绝对量与相对量均较低,企业自有研发投入在获取核心竞争优势、提升企业创新绩效中起到主导作用⑤。

三是企业性质对 R&D 投入绩效的影响。李剑和沈坤荣研究了大中型工业企业中全部企业、国有企业和三资企业的产出对研发资本的弹性,发现在规模报酬可变假设下,研发的作用不显著,而在规模报酬不变的假设下,国有企业研发效率低于全部企业的平均研发效率,但三资企业的研发作用并不显著。该结论非常稳

① 李辉,马悦:《高技术产业融资结构对 R&D 绩效的影响研究》,《吉林大学社会科学学报》,2009 年第 4 期。

② 魏和清:《从科技投入与产出看我国科技发展的绩效》,《科技进步与对策》,2002 年第 12 期。

③ 邓向荣,刘乃辉,周密:《转型期我国政府科技投入绩效研究》,《科技管理研究》,2005 年第 10 期。

④ 刘丹鹤,杨舰:《R&D 投入、经济增长与科技管理》,《科学学与科学技术管理》,2006 年第 9 期。

⑤ 戴勇,肖丁丁,锁颖馨:《研发投入、企业家精神与产学研绩效的关系研究——以广东省部产学研合作企业为例》,《科学学与科学技术管理》,2010 年第 11 期。

健,对研发资本折旧率不敏感①。孙早和宋炜利用 2000—2009 年中国制造业的面板数据,估计了企业 R&D 投入对产业创新绩效的效应。研究表明,在资本密集度较高的战略性产业中,企业 R&D 投入对产业创新绩效的正效应不显著;不同所有制企业的 R&D 投入对产业创新绩效的影响是不同的,与国有企业相比,民营企业 R&D 投入与产业创新绩效之间的正相关关系更为显著;企业自主创新能力还有很大的提升空间②。程华等对《中国科技统计年鉴》2000—2009 年 28 个行业中的大中型工业企业数据进行了检验,发现总体上制造产业技术能力在 R&D 投入与产出绩效之间的中介效应显著③。

四是区域差异对 R&D 投入绩效的影响。吕忠伟和李峻浩研究了 R&D 投入、R&D 溢出以及人力资本等因素对区域全要素生产率变化的影响。结果表明:东部地区的 R&D 投入对全要素生产率和技术进步具有正向的促进作用,而中部地区和西部地区的 R&D 投入的作用不显著;东部地区的人力资本对全要素生产率和技术进步的提高都具有推动作用,而中部地区和西部地区的人力资本对这两方面的作用都不显著;R&D 溢出对区域经济增长的作用存在区域差异;中国各地区还没有达到吸收能力的门槛,不能充分吸收 R&D 国际溢出④。

五是外资研发对 R&D 投入绩效的影响。李武威在论文中指出外资研发通过显著促进我国本土企业技术创新资源投入,进而对提升我国本土企业创新绩效产生显著的间接正向影响,与此同

---

① 李剑,沈坤荣:《研发活动对经济增长的影响——大中型工业企业的面板协整动态 OLS 估计》,《山西财经大学学报》,2009 年第 3 期。
② 孙早,宋炜:《企业 R&D 投入对产业创新绩效的影响——来自中国制造业的经验证据》,《数量经济技术经济研究》,2012 年第 4 期。
③ 程华,李晓菲,李冬琴,居晟:《研发投入、技术能力与产出绩效关系的研究——基于帕维特产业分类的视角》,《中国科技论坛》,2013 年第 1 期。
④ 吕忠伟,李峻浩:《R&D 空间溢出对区域经济增长的作用研究》,《统计研究》,2008 年第 3 期。

时,我国各区域本土企业创新绩效对外资研发具有显著的吸引作用①。

2.2.3 R&D 投入与经济增长的研究

国内学者采用多种实证方法,从不同角度研究了 R&D 投入与经济增长的关系,研究结果表明,R&D 投入对经济增长具有明显的促进作用。这些实证研究分为以下几类。

第一,运用面板数据模型的实证研究。孙敬水和岳牡娟从我国 R&D 活动的三大主体角度出发,利用我国 30 个省市 1998—2006 年的相关数据,对 R&D 投入与经济增长之间的关系进行了实证研究②。赖明勇、张新、彭水军和包群利用 1996—2002 年间我国 30 个省市的经济数据,考察了分别以人力资本、贸易开放度衡量的技术吸收能力对经济增长的影响,同时比较了进口贸易、外商直接投资这两类传递渠道的技术外溢效果③。陈利华利用面板数据分析模型,对我国科技投入的技术进步效应进行了实证分析④。

第二,运用灰色关联度分析的实证研究。吴林海、杜文献以灰色关联度分析为工具,依据我国 1991—2005 年的 R&D 经费支出数据,对 R&D 投入在三大研发主体、三大研发阶段间配置的主要指标与我国经济增长的关联度进行实证分析。结论表明,R&D 投入与经济增长有着一定的正相关关联,但不同的配置对经济增长的影响有一定的差异⑤。高艳和姜庆华以灰色关联度为工具实证分析了科技投入与经济增长之间的关系,研究得到相同的结论:

① 李武威:《外资研发、技术创新资源投入与本土企业创新绩效的关系研究》,《情报杂志》,2013 年第 2 期。

② 孙敬水,岳牡娟:《我国 R&D 投入与经济增长实证研究——基于 panel data 模型分析》,《科技管理研究》,2009 年第 7 期。

③ 赖明勇,张新,彭水军,包群:《经济增长的源泉:人力资本、研究开发与技术外溢》,《中国社会科学》,2005 年第 2 期。

④ 陈利华,杨宏进:《我国科技投入的技术进步效应——基于 30 个省市跨省数据的实证分析》,《科学学与科学技术管理》,2005 年第 7 期。

⑤ 吴林海,杜文献:《中国 R&D 经费配置对经济增长的影响研究》,《统计与决策》,2008 年第 11 期。

R&D 经费支出和科技活动人员数与经济增长有正相关关系,且科技人员投入对经济增长起着更为重要的促进作用①②。贾鹏等人依据我国 1991—2001 年的统计数据,对科技投入各个指标与我国经济增长的关联度做了实证分析,结果表明,科技投入对经济增长的影响很大,科技投入中影响经济增长的主导因素是研发经费的投入,其作用对高等院校和大中型企业最为明显③。

第三,运用向量自回归模型的实证分析。徐冬林、郭云南认为 R&D 投入主要通过资本形成、贸易创造、产业联系、技术进步、产业结构和制度变迁 6 大效应向 GDP 传导。通过构建向量自回归模型,采用协整检验和 Granger 因果检验来确定 R&D 促进经济增长的作用途径,最终通过脉冲响应函数及方差分解实证研究 R&D 促进作用的时滞效应④。

第四,运用协整、误差修正模型的实证分析。范黎波、宋志红、宋志华利用中国 1987—2005 年的 R&D 投入和 GDP 数据,采用协整、误差修正模型(ECM)及葛兰杰因果检验技术,分析得到:从长期看,R&D 投入和中国经济增长之间存在着稳定均衡关系;从短期看,R&D 投入变动不是经济增长的葛兰杰原因。原因在于 R&D 投入和经济增长的关系跨越了技术和商业两个界面。R&D 投入主要表现在技术领域,从技术扩展到商业应用需要一个过程,在这个过程中,市场激励和企业家精神非常重要⑤。王海鹏、田澎、靳萍利用 1953—2003 年中国科技投入和经济增长的年度数据,建

---

① 高艳,胡树华:《中部区域科技投入对经济增长的灰色关联度分析》,《科技与经济》,2004 年第 3 期。

② 姜庆华,米传民:《我国科技投入与经济增长关系的灰色关联度分析》,《技术经济与管理研究》,2006 年第 4 期。

③ 贾鹏,王晓明,贾燕于:《我国科技投入与经济增长关联的实证分析》,《科技与管理》,2004 年第 4 期。

④ 徐冬林,郭云南:《R&D 投入对中国经济增长的动态时滞效应分析》,《中南财经政法大学学报》,2007 年第 6 期。

⑤ 范黎波,宋志红,宋志华:《R&D 投入与经济增长的协整分析——基于中国 1987—2005 年数据》,《财贸经济》,2008 年第 2 期。

立了误差修正模型。通过葛兰杰因果检验，发现科技投入和经济增长之间存在双向因果关系[1]。苏梽芳等运用协整理论和 VAR 模型，利用 1958—2004 年的经济数据对科技投入与经济增长的关系进行实证分析，测算了该时间跨度中国的科技投入对经济增长的长期和短期弹性[2]。

此外，杨朝峰和贾小峰在 2008 年[3]，陈志斌、施建军和孙辛勤在 2003 年[4]，唐五湘等在 2006 年[5]，或从政府公共 R&D 影响经济增长的机制角度，或从不同区域的 R&D 投入或科技投入与经济增长关系，或从科技投入对经济增长的滞后作用等角度进行了实证研究，结果都表明 R&D 投入或科技投入对经济增长具有显著的推动作用。

2.2.4　R&D 投入配置的国际比较

赵建斌、袁卫和钟卫在论文中认为不同类型国家在工业化发展不同阶段的 R&D 经费投入模式与经济发展阶段和技术创新能力有关。美、德、英、法、日、韩、印度、巴西均有各自的特点。魏杰、徐春骐通过对美、日、德、法、英和韩国等发达国家基础研究经费配置现状的比较，提出优化配置我国基础研究经费的对策建议[6]。李春友、阚立红通过对中美两国不同研发主体间、不同研发活动间的经费配置进行差异分析，提出我国研发经费配置的优化途径，应提高高校和企业研发投入比重，加大基础研究的投入，不同研发主体

①　王海鹏，田澎，靳萍：《中国科技投入与经济增长的 Granger 因果关系分析》，《系统工程》，2005 年第 2 期。

②　苏梽芳，胡日东，衣长军：《中国经济增长与科技投入的关系——基于协整与 VAR 模型的实证分析》，《科技管理研究》，2006 年第 9 期。

③　杨朝峰，贾小峰：《政府公共 R&D 影响经济增长的机制研究》，《中国软科学》，2008 年第 8 期。

④　陈志斌，施建军，孙辛勤：《江苏 R&D 活动：比较、评价与促进经济发展对策研究》，《江苏社会科学》，2003 年第 3 期。

⑤　唐五湘，刘志辉：《北京市科技投入与经济增长的 T 型关联度分析》，《工业技术经济》，2006 年第 6 期。

⑥　魏杰，徐春骐：《我国科学研究经费优化配置的比较研究》，《西安财经学院学报》，2006 年第 4 期。

应合理分工,以优化我国研发经费的配置①。杨宏进和邹珊刚将我国 R&D 人力资源的基本情况从总体规模、活动类型、执行部门、学科与行业的分布、人员素质、工作条件、产出等各方面与国外的相应指标进行对比,找出存在的差距,并提出相应的建议②。杨立英、金碧辉和孙涛涛研究发现发达国家的 GDP 对 R&D 投入的贡献力要大于发展中国家,处于经济上升期的国家非常重视 R&D 经费投入,中国科研投入平缓增加,但科技竞争力水平较低③。赵彦云和张明倩指出相对于欧盟、七国集团等经济组织,R&D 投入对经济增长的促进作用在东盟 10+3 地区更为显著。政府调动资源的能力、金融市场发达程度和企业与科研机构间的技术合作是影响东盟10+3 区域 R&D 投入的关键要素④。刘磊和胡树华分别从 R&D 资源投入规模,R&D 投资收支结构、R&D 成果产出效率、R&D 技术管理水平对国内外 R&D 管理进行了比较研究⑤。

2.2.5 提升 R&D 投入绩效的对策研究

一是 R&D 投入制度尤其是税收制度的完善。师萍、张蔚虹全面分析了我国 R&D 投入的现状与绩效,提出了完善我国 R&D 投入制度尤其是税收制度的对策建议⑥。徐伟民利用 1996—2004 年上海市 125 个高新技术企业的面板数据,采用动态面板数据分析模型从实证的角度研究了上海市科技政策对高技术企业 R&D 投入影响与效果,分析了科技政策与高技术企业 R&D 投入之间的关系,政府各种资助政策工具对高技术企业 R&D 投入的作用以及政

---

① 李春友,阙立红:《中美不同主体和活动间 R&D 经费配置比较研究》,《广东商学院学报》,2006 年第 6 期。

② 杨宏进,邹珊刚:《我国 R&D 人力资源配置分析》,《科研管理》,2005 年第 2 期。

③ 杨立英,金碧辉,孙涛涛:《经济增长对科研经费投入贡献力的国际比较》,《科学学与科学技术管理》,2006 年第 12 期。

④ 赵彦云,张明倩:《东盟 10+3 区域 R&D 投入与经济增长分析》,《科技管理研究》,2005 年第 12 期。

⑤ 刘磊,胡树华:《国内外 R&D 管理比较研究及对中国科技资源配置的启示》,《科学学研究》,2000 年第 1 期。

⑥ 师萍,张蔚虹:《中国 R&D 投入的绩效分析与制度支持研究》,科学出版社,2008 年。

府各种资助政策工具之间的交互效应。结果表明,政府的资金资助和税收减免都对上海市高新技术企业提高自身 R&D 投入强度的决定有一定的促进作用,政府政策的稳定有助于增强政策的效果,但政策工具之间可能存在"系统失灵"的问题①。

二是加大 R&D 投入强度。赵立雨和师萍指出高水平的政府科技投入强度是一个国家具有较高创新能力的重要保障。提高我国政府科技投入绩效水平,确定最优的科技投入目标强度,可以使有限的政府科技投入资金发挥最大的作用②。

三是全球化科技资源的组合配置来提高 R&D 投入绩效。张运生、曾德明和张利飞在分析新一轮全球科技资源重组趋势的基础上,探讨了全球化 R&D 人员配置的内在机理,剖析了全球化 R&D 人员配置网络的内涵与基本演进趋势。最后,提出了中国高技术企业积极参与全球化协作 R&D 与技术标准合作以融入全球化 R&D 人员配置网络,通过全球化 R&D 人员的流动与重组,获取组织间的技能、经验、技巧与诀窍等隐性知识的基本途径③。

四是合理配置 R&D 资源提高 R&D 投入绩效。第一,从国家角度展开研究的。《我国 R&D 专题分析》课题总体研究组就国家创新系统中 R&D 资源配置展开研究,以 2000 年全国 R&D 资源清查等国家统计数据为依据,选择和利用主要科技指标,从国家创新系统、行业、企业和地区等不同角度,对我国国家创新系统中 R&D 资源配置进行了全面的专题研究④。吴林海等基于国际经验与建设创新型国家视角,运用多种方法对中国未来 R&D 投入配置

①　徐伟民:《科技政策与高新技术企业的 R&D 投入决策——来自上海的微观实证分析》,《上海经济研究》,2009 年第 5 期。

②　赵立雨,师萍:《基于协整理论的政府科技投入绩效与目标强度研究》,《科学学与科学技术管理》,2008 年第 11 期。

③　张运生,曾德明,张利飞:《高技术企业 R&D 人员配置网络研究》,《中国科技论坛》,2007 年第 1 期。

④　《我国 R&D 专题分析》课题总体研究组:《国家创新系统中 R&D 资源配置研究》,科学技术文献出版社,2006 年。

展开了具体的研究①。彭宇文和吴林海认为技术进步是经济增长的源泉和动力，而技术进步有赖于 R&D 经费的投入。作为发展中国家，我国的 R&D 经费投入强度偏低，且由于国情的特殊性，不可能承受超过国力的 R&D 经费的投入，因此必须选择是提高有限的 R&D 经费的效率。因此，如何合理配置有限的 R&D 经费资源是在建设创新型国家进程中始终不可回避的重大课题。R&D 经费的合理配置，最基本的是要在三大研发主体、三大研发活动以及各主体内部间进行合理配置②。王明安对中国 R&D 资金配置现状作了分析，针对我国 R&D 资金配置存在的三大缺陷，提出了相应的调整建议：一是调整 R&D 资金配置的结构，明确创新主体间的相对分工；二是完善社会主义市场经济体制，进一步强化企业 R&D 资金配置的主体地位；三是增大基础研究资金配置的比例，特别是高校 R&D 资金配置③。第二，从地区角度对 R&D 资源合理配置提高 R&D 投入绩效研究的。陈瑶瑶、池仁勇、丁峥嵘、郭元源和段姗通过对浙江省 R&D 主体要素和 R&D 资源配置现状的分析，提出了 R&D 资源合理配置的途径和促进浙江省 R&D 活动的建议④。韩骁、杨锁强和陈红亚分析了陕西省 R&D 资源的分布、优势等，对陕西省 R&D 资源状况进行整体评价并指出其特征，提出以市场为基础，同时加强政府作用的优化配置途径⑤。王丁、杨建梅和陈建煊的研究表明广东 R&D 资源配置存在的主要问题是资源投入少，配置结构不合理，其解决的根本途径是进一步深化

---

① 吴林海，杜文献，童霞：《中国未来 R&D 投入配置的理论与实证研究》，化学工业出版社，2009 年。

② 彭宇文，吴林海：《基于三大研发主体、三大研发活动的国内外 R&D 经费配置比较研究》，《工业技术经济》，2006 年第 10 期。

③ 王明安：《浅议中国 R&D 资金配置》，《科技情报开发与经济》，2005 年第 4 期。

④ 陈瑶瑶，池仁勇，丁峥嵘，郭元源，段姗：《浙江省 R&D 资源配置特征及其对策研究》，《科技管理研究》，2005 年第 2 期。

⑤ 韩骁，杨锁强，陈红亚：《陕西省 R&D 资源评价与优化配置对策研究》，《情报杂志》，2003 年第 3 期。

科技体制改革①。朱玲、党耀国和王正新建立了多目标线性规划模型，对未来 R&D 投入结构进行优化设计，并以江苏为例，建立了江苏省 R&D 投入结构的优化模型②。董友、胡宝民和于建朝通过横向对比，分析了河北省高校、企业、研究机构的 R&D 资源配置的特点，着重从高校主管部门的角度出发提出优化 R&D 资源配置的对策与建议③。

2.3 研究述评

综上所述，国内外学者关于 R&D 投入绩效评价的研究主要集中在以下 4 个方面：一是有关 R&D 投入绩效的内涵及其评价研究，二是有关影响 R&D 投入绩效的因素，三是有关 R&D 投入、科技进步与经济增长的研究，四是有关提升 R&D 投入绩效的对策研究。由于中国是发展中国家，因此国内学者在研究中还特别进行了 R&D 投入的国际横向比较，借此研究我国 R&D 投入与发达国家的 R&D 投入之间的差距和不足。

但是，目前还没有具有普遍性的 R&D 投入绩效评价指标体系，换言之，可移植性的研究成果并不多见。R&D 投入对国家和区域经济的促进作用已经得到国内外广泛共识，我国由于区域的差异性，在研究 R&D 投入绩效时既要兼顾区域特点，同时更要构建符合我国在世界经济发展进程中地位的评价体系。同时，对于提高 R&D 投入绩效的针对性对策，在国内研究中尚无有力的研究成果。

总而言之，众多国内外经济学家对此进行了系统的研究，并获

---

① 王丁，杨建梅，陈建煊：《用软系统方法论对广东 R&D 资源配置问题的研究》，《科学管理研究》，1999 年第 2 期。

② 朱玲，党耀国，王正新：《江苏省"十一五"期间 R&D 投入结构优化模型》，《研究与发展管理》，2008 年第 5 期。

③ 董友，胡宝民，于建朝：《河北省高校 R&D 资源配置现状与对策建议》，《河北大学学报(哲学社会科学版)》，2007 年第 1 期。

得大量的研究成果,主要探讨 R&D 投入及其对经济增长所作的贡献。但在中国 R&D 投入绩效及其战略问题上缺少系统性的研究,所采用的方法较为单一,鲜有涉及 R&D 投入是如何传导并促进区域创新和经济发展的,特别是有关 R&D 投入绩效的系统动态仿真模型的构建和研究尚处于起步阶段,R&D 投入的绩效评价问题在全国范围内仍然是一项重要而紧迫的研究课题。因此本书在对 R&D 投入绩效的全面评价以及 R&D 投入战略制定等研究方面具有一定的独创性,其研究具有较大的探索空间。

2.4　本章小结

本章围绕 R&D 投入及其绩效评价展开国内外文献综述的研究。国内外学者关于 R&D 投入绩效评价的研究主要集中在 4 个方面:一是有关 R&D 投入绩效的内涵及其评价研究,二是有关影响 R&D 投入绩效的因素,三是有关 R&D(科技)投入、科技进步与经济增长的研究,四是有关提升 R&D 投入绩效的对策研究。由于中国是发展中国家,因此国内学者在研究中还特别进行了 R&D 投入的国际比较。综合而言,国内外学者对 R&D 投入及其绩效评价从不同角度展开了较为系统的研究,但在中国 R&D 投入绩效及其战略问题上缺少系统性的研究,仍有可继续深入研究的领域,在方法应用上仍可进一步拓展。

3 R&D 投入绩效评价基本问题研究

R&D 投入绩效及评价离不开理论基础,只有明确了 R&D 投入绩效及评价的科学内涵,才能有效地开展 R&D 投入绩效的评价。为此,本章从 R&D 投入绩效及其评价的内涵界定入手,从宏观、中观和微观层面对影响 R&D 投入绩效的因素进行分析,回顾 R&D 投入绩效评价的理论方法以及 R&D 投入与经济增长的理论。

3.1 R&D 活动与 R&D 投入产出

3.1.1 R&D 活动及其分类
3.1.1.1 R&D 活动的定义
对于 R&D 活动的定义,许多组织进行了界定。

经济合作与发展组织(OECD)在《弗拉斯卡蒂手册》(Frication)中定义:R&D 是在一个系统的基础上的创新性工作,其目的在于丰富有关人类、文化和社会的知识库,并利用这一知识进行新的发明。

美国科学基金会认为,R&D 是指企业、政府以及非营利组织所进行的基础与应用研究和工程、样机与工序的设计和发展。

联合国教科文组织(UNESCO)认为,研究与试验发展指为增加知识的总量(其中包括增加人类、文化和社会方面的知识),以及运用这些知识去创造新的应用而进行的系统的、创造性的工作。

3.1.1.2　R&D 活动的分类

本书采用 UNESCO 的定义及其三大类 R&D 活动的定义。通常按活动类型,研究与试验发展活动分为三类:基础研究、应用研究和试验发展。

（1）基础研究

基础研究是指为获得关于现象和可观察事实的基本原理及新知识而进行的实验性和理论性工作,它不以任何专门或特定的应用或使用为目的。

基础研究有以下特点:

第一,以认识现象、发现和开拓新的知识领域为目的,即通过实验分析或理论性研究对事物的物性、结构和各种关系进行分析,加深对客观事物的认识,解释现象的本质,揭示物质运动的规律,或者提出和验证各种设想、理论或定律。

第二,没有任何特定的应用或使用目的,在进行研究时对其成果看不出、说不清有什么用处,或虽肯定会有用途但并不确定能达到应用目的的技术途径和方法。

第三,一般由科学家承担,他们在确定研究专题以及安排工作上有很大程度的自由。

第四,研究结果通常具有一般的或普遍的正确性,成果常表现为一般的原则、理论或规律,并以论文的形式在科学期刊上发表或学术会议上交流。

因此,当研究的目的是为了在最广泛的意义上更充分地认识现象,或者是为了发现新的科学研究领域,而不考虑其直接的应用时,即视为基础研究。

（2）应用研究

应用研究是指为获得新知识而进行的创造性的研究,它主要是针对某一特定的实际目的或目标所实施的研究。

应用研究有以下特点:

第一,具有特定的实际目的或应用目标,具体表现为:为了确定基础研究成果可能的用途,或是为达到预定的目标探索应采取的新方法(原理性)或新途径。

第二,在围绕特定目的或目标进行研究的过程中获取新的知识,为解决实际问题提供科学依据。

第三,研究结果一般只影响科学技术的有限范围,并具有专门的性质,针对具体的领域、问题或情况,其成果形式以科学论文、专著、原理性模型或发明专利为主。一般来说,所谓应用研究,就是将理论发展成为实际运用的形式。

(3) 试验发展

试验发展是指利用从基础研究、应用研究和实际经验所获得的现有知识,为产生新的产品、材料和装置,建立新的工艺、系统和服务,以及对已产生和建立的上述各项作实质性的改进而进行的系统性工作。在社会科学领域,试验发展可定义为:把通过基础研究、应用研究所获得的知识转变成可以实施的计划(包括为进行检验和评估实施示范项目)的过程。对人文科学来说,这一类别没有意义。

试验发展有以下特点:

第一,运用基础研究、应用研究的知识或根据实际经验而展开的。

第二,以开辟新的应用为目的,具体地说,就是为了提供新材料、新产品和装置、新工艺、新系统和新服务,或对已有的上述各项进行实质性的改进。

第三,其成果形式主要是专利、专有知识、具有新产品基本特征的产品原型或具有新装置基本特征的原始样机等。

3.1.2 R&D 投入主体间的关联

R&D 投入的主体有投入主体和执行主体之分。R&D 投入的投入主体主要是指资金的来源,从中国科技统计年鉴统计的结果可以明显看到,政府和企业是 R&D 投入的两个主体,且政府资金的投入具有一定的示范效应,故政府 R&D 投入的重要性不言而喻。

R&D 投入的执行主体主要是指 R&D 经费的使用者,主要包括科研机构、高校和企业,各执行主体间具有明显的特点,科研机构、高校主要侧重于基础研究和应用研究,而企业则侧重于试验发展。

3.1.3 R&D 投入的内涵

R&D 投入是指用于 R&D 活动中的各种资源,包括人力、财力、物力等多方面的投入,由于资金投入决定了整个 R&D 的投入水平,是创新活动最为关键的基础性因素。本书研究的 R&D 投入主要是指 R&D 经费投入以及 R&D 人员投入。在没有规范的 R&D 投入统计的情况下,依照国际惯例,本研究使用了 R&D 经费支出来作为 R&D 经费投入的表征。

R&D 经费支出总额是指从各种渠道筹集到的用于 R&D 方面的经费,该指标反映各社会主体对研究和试验发展等方面所作的努力。

R&D 人员:指参与研究与试验发展项目研究、管理和辅助工作的人员,包括项目(课题)组人员、企业科技行政管理人员和直接为项目(课题)活动提供服务的辅助人员。全时人员:指报告年内从事 R&D 活动的时间占全年工作时间 90% 及以上的人员。非全时人员:指报告年内从事 R&D 活动的时间占全年工作时间 10%(含 10%)～90%(不含 90%)的人员。非全时人员折合全时人员:指所有非全时人员按实际工作时间折算为全时人员。例如,有三个非全时人员,他们从事 R&D 活动的时间分别为全年工作时间的 20%,30%,70%,折合全时人数为 $0.2+0.3+0.7=1.2$(人年)$\approx$ 1(人年)。

全时当量:指全时人员数加非全时人员按工作量折算为全时人员数的总和。例如,有两个全时人员和三个非全时人员,工作时间分别为 20%,30% 和 70%,则全时当量为 $2+0.2+0.3+0.7=$ 3.2 人年。

3.1.4 R&D 产出的内涵

《弗拉斯卡蒂手册》将 R&D 指标分为三类:一类是投入指标,包括研发活动中投入的各种资源,如人力、物力和财力;一类是产出指标,包括研发活动所产生的直接结果,如专利、论文;一类是影响指标,包括研发活动对经济社会等产生的影响和贡献,如劳动生产率、工业增加值等。中国则将影响指标归入产出指标,即 R&D 产出指标,包括直接产出和间接产出。

《中国科技统计年鉴》中我国的 R&D 产出指标主要有专利申请受理数、专利申请授权数、三系统收录的我国科技论文数、高技术产品出口额、高技术产品出口占商品出口总额的比重等。

本书所指的 R&D 产出包括直接产出和间接产出,主要指标选取了《中国科技统计年鉴》所列明的相关指标及其衍生指标。

3.2　R&D 投入绩效评价及其基础理论

3.2.1　绩效与 R&D 投入绩效

3.2.1.1　绩效的内涵

绩效(Performance)一词最早见于中国古代官员选用制度。《后汉书·荀彧传》中有"原其绩效,足享高爵",即考察官员的绩效看其是否足以担任高的官职;《旧唐书·夏侯孜传》中提到"录其绩效,擢处钧衡",即把一个官吏的绩效记录存档,根据其优劣来提拔到合适的官位。对于绩效的含义,不同的人在不同情形下有着不同的理解。有人认为绩效指的是完成工作的效率与效能;有人认为绩效是员工的工作结果,是对企业的目标达成具有效益、具有贡献的部分;有人认为,绩效是个人知识、技能、能力等一切综合因素通过工作转化成可量化的贡献;还有人认为,所谓绩效,简单地讲就是事物运动过程(狭义上指业务运作过程)所表现出的状态或结果,它包含质和量两方面的规定,可以通过定性和定量两种方式进行描述和反映,最终通过主观和客观等评价方式表现出来[1]。

---

① 　陈凌芹:《绩效管理》,中国纺织出版社,2004 年。

Bernardin 和 Beatty 从结果出发对绩效所作的定义，指在特定范围内，在特定工作职能、活动或上生产出的结果记录，即绩效就是结果和产出。

Muphy 以行为基础对绩效所作的定义，指一套与个人所在组织或小组目标相关的行为，即绩效就是行为。

Brumbrach 从行为和结果两方面进行定义，认为绩效是行为和结果。他认为行为是人们工作中的所作所为，它由人来表现，行为是结果的工具，同时它自身也是结果，是完成某项工作所付出的脑力和体力的结果，并且能与结果分开进行判断。

从语言学的角度看，"绩"是指业绩，是组织成员的工作结果；"效"是指效率，是组织成员的工作过程。因此，一般意义上的绩效是业绩义上的绩效和效率的统称，包括活动的过程上的效率和活动的结果两层含义。

从管理学的角度看，绩效是组织期望的结果，是组织为实现其目标而展现在不同层面上的有效输出，包括个人绩效和组织绩效两个方面。

从经济学的角度看，绩效与薪酬是员工和组织之间的对等承诺关系，工对组织的承诺，薪酬是组织对员工的承诺。

从社会学的角度看，绩效意味着每一个社会成员按照社会分工所确定的角色承担他的那一部分职责。

结果与行为辩证角度

不同学科角度

绩效的内涵

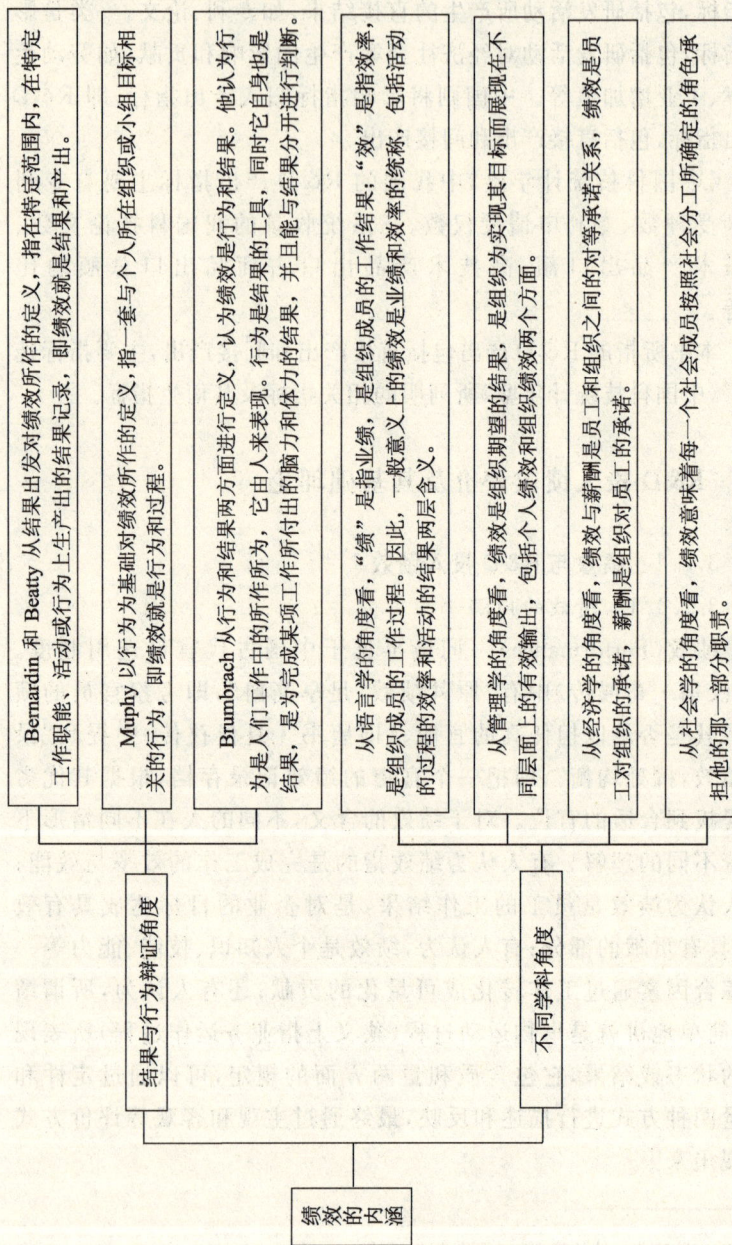

图 3-1 关于绩效内涵的几种观点

从结果与行为的辩证角度看,一是 Bernardin 和 Beatty 从结果出发对绩效所作的定义,指在特定范围内,在特定工作职能、活动或行为上生产出的结果记录,即绩效就是结果和产出;二是 Muphy 以行为为基础对绩效所作的定义,指一套与个人所在组织或小组目标相关的行为,即绩效就是行为和过程;三是 Brumbrach 从行为和结果两方面进行定义,认为绩效是行为和结果,行为是人们工作中的所作所为,它由人来表现。行为是结果的工具,同时它自身也是结果,是为完成某项工作所付出的脑力和体力的结果,并且能与结果分开进行判断。

从不同学科角度看,绩效的含义又有着不同的侧重点①:

(1)从语言学的角度来说,它的含义是成绩和效益。当把"绩效"引入科学评价范畴的时候,最早应用于人力资源管理、公共部门管理、工商管理和社会经济管理。

(2)从管理学的角度看,绩效是组织期望的结果,是组织为实现其目标而展现在不同层面上的有效输出,包括个人绩效和组织绩效两个方面。

(3)从经济学的角度看,绩效与薪酬是员工和组织之间的对等承诺关系,绩效是员工对组织的承诺,薪酬是组织对员工所作出的承诺。

(4)从社会学的角度看,绩效意味着每一个社会成员按照社会分工所确定的角色承担他的那一部分职责。

本书认为,绩效首先应具有本质的特征,但在不同应用范围和应用领域内又具有层次丰富的理解内容。

从反映绩效的本质属性上看,"绩效"的科学内涵应该包括以下几个方面:

首先,绩效必须是客观存在的,是人们实践活动的结果。人们有目的的实践活动,是从确定目标、制订计划开始的,经过实施达到目标或部分目标。

---

① 冯鸿雁:《财政支出绩效评价体系构建及其应用研究》,天津大学图书馆,2005 年。

第二,绩效必须是产生了实际作用的实践活动结果,具有实际效果。人们的实践活动,有的有实际效果,而有的是无效劳动。只有具有实际效果的活动结果才是绩效,而无实际效果的活动结果不叫绩效。

第三,绩效体现了一定主体与客体的关系,即绩效是一定的主体作用于一定的客体所表现出来的效用。

第四,绩效应体现投入与产出之间的对比关系,人们实践活动所获得的有益结果,是以一定的代价换取的,即在实践过程中消耗了一定的活劳动和物化劳动,其中也包括时间的消耗。投入少、产出多,则绩效好。投入多、产出少,则绩效不好。多与少是相对而言的,用比例关系才能说明多或少。

第五,绩效应当是个量值,有一定的可度量性,完全没有度量意义或完全无法度量的东西,就不是绩效①。

综上所述,绩效可以从多层次、多角度来理解,本书认为绩效是动态的、系统的,是多要素复合作用的结果,是个人、组织或区域在一定时期内的投入和产出的统一体。其中投入指的是人力、财力、物力等方面投入的资源,产出指的是投入的结果,包括数量、质量及效率等方面的结果。

3.2.1.2 R&D 投入绩效的内涵

如前文所述,R&D 投入是用于科学技术上的资源投入。结合已给出的绩效概念,作者认为 R&D 投入绩效的科学内涵应基于以下三个方面来体现:

第一,R&D 投入是根据社会经济发展的内在要求产生的,R&D 投入绩效有明确的目的性,它必须能够在一定程度上通过 R&D 投入来达到促进区域社会经济发展的根本目的。

第二,R&D 投入绩效反映在一定时期的区域、行业或企事业单位内 R&D 资源的投入和产出的关系及其对区域、行业以及企事

---

① 吴俊卿:《绩效评价的理论与方法——在科研机构的实践》,科学技术文献出版社,1992 年。

业单位产生的经济效益和社会效益。因此,R&D 投入绩效应该包含 R&D 投入的效率和效益两个方面,R&D 投入的效率反映 R&D 投入的优化配置,用产出和投入之比来表征单位投入的产出。R&D 投入的效益反映 R&D 活动中由效率所引起的相应受益或者收入,用产出和投入之差来表示。R&D 投入绩效既应该反映科技过程本身的产出效率与效果,又应该包括经济效益和社会效益等多个方面。

第三,R&D 投入绩效应是行为与结果的统一。R&D 投入绩效是 R&D 活动中的各种行为与结果的统一体,是由一系列的 R&D 投入行为和产出的结果来表现的。R&D 投入行为亦是结果的工具,同时它自身也是结果,是为完成某项工作所付出的脑力和体力的结果,并且能与结果分开进行判断。

综上所述,在本书的研究中对"R&D 投入绩效"作如下定义:R&D 投入绩效是根据社会经济发展的内在要求,反映一定时期内 R&D 资源的投入和产出及其产生的经济效益和社会效益,是行为与结果统一的综合体现。

3.2.2 绩效评价与 R&D 投入绩效评价

3.2.2.1 绩效评价的内涵

评价(Evaluation,Measurement)是指为达到一定目的,运用特定的指标、设定的标准和规定,对一个组织、群体和个体发展结果所处的状态或水平进行分析判断的过程,也就是一个比较分析并做出全面判断的过程。评价一般具有下面 4 个特征:(1) 评价的依据具有合理性;(2) 评价的标准具有客观公正性;(3) 评价的方法具有科学性;(4) 评价的结果具有可比性。

从人力资源管理的角度来定义,绩效评价(Performance Evaluation,Performance Assessment)"是对员工在一个既定时期内对组织的贡献做出评价的过程,从数量和质量两个方面对其工作的优缺点进行系统地描述的过程"。从企业管理的角度来定义,"绩效评价是对企业占有、使用、管理和配置经济资源的效果进行的评判"。从公共部门管理角度来定义[①]，"绩效评价是指政府体系的产出产品能在多大程度上满足社会公共需要"。

3.2.2.2 R&D 投入绩效评价的内涵

虽然目前对 R&D 投入绩效评价还没有明确的定义，但是借鉴绩效评价的一般含义，本书对 R&D 投入绩效评价定义如下：R&D 投入绩效评价是采用科学、规范的绩效评价方法，对照统一制定的评价标准，对 R&D 投入过程及其效果进行科学、客观和公正的衡量、比较与综合评判。简单地说，R&D 投入绩效评价就是对 R&D 投入及其效果进行比较，使一定的科技投入能发挥更大的效益，收取更多的回报。

3.2.2.3 R&D 投入绩效评价的分类

根据 R&D 投入主体、R&D 活动类型和 R&D 活动范围的不同，R&D 投入绩效评价有如下不同类型的分类。

按 R&D 投入的主体来划分，主要可分为政府 R&D 投入绩效评价、高校 R&D 投入绩效评价、企业 R&D 投入绩效评价、科研院所 R&D 投入绩效评价。

按 R&D 活动类型来划分，可分为基础研究的 R&D 投入绩效评价、应用研究的 R&D 投入绩效评价以及试验发展的 R&D 投入绩效评价。

按 R&D 活动范围划分，可分为区域 R&D 投入绩效评价、行业 R&D 投入绩效评价。

依据评估单元大小的不同，R&D 的绩效评价分为宏观绩效评价与微观绩效评价。宏观绩效评估是对国家、地区、产业等层面的 R&D 绩效的评估，微观绩效评估的对象可以是某一部门单位、某一计划甚至是某一项目的评估。

目前，R&D 活动逐步深化，规模越来越大，产生的影响亦越来越大，R&D 投入已成为全社会关注的热点。随着 R&D 活动的进

---

① 冯鸿雁：《财政支出绩效评价体系构建及其应用研究》，天津大学图书馆，2005 年。

一步扩张,R&D资源相对稀缺,越来越要求提高资源的使用效率,这不但使战略选择更加关键,使政府更加注重对资源利用过程和结果的控制,以提高和改善R&D投入的管理水平,而且要求通过加强对R&D投入的绩效评价,全面展示R&D活动的社会功能,以获得社会公众对政府不断增加R&D投入的理解和支持。

本书在研究中国R&D投入绩效时,重点选择国家、区域和行业等宏观层面作为评价单元对中国R&D投入绩效进行评价,为中国R&D投入和配置提供理论和实践的支持和分析。

3.2.3 R&D投入绩效评价的基础理论

R&D投入绩效评价的基础理论应主要包括效用理论、系统理论、数量化理论、不确定性理论和最优化理论[①]。

3.2.3.1 效用理论

效用理论是用数学方法来描述效用与效用函数的关系。效用本身是评价主体的主观的价值判断,从而建立的数学理论,这其中包含了许多假设。效用可以理解为评价主体从多个评价客体或评价方案中选择时,评判其优良中差的次序。在实际应用中可建立效用函数进行评价。

3.2.3.2 系统理论

从20世纪60年代以来,系统理论由于其成功的应用,被公认为一种科学方法论。系统理论作为一种科学的评价方法,能让评价主体将评价活动作为一个系统来考察,运用系统思维和方法进行科学、合理、有效的评价,在复杂系统的评价中具有明显的优越性。

3.2.3.3 数理化理论

数理化理论主要是指数学方法和统计方法。数学的精密性、抽象性和普遍性,成为评价活动必不可少的工具。统计方法是对评价客体进行适当的数量处理,通过统计数据建立评价模型,可将定性指标进行量化处理而用于实际评价。因此数理化理论是评价的重要基础。

---

① 潘云涛:《科技评价理论、方法及实证》,科学技术文献出版社,2008年。

3.2.3.4　不确定性理论

不确定性理论主要包括概率论和模糊理论,属于非精确数学。在评价活动中常含有不确定因素,概率论则适合处理这类问题,通常可获取随机事件发生的概率,运用期望值作为函数,将问题作为确定性问题来处理。此外,评价中还有一些模糊性的问题认识,这些问题没有明确的界限,因此在进行此类问题的评价中适用模糊理论。

3.2.3.5　最优化理论

当评价有最优化要求时,最优化理论将是一种有力的评价方法。最优化理论主要研究如何将评价目标和约束条件用数学形式进行描述,进而求出其最优解。常用的优化理论主要有线性规划、非线性规划、动态规划等。

3.3　R&D 投入绩效的影响因素分析

影响 R&D 投入绩效的因素如图 3-2 所示。

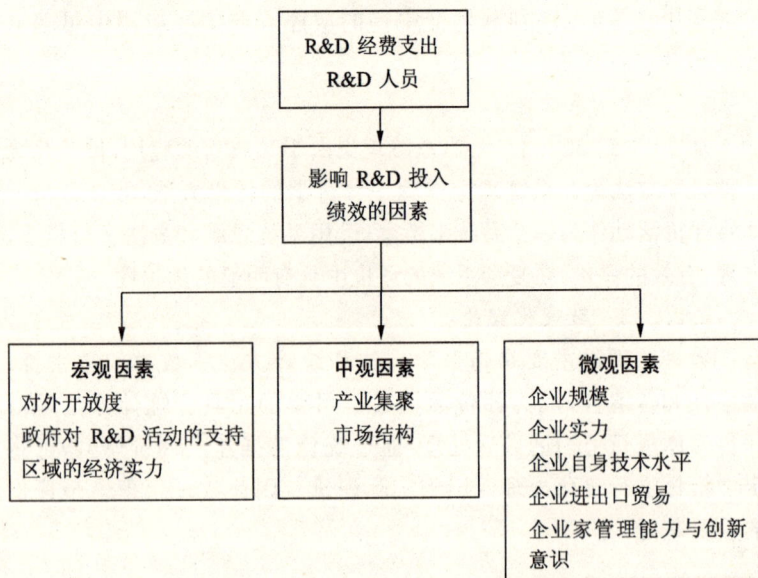

图 3-2　影响 R&D 投入绩效的因素

从图 3-2 中可以看出，R&D 人员和 R&D 经费支出是直接的影响因素。R&D 人员的投入与 R&D 经费的支出是从事 R&D 活动的最主要投入要素，同时两者又相互影响。研发人员的报酬构成研发支出的一部分，而研发支出的数额又限制着从事研发人员的数量。两者保持适当的比例有利于提高 R&D 活动的效率，保证 R&D 投入绩效。除此之外，在宏观、中观和微观领域均存在不同层次的影响因素。

3.3.1　宏观层面的因素分析

宏观层面的因素包括对外开放度、政府对 R&D 活动的支持以及区域的经济实力等。

3.3.1.1　对外开放度

在开放经济系统中，一个国家或地区的 R&D 投入绩效，不仅直接取决于国内诸多因素，而且受国际投资、国际贸易以及国际技术扩散等诸多因素的影响。首先，国内 R&D 存量可以通过中间产品的进口增加了产品品种数量或者有效提高了产品质量，最终提高生产力水平。其次，通过进口贸易引进先进的中间产品或机器设备，国内企业可以降低研发风险，节省大量的 R&D 经费和时间，提高 R&D 投入绩效。再次，通过"干中学"效应、前后向关联效应等带动关联产业的技术进步，促进了技术发展的专业化和国际的技术分工，优化了 R&D 资源配置，提高 R&D 投入绩效。

3.3.1.2　政府对 R&D 活动的支持

政府对 R&D 投入绩效的影响，一方面体现在政府政策支持上，另一方面体现在政府财政的直接支持。多年来，由于各种因素的影响和制约，国家或地方政府对 R&D 活动经费投入明显不足，政策的支持引导作用也不够显著，使得 R&D 投入绩效受到明显影响。因此，迫切需要国家和地方各级政府逐步加大财政科技拨款的力度，加大财政科技拨款的比例，出台相关财税政策，加快提高

R&D 资源配置效率,促进 R&D 投入绩效的提升①,将 R&D 经费支出占 GDP 比重作为考核国家和地方政府绩效的重要指标。

3.3.1.3 区域的经济实力

区域的经济实力反映了一国或地区的经济发展情况和市场规模,一般而言,经济实力与 R&D 投入应呈正相关关系。随着地区经济实力的增加,一方面,政府将会有更多的财政收入资助研发,扩大研发的范围和类型;另一方面,伴随着市场规模的扩大亦会刺激企业增加研发投入以获取核心竞争优势,获得收益,取得更高的 R&D 投入绩效②。

3.3.2 中观层面的因素分析

中观层面的因素包括产业集聚因素、市场结构特征等。

3.3.2.1 产业集聚因素

产业集聚是指同一产业在某个特定地理区域内高度集中,产业资本要素在空间范围内不断汇聚的一个过程。它拉近了相同类型企业间的空间距离,通过技术溢出效应影响效率。一方面,产业集聚有效地促进了 R&D 人员流动,继而促进技术创新。在产业的集聚区内,由于同类企业较多,相似度和关联性较强,R&D 人员的流动性更快。而 R&D 人员的快速流动,加速了信息的交流,从而进一步促进了技术的溢出和技术的扩散。由于人员流动,企业能够获取相应创新所需的相关信息和技术,从而减少了 R&D 活动成本投入,提高了 R&D 的效率。另一方面,产业集聚促进了合作,合作联盟式的 R&D 活动是避免 R&D 投入风险的主要方式,可有效地降低 R&D 投入的风险,是许多企业 R&D 活动中选择的重要手段,一些跨国公司也会选择这样的方法进行 R&D 活动。市场中的创新风险很多,研发的成功率低,R&D 投入不一定都能达到预期的技术效果。企业间交流的增多,可以加强企业间的信任关系,大

---

① 肖敏,谢富纪:《我国区域 R&D 资源配置效率差异及其影响因素分析》,《软科学》,2009 年第 10 期。

② 黄鲁成,张红彩,王彤:《我国研发支出的影响因素分析》,《研究与发展管理》,2005 年第 6 期。

大提升企业间合作研发的可能性，优势互补，提高了成功率。因此，产业集聚能使企业增进 R&D 资源共享的程度，节约成本、提高效率，从而有效地提升 R&D 投入绩效。

3.3.2.2　市场结构特征

产业组织理论研究的 SCP 范式认为，市场结构—企业行为—经济绩效三者间存在着因果关系，市场结构通过企业行为最终决定经济绩效。在不同的市场结构中，每个企业会处于不同的市场地位，受到创新激励也不同，继而影响 R&D 投入绩效。

完全垄断市场对 R&D 投入绩效存在正反两方面的影响。一方面，处于完全垄断的企业可以通过专利、专有权等形式获得垄断排他性权利，使创新者在一定时期内享有创新所带来的经济利益。这样会激发更多的企业从事创新活动，同时也刺激垄断者继续大量投资于 R&D 活动，从而能促进更大范围和更高层次 R&D 活动的开展，提高 R&D 投入绩效。另一方面，由于完全垄断的市场结构排除了市场竞争，垄断企业没有市场竞争的压力，即使不改进生产技术也可获得高额垄断利润，这样会失去为实现技术进步而进行 R&D 活动的动力，可能会减少 R&D 投入，降低 R&D 投入绩效。

寡头垄断市场的基本特点是市场上的产品同质或异质，同类企业极少，进入壁垒高，新的企业加入该行业比较困难。寡头之间的竞争一般表现为价格竞争和非价格竞争两种类型，技术竞争就是非价格竞争的一个重要形式。竞争将迫使市场中的寡头企业不断进行技术创新，以提高企业劳动生产率，提高 R&D 投入绩效。寡头企业也会受超额利润的诱惑，愿意加大投入来实现技术创新。但寡头间亦有可能形成正式或非正式的协议，从而弱化企业间的竞争，降低企业 R&D 投入积极性，影响 R&D 投入绩效。

垄断竞争市场结构介于完全竞争和完全垄断之间，既有竞争的一面，也有垄断的一面。产品不同于其他企业的特点是其垄断的一面，以此可以维持技术创新的持久收益，有利于企业扩大

R&D 投入,实现技术创新,获得 R&D 投入绩效。垄断竞争的市场结构具有竞争和垄断两种动力的技术创新机制,积极地推动着企业 R&D 活动向深度和广度发展①。

3.3.3 微观层面的因素分析

微观层面的因素包括企业规模、企业实力、企业自身的技术水平、企业进出口贸易和企业家管理能力与创新意识等。本书第 5 章第 3 节将专门对影响企业层面的 R&D 投入绩效问题展开实证分析。

3.3.3.1 企业规模

企业规模与创新活动之间的关系在国内外文献中经常被提及或论证,但又无法有一个统一的结论,尤其在中国转型背景下企业规模与创新活动之间的关系可能不同于发达国家,因此有必要更为全面地从实证层面来研究二者在中国背景下的内在关系及其相互作用机制。在中国,企业规模可能在不同程度上影响着企业的 R&D 投入绩效。

3.3.3.2 企业实力

企业实力的强弱决定了企业 R&D 投入的多少和强度。企业实力强,则可以较好地保证 R&D 投入的稳定持续,能承担 R&D 投入的风险,具有较强的抗风险能力。反之,企业实力弱,则无力支撑较大规模的 R&D 活动,难以获得核心竞争力,R&D 投入亦无力保证,R&D 投入绩效也很难得到提升。

3.3.3.3 企业自身的技术水平

企业自身的技术水平决定了 R&D 投入绩效高低。企业自身的技术水平高,企业 R&D 投入会有一定更高的平台,R&D 投入的风险程度相对而言会较低,绩效会更加明显;企业自身的技术水平低、起点低、平台不高,R&D 投入的风险程度相对而言会较高,很难涉及核心技术的研发,其 R&D 投入绩效也不会太明显。

---

① 徐海洪:《电子及通信设备制造业 R&D 效率及其影响因素研究》,大连理工大学出版社,2009 年。

3.3.3.4 企业进出口贸易

出口因素对制造业企业 R&D 活动的影响可能也很重要。相对于国内消费市场来说,发展中国家企业出口产品面临发达国家更多的质量、技术与安全壁垒标准要求。为了满足和适应国外市场不断迅速提高的苛刻要求,产品出口比例越大的企业可能创新强度越大;但是,通常发展中国家制造业企业出口产品的竞争优势在于低技术含量、低生产成本和劳动密集型的产品,更高的出口比例可能会迫使企业更加依赖低成本、低价格的生产模式,进而削弱企业的自主创新强度,降低 R&D 投入绩效。此外,如前所述,从企业微观角度来看,亦存在通过引进先进机器设备来降低 R&D 投入成本和风险,从而提升 R&D 投入绩效的行为。

3.3.3.5 企业家管理能力与创新意识

企业家能力是企业利润的源泉,是生产要素中最稀缺的资源。企业家通过制度创新促进技术创新,提升 R&D 投入绩效。美国经济学家熊彼特率先提出了企业家的创新职能,他认为企业家就是能够"实现生产要素的重新组合"的创新者,"创新"的本质就是建立一种新的生产函数。熊彼特认为创新是企业家的灵魂,企业家是创新能力、创新行为和创新结果的统一体,即只有那些具备企业家才能、正在实施创新行为以及其创新取得成功的人才能称之为企业家,三个要素必须同时具备,缺一不可。企业家是经济增长的关键,企业家的活动是经济增长的象征[①]。

国内外的相关研究表明,推进产业演化的微观主体只可能是企业家。由于企业家自身的基本特征和在企业中的特殊地位,企业家成为推进产业演化的动力。奈特认为企业家创新对于产业演化的影响在于企业家是具有更好的判断能力、信心和冒险精神的企业领导者,由此可以消除不确定性[②]。企业家在市场缺失的环境

---

① 傅家骥,等:《高质量经济增长的实现要素分析》,《数量经济技术经济研究》,1994 年第 3 期。

② 〔美〕弗兰克·H·奈特:《风险、不确定性和利润》,王宇,王文玉译,中国人民大学出版社,2005 年。

中,他们凭借自身取得信息的渠道和能力优于他人、判断力强于他人的优势很好地整合资源并运用稀缺要素,有效地解决资源配置的瓶颈问题,从而弥补市场以及组织的缺陷。由此可见,产业演化的根本性内生动力源泉是企业家创新。企业家是新产业生成的塑造主体,也是产业演化的推动主体;企业行为是企业家行为选择的直接结果,产业演化更是与企业家创新这一内生动力因素分不开的;一个产业的形成和发展,大多是由企业家创新所引致的。企业家既是推动企业组织创新和技术创新的主体力量,也是推动产业演化的主体力量;企业家在经营企业的过程中,创新行为是企业经营策略的重要内容,企业家创新的目的在于维持企业持久竞争优势。从某种意义上说,产业发展周期性变化特点就是产业内外企业家们创新行为作用的结果①。

3.4　本章小结

　　本章从 R&D 活动与 R&D 投入产出的内涵入手,系统分析了绩效、R&D 投入绩效及其评价的内涵,从宏观、中观和微观层面对影响 R&D 投入绩效的因素进行了分析。

　　R&D 投入绩效是根据社会经济发展的内在要求,反映一定时期内 R&D 资源的投入和产出及其产生的经济效益和社会效益的可衡量效用的综合体现。R&D 投入绩效评价是采用科学、规范的绩效评价方法,对照统一制定的评价标准,对 R&D 投入过程及其效果进行科学、客观和公正的衡量、比较与综合评判。简单地说,R&D 投入绩效评价就是对 R&D 投入及其效果进行比较,使一定的科技投入能发挥更大的效益,收取更多的回报。

　　影响 R&D 投入绩效的宏观因素包括对外开放度政府、对R&D 活动的支持度和区域的经济实力;中观因素包括产业集聚因素和市场结构;微观因素包括企业规模、企业实力、企业自身技术水平、企业出口贸易和企业家管理能力与创新意识等。

---

① 姚建华:《基于企业家创新的产业演化研究》,暨南大学博士学位论文,2009 年。

4 R&D 投入绩效的评价指标体系及方法选择

建立完善的 R&D 投入绩效评价指标体系,不仅是对 R&D 投入绩效进行评价的重要基础和依据,而且也是科学、合理、公正地评价 R&D 投入绩效的重要保证。通过一组科学、完整、系统的数据指标来反映 R&D 投入绩效的现状和发展趋势,并保证 R&D 投入绩效评价结果的可靠性和有效性,是 R&D 投入绩效评价工作的核心。

4.1 R&D 投入绩效评价的指标体系构建

4.1.1 R&D 投入绩效评价指标体系建立的原则

R&D 投入绩效评价指标体系是按照系统分析方法构建的一组反映 R&D 投入与产出行为、过程和结果的多个指标的集合。R&D 投入绩效评价指标体系的设计必须能客观、充分地反映评价对象的性质与特征,体现评价的基本内容,为评价目的而服务,直接关系到评价结果的客观、公正、准确与有效。为此,应围绕 R&D 投入绩效评价的各项基本目标,建立结构科学、系统全面、逻辑严密、相互联系又相互补充的 R&D 投入绩效评价指标体系。

在构建 R&D 投入绩效评价指标体系时应遵循以下基本原则。

4.1.1.1 目标性原则

构建 R&D 投入绩效评价指标必须紧紧围绕绩效评价的总体目标来进行。在选择每一个单项评价指标时,一方面都应考虑该项指标变量在为评价目标服务中所处的作用和地位,指定该指标变量的口径、范围和含义;另一方面还需注意 R&D 投入指标体系中各个单独指标之间的内在逻辑关系以及在整个体系中的地位和作用，从而能综合、全面、系统地反映 R&D 投入和产出的数量关系与内在规律。

4.1.1.2 全面性与精简性相结合的原则

R&D 投入绩效评价指标的范围广泛，内容复杂，其绩效评价涉及多个方面。但设定的指标越多，收集数据的工作难度就越大，成本也就越高，所以在构建 R&D 投入绩效评价指标体系时，既要能从不同的侧面反映事物的全貌，又要能降低不必要的指标数目，即不但考虑 R&D 投入绩效指标体系的全面性，而且也要注意评价指标体系的精简性。在满足基本评价要求的基础上，应该尽量减少评价指标个数，突出主要的评价指标，删除重复多余的指标。同时还要考虑收集指标数据的难易程度与成本高低，力求用尽量少的指标或者收集成本低的指标来反映尽可能多的信息，从而避免评价指标体系过于庞大而无所适从，为以后的评价工作造成困难，评价结果也难以应用。此外，还要尽量减少各个评价指标之间的相关性或者关联程度。

4.1.1.3 层次性和重点性相结合的原则

R&D 投入绩效评价指标体系应该内部层次清晰、关系明确，通常将指标按一级、二级、三级等分层次地设置，层层递进。同时要掌握一般性指标和重点指标的区别，需要重点分析的指标、对绩效影响大的指标应该设置得紧密一点，在一定程度上简化工作、突出重点，使指标具有代表性，能够客观地反映研究对象的特性。

4.1.1.4 可操作性原则

在遵循全面系统性原则的基础上，对指标应尽可能具有可操作性：一是资料数据的易得性，指标应有平稳的数据来源；二是指标容易量化，对定量指标要保证其可信度，对定性指标应尽量适用，或选择那些能间接赋值或计算予以转化的定量指标；三是能够便于他人进行操作和利用。

4.1.2 R&D 投入绩效评价指标体系形成的程序

人们对评价对象的特征的认识过程是一个逐步深化、逐步完善的过程,通常应经过初选、测试、完善和确定等阶段,具体到 R&D投入绩效评价理论指标体系的形成应有如下的几个阶段。

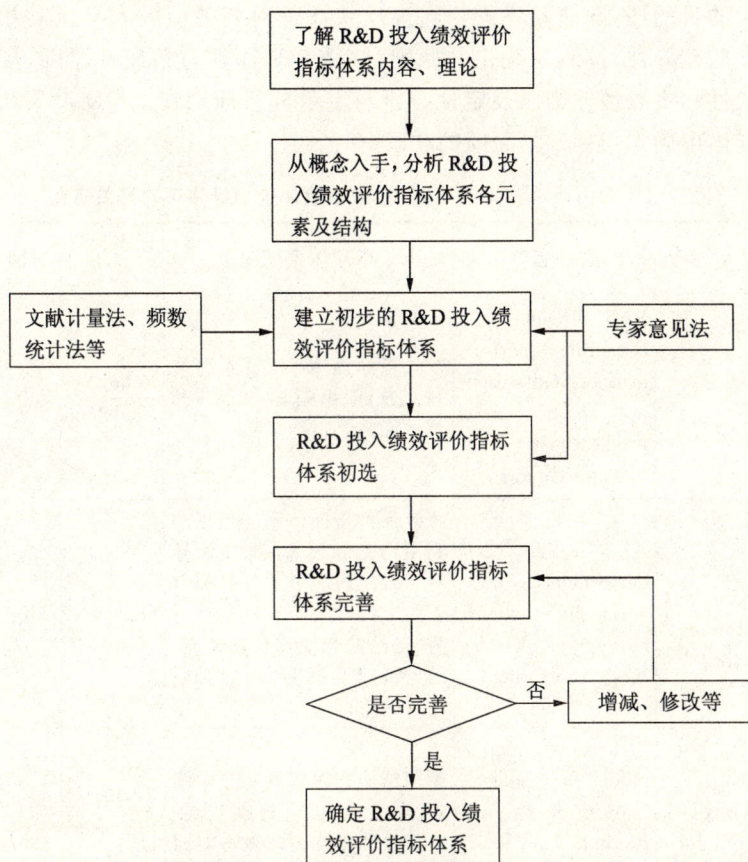

```
                  ┌─────────────────┐
                  │ 了解 R&D 投入绩效评价 │
                  │ 指标体系内容、理论    │
                  └────────┬────────┘
                           ↓
                  ┌─────────────────┐
                  │ 从概念入手,分析 R&D 投 │
                  │ 入绩效评价指标体系各元 │
                  │ 素及结构          │
                  └────────┬────────┘
                           ↓
┌──────────┐     ┌─────────────────┐     ┌──────────┐
│ 文献计量法、频数 │ →  │ 建立初步的 R&D 投入绩 │ ←  │ 专家意见法  │
│ 统计法等     │     │ 效评价指标体系     │     └──────────┘
└──────────┘     └────────┬────────┘
                           ↓
                  ┌─────────────────┐
                  │ R&D 投入绩效评价指标  │
                  │ 体系初选          │
                  └────────┬────────┘
                           ↓
                  ┌─────────────────┐
                  │ R&D 投入绩效评价指标  │
                  │ 体系完善          │
                  └────────┬────────┘
                           ↓
                     ╱是否完善╲ ──否──→ ┌──────────┐
                     ╲      ╱          │ 增减、修改等 │
                        │是            └──────────┘
                        ↓
                  ┌─────────────────┐
                  │ 确定 R&D 投入绩    │
                  │ 效评价指标体系     │
                  └─────────────────┘
```

图 4-1 R&D 投入绩效评价指标体系的构建步骤

4.1.3 R&D 投入绩效评价指标体系

R&D投入绩效评价可以从不同的角度进行,且需要从多个方面综合评价,仅采用一个单项指标或某几个指标对 R&D 投入绩效进行评价,具有一定的片面性和主观性。国内外学者对 R&D 投入绩效评价指标体系进行了相关研究,如表 4-1 所示。

本书在构建R&D投入绩效评价指标时,从 R&D 投入绩效评价内涵入手。

首先,遵循评价指标体系建立的原则,抓住 R&D 投入绩效评价的目的性,即绩效评价为客观反映评价对象的绩效水平及其相互的差异性,按照系统化的原则,并结合全面性与精简性原则、层次性和重点性原则以及定性分析与定量分析原则在 R&D 投入和产出中确定指标及其之间的联系。

表 4-1 国内外学者关于 R&D 投入绩效评价指标体系的相关研究

作者	文献名称	指标体系概况	发表刊物/著作	时间
Eric Wang	R&D efficiency and economic performance: a cross-country analysis using the stochastic frontier approach	投入指标为 R&D 资本存量和人力,产出指标为专利和学术论文。	Policy Modeling	2007
Bowon Kim, Heung-shik Ok	An effective R&D performance measurement system: survey of Korean R&D researchers	绩效评价指标体系应更多的利用行为和质量,例如领导对年轻科研人员的指导和自下而上(例如,研发人员对自身、自己的老板和研发经理)的评价以及横向(例如对同事)的评价。	Omega	2002
Sohn, Yong Gyu Joo, Hong Kyu Han	Structural equation model for the evaluation of national funding on R&D project of SMEs in consideration with MBNQA criteria	运用结构方程模型从技术绩效、商业绩效、管理绩效、制造绩效和影响力绩效等对国家 R&D 基金项目进行评估。	Evaluation and Program Planning	2007
赵喜仓、陈海波、李芳林等	中国 R&D 统计理论、方法及应用研究	R&D 统计调查指标体系由三级指标构成。该指标体系共包括 R&D 人员、R&D 经费和 R&D 项目(课题)3 个子系统,即 3 个一级指标,6 个二级指标,每个二级指标又由多个三级指标组成。	国家社科基金项目研究报告	2009

续表

作者	文献名称	指标体系概况	发表刊物/著作	时间
师萍、张蔚虹	中国 R&D 投入的绩效分析与制度支持研究	在对政府 R&D 投入的绩效进行分析时,选择了两个投入指标:国家财政 R&D 拨款和科学家与工程师人数;两个产出指标:社会全员劳动生产率和每万元 *GDP* 所消耗的标准煤。 在对企业 R&D 投入的绩效进行分析时,选择了两个投入指标:企业 R&D 经费投入和企业 R&D 全时人员当量;3 个产出指标:企业发明专利授权量、企业技术市场成交额和企业新产品销售收入占产品销售收入的比重。	科学出版社	2008
吴林海、杜文献、童霞	中国未来 R&D 投入配置的理论与实证研究	在研究我国 R&D 投入的效率问题时,采用 DEA 模型,选择了 3 个投入指标:科技活动人员数、科学家和工程师数和 R&D 经费支出;3 个产出指标:科技论文数、专利授权量和技术市场成交额。	化学工业出版社	2009
袁卫、赵路、钟卫	中国 R&D 理论、方法及应用研究	采用 DEA 模型,两个投入指标:R&D 经费内部支出和 R&D 人员折合全时当量;5 个产出指标:新产品销售收入、专利申请数、拥有发明专利数、工业增加值和主营业务利润。	中国人民大学出版社	2009

作者	文献名称	指标体系概况	发表刊物/著作	时间
韩兆洲、朱珈乐	R&D 区域投入产出绩效的综合评价——以广东省为例	1个一级指标 R&D 投入产出绩效指数。3 个二级指标 R&D 投入指数、R&D 产出指数和 R&D 影响指数。22 个三级指标:有 R&D 活动的单位数、R&D 人员折合全时当量、R&D 人员中高学历从业人员数、高学历从业人员占 R&D 人员的比例、每万人中 R&D 人员拥有比例、R&D 经费支出、R&D 经费投入强度、人均 R&D 经费支出、科研仪器设备总值、专利申请数、有效发明专利数、发表论文和出版著作、人均有效发明专利数、人均专利申请数、人均论文和出版著作、新产品销售收入、专利所有权转让与许可收入、人均 GDP、人均 GDP 增长率、亿元投资新增、规模以上工业增加值率、全员劳动生产率。	统计与决策	2012
赵涛、张爱国	基于因子分析的区域 R&D 绩效评价研究	R&D 投入指标:X_1 表示 R&D 人员中科学家与工程师(万人/年),它反映了一个地区的技术创新能力的核心水平;X_2 表示 R&D 经费支出总量(亿元),它反映了一个地区对 R&D 活动的支持力度;X_3 表示 R&D 经费投入占 GDP 的比重(%),它反映了一个地区对 R&D 活动的支持能力和态度;	西北农林科技大学学报(社会科学版)	2006

作者	文献名称	指标体系概况	发表刊物/著作	时间
赵涛、张爱国	基于因子分析的区域 R&D 绩效评价研究	R&D 产出指标：X_4 表示发明专利授权量（项），它是三种专利形式中最能反映创新价值的部分；X_5 表示国际论文数（篇），它反映了一个地区的高水平论文的实力；X_6 表示技术市场成交额（亿元），它反映了一个地区进行技术交流的活跃程度；X_7 表示新产品产值率（%），它反映了一个地区企业的终端产品的创新能力；X_8 表示高新技术产业增加值（亿元），它反映了一个地区高技术产业的最终创新成果的水平。	西北农林科技大学学报（社会科学版）	2006
许晓雯、蔡虹	区域 R&D 投入绩效评价测度体系研究	初步确定以下几个指标： 一级指标 R&D 投入：R&D 经费支出总量指标、R&D 投入强度指标、地方财政科技拨款、地方科技三项经费、企业科技经费支出占企业产品销售收入比重、R&D 人员中科学家和工程师。 一级指标 R&D 产出：发明专利受理量、发明专利授权量、三大系统收录的科技论文数、技术成果成交额、新产品产值率、高新技术产品出口额占工业制成品出口额比重。 一级指标对经济发展起促进作用：人均 GDP、人均 GDP 增长率、亿元投资新增 GDP、工业增加值率、全员劳动生产率。 筛选后： 输入指标：R&D 经费支出总量指标（亿元）、R&D 投入强度指标（%）、地方科技三项费用（亿元）、R&D 人员中科学家和工程师（万人年）	科学学与科学技术管理	2003

作者	文献名称	指标体系概况	发表刊物/著作	时间
许晓雯、蔡虹	区域 R&D 投入绩效评价测度体系研究	输出指标:发明专利授权量(项)、三系统的科技论文数(篇)、技术成果成交额(亿元)、新产品产值率(%)、人均 GDP(元)。	科学学与科学技术管理	2003
莫燕	区域 R&D 绩效评价	R&D 的投入是指财力投入和人力投入两个方面,R&D 的产出包括直接产出和间接产出。根据 DEA 方法的适用性以及上述原则,文中设立了能反映 R&D 投入—产出的指标,输入指标:X_1 万人科学家工程师数(人/万人)、X_2 R&D 经费支出(亿元);输出指标:Y_1 科技活动人员科技论文数(篇/万人)、Y_2 高技术产业增加值指数(%)、Y_3 发明专利批准数(项/百万人)、Y_4 技术成果成交额(万元/万人)。	科研管理	2004
许晓雯、蔡虹	我国区域 R&D 投入绩效评价研究	运用 DEA 模型:输入指标:R&D 经费支出总量指标(亿元)、R&D 投入强度指标(%)、地方科技三项费用(亿元)、R&D 人员中科学家和工程师(万人年)。输出指标:发明专利授权量(项)、三系统的科技论文数(篇)、技术成果成交额(亿元)、新产品产值率(%)、人均 GDP(元)。	研究与发展管理	2004

作者	文献名称	指标体系概况	发表刊物/著作	时间
苏仁辉、罗亚非、何舒洁、王海燕	农副食品加工业的 R&D 绩效评价	潜在 R&D 资源类：该指标反映了企业对 R&D 研究的投入强度和可能的投入潜力，共包含 4 项指标，分别是：R&D 人员总数，反映企业 R&D 人力投入强度；企业工业增加值和企业主营业务收入，分别从增量和绝对量的角度反映企业的经营状况，作为企业研发投入的潜力指标；R&D 经费支出与企业主营业务收入之比，是企业对 R&D 活动的资金投入力度，也反映企业本身对 R&D 的支持能力和态度。R&D 产出能力类：该指标由企业申请的发明专利数占全国的比例、企业拥有的发明专利数（研发成果累计）占全国的比例、新产品销售收入占产品销售收入之比三项指标构成。其中企业申请的发明专利数占全国的比例反映一年内向有关部门提出的专利申请数量的相对量；企业拥有的发明专利数占全国的比例一定程度上弥补研发成果转化的时滞性，也是一个相对指标；新产品销售收入占产品销售收入之比反映研发投入在创造价值过程中的实现程度。	科研管理	2007

作者	文献名称	指标体系概况	发表刊物/著作	时间
刘凤朝、孙玉涛	基于过程的政府 R&D 投入绩效分析	政府 R&D 投入遵循政府 R&D 投入→企业 R&D 投入→技术进步→经济增长的传导过程,在这一过程中运用三个计量模型进行绩效的测定和分析:G 为政府财政科技拨款总额(亿元),由于政府是 R&D 经费的来源部门而不是执行部门,所以没有 R&D 经费支出统计,这里用政府财政科技拨款表示政府 R&D 经费投入;F 为大中型企业 R&D 经费支出(亿元);R 为研究机构 R&D 经费支出(亿元);U 表示高等院校 R&D 经费支出(亿元);O 为其他机构 R&D 经费支出(亿元),其他机构包括了中小企业、社会公益机构等;N 为新产品销售收入(亿元);I 为发明专利申请量(件)(只包括国内发明专利申请),专利作为创新产出指标已经成为学术界的通行做法,发明专利是创新直接产出中最具市场价值的部分,同时申请量与当年资金、人员投入比较吻合(授权量由于专利审查时间的关系,滞后期较长);H 为 R&D 人员(万人年);Y 为国内生产总值 GDP (亿元);K 为固定资产投资(亿元);L 为全社会就业人员数(万人)。	研究与发展管理	2008

续表

作者	文献名称	指标体系概况	发表刊物/著作	时间
师萍、许治、张炳南	我国 R&D 投入绩效的实证研究	(1) 投入指标的选择。在 R&D 投入的三个类别当中，由于知识和信息投入很难量化，我们选择人力资源和智力投入以及资本与原材料投入作为投入指标：(a) 国家每年的 R&D 总支出 ($x_1, t-1$)（表示第 $t-1$ 年的 R&D 总投入）；(b) 科学家和工程师的总数 ($x_2, t-1$)（表示第 $t-1$ 年的人力资源总投入）。(2) 产出指标的选择。为了更好地衡量 R&D 投入的积极贡献，本书选择了两项指标：(a) 国家劳动生产力的提高 (y_1, t)—假设积极的 R&D 努力能改善国家整体的劳动生产率；(b) 平均每万元 GDP 所消费的能量 (y_2, t)—假设 R&D 投入是科技进步减少了每万元 GDP 所需的能量，进一步假设在第 $t-1$ 年的 R&D 投入将反映在第 t 年的产出中。	中国软科学	2007
于宁	我国 R&D 经费支出绩效评价：体系构建与实证研究 (1995—2003)	评价指标体系在"经济性""效率性"和"有效性"三个大类指标下又划分了若干一级指标和二级指标，用以对 R&D 经费支出绩效进行更为细化的评价。	上海经济研究	2005

　　其次，在建立了初步 R&D 投入绩效指标体系后，根据本书第二章对 R&D 投入绩效评价相关理论综述，再综合表 4-1 所列明的国内外学者对 R&D 投入绩效指标体系的研究，参考国内外学者对 R&D 投入绩效评价的相关研究，进一步进行修正。

　　最后，结合专家意见，并结合 2000 年、2009 年 R&D 资源清查的相关指标和数据、2007 年国家统计局创新调研的相关指标和数据，构建了由两个一级指标、5 个二级指标和 24 个三级指标组成的 R&D 投入绩效理论指标体系(见表 4-2)。建立的 R&D 投入绩效理论指标体系,从 R&D 投入、R&D 产出两个主要方面反映了 R&D 投入绩效的全貌,指标设计兼顾了绝对数据和相对数据的选取,且数据可获性较强,在产出中同时考虑到了 R&D 的直接产出、产出效率以及间接产出。

表 4-2　R&D 投入绩效评价理论指标体系

	一级指标	二级指标	三级指标
R&D投入绩效评价理论指标体系A	R&D 投入 B_1	R&D 人员投入 C_1	D_1:R&D 人员/万人年
			D_2:每万人中 R&D 人员/(人年/万人)
			D_3:科学家、工程师人数/万人
			D_4:每万人中科学家工程师人数/(人/万人)
		R&D 经费投入 C_2	D_5:科技经费支出额/亿元
			D_6:R&D 经费支出/亿元
			D_7:R&D 经费投入强度/%
			D_8:地方财政科技拨款占地方财政支出比重/%
			D_9:科技经费支出占 GDP 的比重/%
	R&D 产出 B_2	R&D 成果直接产出 C_3	D_{10}:国内中文期刊科技论文发表数/篇
			D_{11}:专利申请受理量/项
			D_{12}:专利申请授权量/项
			D_{13}:国外检索工具收录我国科技论文数/篇
		R&D 成果产出效率 C_4	D_{14}:每万名 R&D 人员论文发表数/(篇/万人)
			D_{15}:每十万人专利申请授权量/(项/十万人)
			D_{16}:每十万人专利申请受理量/(项/十万人)
			D_{17}:每亿元 R&D 经费支出的发明专利申请授权量/(项/亿元)
			D_{18}:每亿元 R&D 经费支出的国内中文期刊科技论文数/(篇/亿元)
		经济社会效益产出 C_5	D_{19}:高技术产业规模以上企业增加值/亿元
			D_{20}:高技术产品出口额/亿美元
			D_{21}:技术市场成交合同单位金额/项/亿元
			D_{22}:高新技术规模以上企业增加值占工业增加值的比重/%
			D_{23}:形成国家或行业技术标准数/项
			D_{24}:注册商标数/个

两个一级指标及其二级指标的含义如下:

(1) R&D 投入

该指标主要反映 R&D 投入情况,亦反映了 R&D 投入绩效评价中的行为或过程。

一级指标 R&D 投入 B_1 包括 R&D 人员投入 C_1 和 R&D 经费投入 C_2 两个二级指标。该一级指标主要从人员投入和经费投入角度评价 R&D 投入绩效的行为或过程。

二级指标 R&D 人员投入 C_1 包括 D_1 为 R&D 人员(万人年)、D_2 为每万人中 R&D 人员(人年/万人)、D_3 为科学家、工程师人数(万人)、D_4 为每万人中科学家工程师人数(人/万人)4 项三级指标。这些指标从总量以及密度上刻画了 R&D 人员投入的情况。

二级指标 R&D 经费投入 C_2 包括 D_5 为科技经费支出额(亿元)、D_6 为 R&D 经费支出(亿元)、D_7 为 R&D 经费投入强度(%)、D_8 为地方财政科技拨款占地方财政支出比重(%)、D_9 为科技经费支出占 GDP 的比重(%)5 项三级指标。这些指标从总量以及强度上刻画了 R&D 经费投入的情况。

(2) R&D 产出

该指标主要反映 R&D 产出情况,也是 R&D 投入绩效评价中的结果。

一级指标包括 R&D 成果直接产出 C_3、R&D 成果产出效率 C_4、经济社会效益产出 C_5 3 个二级指标,分别从 R&D 成果的直接产出、产出效率以及间接的经济社会效益角度对 R&D 投入绩效进行评价。

二级指标 R&D 直接成果产出 C_3 包括 D_{10} 为国内中文期刊科技论文发表数(篇)、D_{11} 为专利申请受理量(项)、D_{12} 为专利申请授权量(项)、D_{13} 为国外检索工具收录我国科技论文数(篇)4 项三级指标。这些指标从专利和论文的角度评价了 R&D 投入绩效。

二级指标 R&D 成果产出效率 C_4 包括 D_{14} 为每万名 R&D 人员论文发表数(篇/万人)、D_{15} 为每十万人专利申请授权量(项/十万人)、D_{16} 为每十万人专利申请受理量(项/十万人)、D_{17} 为每亿元 R&D 经费支出的发明专利申请授权量(项/亿元)、D_{18} 为每亿元

R&D 经费支出的国内中文期刊科技论文数（篇/亿元）5 项三级指标。这些指标从产出效率角度评价了 R&D 投入绩效。

二级指标经济社会效益产出 C_5 包括 D_{19} 为高技术产业规模以上企业增加值（亿元）、D_{20} 为高技术产品出口额（亿美元）、D_{21} 为技术市场成交合同单位金额（项/亿元）、D_{22} 为高新技术规模以上企业增加值占工业增加值的比重（％）、D_{23} 为形成国家或行业技术标准数（项）、D_{24} 为注册商标数（个）6 项三级指标。这些指标从 R&D 投入的社会经济效益角度评价了 R&D 投入绩效。

4.2 R&D 投入绩效评价的主要方法

R&D 投入绩效评价可以从不同的角度进行，且需要从多个方面综合评价，仅采用一个单项指标或某几个指标对 R&D 投入绩效进行评价具有一定的片面性和主观性。众多国内外的学者围绕 R&D 投入绩效评价问题进行了相关的研究，下面对这些研究成果所采用的评价理论和方法进行综述。目前，国内外学者较多地采用多指标综合评价方法对 R&D 投入绩效进行评价。多指标综合评价方法就是使用一定的数学模型（或称为综合评价函数）将多个评价指标值组合为一个整体性的综合评价值①。常用的多指标综合评价方法有定性评价方法、系统工程方法、模糊数学方法、运筹学方法、统计分析方法、灰色综合评价法以及智能化评价方法。以下将对这些方法进行简单介绍。

4.2.1 主观评价方法

4.2.1.1 德尔菲法

德尔菲法也称专家调查法或专家评价法，是依靠专家的知识和经验来确定评价指标权重的一种方法。至今利用专家主观意识的直观判断仍具有强大的生命力，在许多情况下，只有依靠专家才

---

① 叶义成,柯丽华,黄德育:《系统综合评价技术及其应用》,冶金工业出版社,2006 年。

能做出判断和评价。如数据不足,或数据不能反映真实情况,或收集数据的时间过长无法采用定量方法,应该考虑使用专家调查法。采用德尔菲法进行综合评价的主要步骤有:

第一,组织 r 个专家,对每个评价指标 $X_j(j=1,2,\cdots,n)$ 的权重进行估计,得到权重估计值 $w_{k1},w_{k2},\cdots,w_{kn},(k=1,2,\cdots,r)$;

第二,计算 r 个专家给出的权重估计值的平均值 $\overline{w}_j = \frac{1}{r}\sum_{k=1}^{r}w_{kj}(j=1,2,\cdots,n)$;

第三,计算 r 个专家给出的权重估计值与估计平均值的绝对离差 $\Delta_{kj}=|w_{kj}-\overline{w}_j|(k=1,2,\cdots,r;j=1,2,\cdots,n)$;

第四,对于绝对离差 Δ_{kj} 比较大的指标权重估计值,再请第 k 个专家重新估计 w_{kj}。经过几轮的反复,直到绝对离差达到一定的要求为止,最终求得一组指标权重平均值的修正值 $\overline{w}_j(j=1,2,\cdots,n)$。

4.2.1.2 系统工程方法——层次分析法

层次分析法(The Analytic Hierarchy Process,AHP),是美国运筹学家 Saaty 教授于 20 世纪 70 年代初期提出的一种简便、灵活而又实用的多准则决策方法。AHP 通过分析复杂系统所包含的因素及其相关关系,将问题条理化、层次化,构造一个层次分析结构模型;将每一层次的各要素两两比较,按照一定的标度理论,得到相对重要程度的比较标度并建立判断矩阵;计算判断矩阵的最大特征值及其特征向量,得到各层次要素对上层次各要素的重要次序,从而建立权重向量。这一方法的特点,是在对复杂决策问题的本质、影响因素以及内在关系等进行深入分析之后,构建一个层次结构模型,然后利用较少的定量信息,把决策的思维过程数学化,从而为求解多目标、多准则或无结构特性的复杂决策问题,提供一种简单的决策方法。该方法尤其适合于人的定性判断起重要作用的、对决策结果难于直接准确计量的场合[1]。

运用层次分析法确定权重的主要步骤如下:

---

① 杜栋,庞庆华:《现代综合评价方法与案例精选》,清华大学出版社,2005 年。

（1）建立递阶层次结构

首先，将复杂问题分解成称之为要素的各组成部分，把这些要素按属性不同分成若干组，以形成不同层次。同一层次的元素作为准则，对下一层次的某些元素起支配作用，同时它又受上一层次元素的支配。这种从上到下的支配关系形成了一个递阶层次。层次可分为三类：最高层（也叫目标层）、中间层（也叫准则层）和最底层（也称为措施层或方案层）。

上层元素对下层元素的支配关系所形成的层次结构被称为递阶层次结构。每一层次中各元素所支配的元素一般不要超过 9 个，因为支配的元素过多会给两两比较判断带来困难。

（2）根据标度理论，建立两两比较判断矩阵

在递阶层次结构中，设上一层元素 C 为准则，所支配的下一层元素为 $u_1, u_2, \cdots, u_n$，其对于准则 C 相对重要性即权重。确定权重用两两比较方法，其方法是：对于准则 C，元素 u_i 和 u_j 哪一个更重要，重要的程度如何，通常按 $1 \sim 9$ 的比例标度对重要性程度赋值。表 4-3 中列出了 $1 \sim 9$ 标度的含义。

表 4-3　分级比例标度参考表

标度	含　义
1	表示两个元素相比，具有同样重要性
3	表示两个元素相比，前者比后者稍重要
5	表示两个元素相比，前者比后者明显重要
7	表示两个元素相比，前者比后者强烈重要
9	表示两个元素相比，前者比后者极端重要
2,4,6,8	表示上述相邻判断的中间值
倒数	若元素 i 与 j 的重要性之比为 a_{ij}，那么元素 j 与元素 i 重要性之比为 $a_{ji} = 1/a_{ij}$

对于准则 C，n 个元素之间相对重要性的比较得到一个两两比较判断矩阵：

$$\mathbf{A} = (a_{ij})_{n \times n}$$

其中 a_{ij} 是元素 u_i 和 u_j 相对于 C 的重要性的比例标度，且 $a_{ij} > 0$，

$a_{ji} = \dfrac{1}{a_{ij}}, a_{ii} = 1$。若判断矩阵 A 的所有元素满足 $a_{ij} \cdot a_{jk} = a_{ik}$，则称 A 为一致性矩阵。

（3）计算相对权重

根据判断矩阵，利用线性代数知识，精确地求出 A 的最大特征值所对应的特征向量，所求特征向量即为各评价因素的重要性排序。在归一化整理后，也就得到各个评价因素的权重分配了。

$$A_w = \lambda_{\max} w \qquad (4\text{-}1)$$

式（4-1）中，$\lambda_{\max}$ 是 A 的最大特征根，w 是相应的特征向量，所得到的 w 经归一化后就可作为权重向量 $w = (w_1, w_2, w_3, \cdots, w_n)$。

（4）一致性检验

由于客观事物的复杂性或对事物认识的片面性，通过所构造的判断矩阵求出的特征向量（权值）是否合理，需要对判断矩阵进行一致性和随机性检验，检验公式为：

$$C.R. = \frac{C.I.}{R.I.} \qquad (4\text{-}2)$$

式（4-2）中，$C.R.$ 为判断矩阵的随机一致性比率；$C.I.$ 为判断矩阵的一致性指标；$R.I.$ 为判断矩阵的平均随机一致性指标。

＊ 计算一致性指标：

$$C.I. = \frac{\lambda_{\max} - n}{n - 1} \qquad (4\text{-}3)$$

＊ 找出相应的平均随机一致性指标 $R.I.$。平均随机一致性指标见表 3-2。

＊ 计算一致性比例：

$$C.R. = \frac{C.I.}{R.I.}$$

表 4-4　平均随机一致性指标 $R.I.$ 值

矩阵阶数	2	3	4	5	6	7	8
$R.I.$	0	0.51	0.89	1.12	1.25	1.35	1.42
矩阵阶数	9	10	11	12	13	14	15
$R.I.$	1.46	1.49	1.52	1.54	1.56	1.56	1.59

当 $C.R. < 0.1$ 时,可接受一致性检验,否则对 **A** 进行修正。

4.2.2 客观评价方法

4.2.2.1 因子分析、聚类及判别分析法

（1）因子分析

多元统计分析方法中的因子分析技术,最早是由英国心理学家斯皮尔曼提出的。因子分析(Factor Analysis)是一种降维多元统计分析方法,从多个变量中选择少数几个综合变量以达到数据简化的目的。在分析处理多变量问题时,变量间往往相关极为密切,使观测数据所反映的信息有重叠。因此,人们希望找出几个综合变量成为公共因子或潜在因子。各个因子间互不相关,所有变量都可以表示成公因子的线性组合。因子分析的目的就是减少变量的数目,用少数因子代替所有变量去分析整个经济问题。

设有 N 个样本,P 个指标,$\boldsymbol{X} = (\boldsymbol{X}_1, \boldsymbol{X}_2, \cdots, \boldsymbol{X}_p)^T$ 为随机向量,要寻找的公因子为 $\boldsymbol{F} = (\boldsymbol{F}_1, \boldsymbol{F}_2, \cdots, \boldsymbol{F}_m)^T$,则模型为：

$$\boldsymbol{X}_1 = a_{11}\boldsymbol{F}_1 + a_{12}\boldsymbol{F}_2 + \cdots + a_{1m}\boldsymbol{F}_m + \varepsilon_1$$
$$\boldsymbol{X}_2 = a_{21}\boldsymbol{F}_1 + a_{22}\boldsymbol{F}_2 + \cdots + a_{2m}\boldsymbol{F}_m + \varepsilon_2$$
$$\vdots$$
$$\boldsymbol{X}_p = a_{p1}\boldsymbol{F}_1 + a_{p2}\boldsymbol{F}_2 + \cdots + a_{pm}\boldsymbol{F}_m + \varepsilon_p$$

矩阵 $\boldsymbol{A} = (a_{ij})$ 称为因子载荷矩阵,a_{ij} 为因子载荷,其实质就是公因子 F_i 和变量 X_j 的相关系数。ε 为特殊因子,代表公因子以外的影响因素,实际分析时忽略不计。

对求得的公因子,需要观察它们在哪些变量上有较大的载荷,再据此说明该公因子的实际含义。如果难于对因子 F_i 给出一个合理的解释,需要进一步作因子旋转,以求旋转后能得到更加合理的解释。

因子模型有两个特点：其一,模型不受量纲的影响；其二,因子载荷不是唯一的,通过因子轴的旋转,可以得到新的因子载荷阵,使意义更加明显。

得到初始因子模型后,因子载荷矩阵往往比较复杂,不利于因子的解释。因子可以通过因子轴的旋转,使得载荷矩阵中各元素

数值向 0~1 分化,同时保持同一行中各元素平方和(公因子方差)不变。通过因子旋转,各变量在因子上载荷更加明显,因此也有利于对各公因子给出更加明显合理的解释。

求出公因子后,还可以用回归估计等方法求出因子得分的数学模型,将各公因子表示成变量的线性形式,并进一步计算出因子得分,对各案例进行综合评价。

$$F_i = b_{i1} X_1 + b_{i2} X_2 + \cdots + b_{in} X_n \quad (i=1,2,\cdots,m)$$

(2) 聚类分析

聚类分析是一种探索性的统计分析方法,其实质就是按照距离的远近将数据分为若干个类别,以使得类别内数据的"差异"尽可能小,类别间数据的"差异"尽可能大。也即是将物理或抽象对象的集合分组成为由类似的对象组成的多个类的分析过程。聚类是将数据分类到不同的类或者簇的一个过程,所以同一个簇中的对象有很大的相似性,而不同簇间的对象有很大的相异性。

传统的聚类方法大致可以分为两大类,一类是层次聚类法,另一类是重新定位聚类法,也称非层次聚类法。层次聚类是常用的聚类方法,首先会确定距离的基本定义和类间距离的计算方式,随后按照距离的远近,通过把距离接近的数据一步一步归为一类,直到数据完全归为一个类别为止,或者是首先认为所有的数据都是一个类别,然后通过把距离远的数据一步一步分离开,直到所有的数据各自成为一类为止,这样就得到了一系列可能的聚类结果,最后再利用一些相应的指标来确定聚为几类的结果是最为合适的。这一系列的聚类结果间存在着嵌套或者层次的关系,因此这一类方法被称为层次聚类法。非层次聚类方法的目的是为了将案例快速分成 K 个类别,一般具体的类别个数需要在分析前就加以确定,整个分析过程使用迭代的方式进行,首先起步于一个初始的分类,然后通过不断地迭代把数据在不同类别之间移动,直到最后达到一定的标准为止,整个计算过程中不需要存储基本数据或者距离矩阵,因此不会出现多个互相嵌套的聚类结果,而且计算速度也要快得多。

在描述"差异"时,一般通过距离或相似性的方式来描述。在统计学中最常用的距离表达是欧几里得距离,对于两条数据(x_1, y_1, z_1)和(x_2, y_2, z_2),欧几里得距离的计算公式是:

$$Euclid(1,2) = \sqrt{(x_1-x_2)^2 + (y_1-y_2)^2 + (z_1-z_2)^2}$$

在聚类分析中往往会使用欧几里得距离的平方来度量距离,大多数的聚类过程都默认采用这样的距离度量。

聚类分析的目的是在相似的基础上收集数据来分类,该方法可用于很多领域,包括数学、计算机科学、统计学、生物学和经济学。在不同的应用领域,很多聚类技术都得到了发展,这些技术方法被用作描述数据,衡量不同数据源间的相似性,以及把数据源分类到不同的簇中。

(3)判别分析

判别分析又称分辨法,是在分类确定的条件下,根据某一研究对象的各种特征值判别其类型归属问题的一种多变量统计分析方法。其用途是可以根据已知样本的分类情况来判断未知待判的样本的归属问题。其基本原理是按照一定的判别准则,建立一个或多个判别函数,用研究对象的大量资料确定判别函数中的待定系数,并计算判别指标,据此即可确定某一样本属于何类。

根据判别中的组数,可以分为两组判别分析和多组判别分析;根据判别函数的形式,可以分为线性判别和非线性判别;根据判别式处理变量的方法不同,可以分为逐步判别、序贯判别等;根据判别标准不同,可以分为距离判别、Fisher 判别、Bayes 判别等。

一个实际的判别分析通常要经过如下的几个步骤:确定研究问题→检查适用条件→评价判别效果→解释模型结果→应用模型做预测。

判别分析可用于信用风险的判别、市场细分中的客户分类等问题,是应用广泛的多元统计技术[1]。

---

① 张文彤,董伟:《SPSS 统计分析高级教程》,高等教育出版社,2004 年。

4.2.2.2　数据包络分析

数据包络分析方法（Data Envelopment Analysis，DEA）是运筹学、管理科学与数理经济学交叉研究的一个新领域。它是根据多项投入指标和多项产出指标，利用线性规划的方法，对具有可比性的同类型单位进行相对有效性评价的一种数量分析方法。DEA方法及其模型自 1978 年由美国著名运筹学家 Charnes 和 Cooper 提出以来，已广泛应用于不同行业及部门，并且在处理多指标投入和多指标产出方面，表现了其得天独厚的优势[①]。

DEA 模型中常用的有 C^2R 和 C^2GS^2 两个模型，C^2R 模型做出的结果是不考虑规模收益时的技术效率，即综合效率，而通过 C^2R 模型的相关数据，可以得出使得规模收益与技术效率非同时最佳的各个指标的投入冗余率或产出不足率。而 C^2GS^2 模型是表示考虑规模收益的模型，会对总综合效率进行一个细分，表示出考虑规模收益时的技术效率（纯技术效率）和规模效率，并且还会给出该规模收益是呈现递增、不变还是递减的趋势。

C^2R 模型与 C^2GS^2 模型的有效性判断标准主要是通过跟固定数值的比较而实现的，若效率值为 1 而模型中的 S 值（即表示产出和投入指标的松弛变量）为 0 时，则表明该决策单元呈现 DEA 有效，并表明决策单元在技术效率和规模效率均有效，从技术角度来看，各种资源都已经得到充分利用，并得到了最大的输出结果；若效率值为 1 而 S 值不等于 0，则表明决策单元是弱有效的，如果 $S^->0$，则表明存在投入冗余，即仅有一部分资源被充分有效地利用，如果 $S^+>0$，则表明存在产出不足的问题，即当前的输出值与充分利用各项资源而产生的最大输出值之间仍有较大的差距；若效率值大于 1 时，直接说明该决策单元呈现 DEA 无效，即当决策单元投入无效或不当时，可以按照效率值做等比例压缩。

4.2.2.3　灰色关联度分析法

灰色系统分析方法针对不同问题性质有几种不同做法，灰色

---

① 杜栋，庞庆华：《现代综合评价方法与案例精选》，清华大学出版社，2005 年。

关联度分析(Grey Reational Analysis)就是其中的一种。基本上灰色关联度分析是依据各因素数列曲线形状的接近程度做发展态势的分析。

灰色系统理论提出了对各子系统进行灰色关联度分析的概念,意图透过一定的方法,去寻求系统中各子系统(或因素)之间的数值关系。简言之,灰色关联度分析的意义是指在系统发展过程中,如果两个因素变化的态势是一致的,即同步变化程度较高,则可以认为两者关联较大;反之,则两者关联度较小。因此,灰色关联度分析对于一个系统发展变化态势提供了量化的度量,非常适合动态(Dynamic)的历程分析。

灰色关联度可分成"局部性灰色关联度"与"整体性灰色关联度"两类。主要的差别在于局部性灰色关联度有一参考序列,而整体性灰色关联度是任一序列均可为参考序列。

关联度分析是基于灰色系统的灰色过程,进行因素间时间序列的比较来确定哪些是影响大的主导因素,是一种动态过程的研究[1]。

4.2.3　主客观相结合的评价方法

4.2.3.1　BP 人工神经网络

人工神经网络(Artificial Neural Network,ANN)是模拟生物神经网络进行信息处理的一种数学模型。它以对大脑的生理成果为基础,其目的在于模拟大脑的某些机理与机制,实现一些特定的功能。因此,与其他数据聚类或模拟识别方法相比,ANN 可以快速处理多指标、大样本的聚类和辨识,可以学习并模拟专家的定量、定性评估工作;进行数据聚类,且有较强的容错和推理能力。人工神经网络主要包括:感知神经网络、自组织竞争神经网络、BP 神经网络、线性神经网络、径向基函数神经网络以及反馈神经网络,目前主要使用 MATLAB 软件对人工神经网络进行设计,在预测与控制等领域有较多的应用。

---

① 杜栋,庞庆华:《现代综合评价方法与案例精选》,清华大学出版社,2005 年。

　　ANN 用于综合评估的基本原理是：将描述待评估系统的基础指标的属性值作为 ANN 的输入向量，将代表综合评估目标的结果作为 ANN 的输出值，这样 ANN 所具有的那组权系数值便是网络经过自适应学习所得到的正确内部表示。训练好的 ANN 便可以作为一种定性与定量相结合的有效工具，对系统进行综合评估，人工神经网络评估方法的工作流程如下[①②]：

　　（1）评估指标属性值的量化

　　在系统的综合评估中，各指标间具有不可共度性，即各指标没有统一的度量标准，难于进行比较。因此，在综合评估前必须把这些不同指标按某种隶属度函数将其归一化到某一无量纲区间。应该注意的是在进行评估指标无量纲化时，对于效益型指标、成本型指标及区间型指标应按不同的方法进行量化。

　　（2）综合评估 BP 网络的结构设计

　　BP 网络是当前应用最为广泛的一种人工神经网络，它是典型的多层网络，有输入层、隐含层和输出层，层间为全互连方式，同层单元之间不存在相互连接。在实际运用中一般采用具有输入单元、单隐层单元和单输出单元的三层 BP 神经网络，其结构如图 4-2 所示。

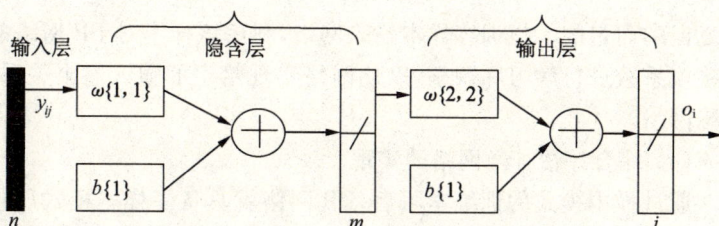

图 4-2　综合评估 BP 网络的结构设计

　　图 4-2 中，n，m 分别表示输入结点和隐含结点个数：x_{i1}，x_{i2}，$\cdots$，x_{in} 为论域 $U = \{u_1, u_2, \cdots, u_n\}$ 上第 i 个样本模式的评估指标

①　张德丰：《MATLAB 神经网路应用设计》，机械工业出版社，2009 年。

②　叶正波：《可持续发展评估理论及实践》，中国环境科学出版社，2002 年。

属性值,Y_{i1},Y_{i2},$\cdots$,Y_{in} 为论域 U 上 x_i 经相应隶属函数量化后的评估值;ω_{ij}($i=1,2,\cdots,n;j=1,2,\cdots,m$)为输入层第 i 个单元到第 j 个单元的连接权值;ω_j($j=1,2,\cdots,m$)为隐含层第 j 单元到输出层的连接权值;O_i 为样本模式 i 的输出。综合评估 BP 网络模型的输入结点数等于各个被评对象的分指标数目。对于各个输入结点,分别输入经隶属度函数转化后的第 i 个被评对象的各指标隶属度函数值 Y_{ij}($i=1,2,\cdots,n;j=1,2,\cdots,m$)。隐含层结点数的确定采用试验凑试法。输出层共有一个结点,代表第 i 个被评对象的总评估指标 O_i。转移函数选用 $f(x)=\dfrac{1}{1+e^{-x}}$。

(3) 学习样本的确定与网络训练

一个学习样本由输入样本和输出样本两部分组成。输入样本为 $Y(i)=\{Y_{i1},Y_{i2},\cdots,Y_{in}\}$,即被评估对象各分指标的隶属度函数值。输出样本 O_i 为综合评估总指标,由下式确定:

$$O_i = \sum_{j=1}^{n} \omega_j \cdot Y_{ij} \tag{4-4}$$

式(4-4)中,Y_{ij} 是 x_{ij} 经上述转换后的隶属度函数值,w_j 为综合评估中各分指标的权重。显然,$\sum\limits_{j=1}^{n} \omega_j = 1$,权重通常是由专家组反复斟酌而定的。把训练样本输入网络,利用该样本对 BP 网络的连接权系数进行学习和调整,以使网络实现给定的输入输出关系,训练网络。

(4) 综合评估神经网络的实现

通过样本模式的训练学习后,BP 网络就具备了样本模式所包含的专家知识,分布地存贮在 BP 网络的权值之中,这样,这个训练好的 BP 网络就可以用来对评估对象系统地做出综合评估,再现评估专家的经验和知识。

4.2.3.2　模糊综合评价

模糊综合评价是通过构造等级模糊子集把反映被评事物的模糊指标进行量化(即确定隶属度),然后利用模糊变换原理对各指标综合。模糊综合评价是对受多种因素影响的事物做出全面评价的一种十分有效的多因素决策方法,其特点是评价结果不是绝对地肯定或否定,而是以一个模糊集合来表示[1]。

（1）确定评价对象的因素论域

$u = \{u_1, u_2, \cdots, u_p\}$，即有 P 个评价指标。

（2）确定评语等级论域

$v = \{v_1, v_2, \cdots, v_p\}$，即等级集合。每一个等级可对应一个模糊子集。

（3）建立模糊关系矩阵 R

在构造了等级模糊子集后,要逐个对被评事物从每个因素 $u_i (i = 1, 2, \cdots, p)$ 上进行量化,即确定从单因素来看被评事物对等级模糊子集的隶属度$(R|u_i)$,进而得到模糊关系矩阵:

$$R = \begin{bmatrix} R|u_1 \\ R|u_2 \\ \vdots \\ R|u_p \end{bmatrix} = \begin{bmatrix} r_{11} & r_{12} & \cdots & r_{1m} \\ r_{21} & r_{22} & \cdots & r_{2m} \\ \vdots & \vdots & \vdots & \vdots \\ r_{p1} & r_{p2} & \cdots & r_{pm} \end{bmatrix}_{p, m}$$

矩阵 R 中第 i 行第 j 列元素 r_{ij},表示某个被评事物从因素 u_i 来看对 v_j 等级模糊子集的隶属度。一个被评事物在某个因素 u_i 方面的表现,是通过模糊向量$(R|u_i) = (r_{i1}, r_{i2}, \cdots, r_{im})$来刻画的,而在其他评价方法中多是由一个指标实际值来刻画的,因此,从这个角度讲模糊综合评价要求更多的信息。

（4）确定评价因素的权向量

在模糊综合评价中,确定评价因素的权向量:$A = (a_1, a_2, \cdots, a_p)$。权向量 A 中的元素 a_i 本质上是因素 u_i 对模糊子集{对被评事物重要的因素}的隶属度。本书使用层次分析法来确定评价指标间的相对重要性次序,从而确定权系数,并且在合成之前归一化。即 $\sum_{i=1}^{p} a_i = 1, a_i \geqslant 0, i = 1, 2, \cdots, n$。

---

① 杜栋,庞庆华:《现代综合评价方法与案例精选》,清华大学出版社,2005 年。

（5）合成模糊综合评价结果向量

利用合适的算子将 **A** 与各被评事物的 **R** 进行合成，得到各被评事物的模糊综合评价结果向量 **B**。即：

$$\boldsymbol{A} \cdot \boldsymbol{R} = (a_1, a_2, \cdots, a_p) \begin{bmatrix} r_{11} & r_{12} & \cdots & r_{1m} \\ r_{21} & r_{22} & \cdots & r_{2m} \\ \vdots & \vdots & \vdots & \vdots \\ r_{p1} & r_{p2} & \cdots & r_{pm} \end{bmatrix} = (b_1, b_2, \cdots, b_m) = \boldsymbol{B}$$

其中 b_1 是由 **A** 与 **R** 的第 j 列运算得到的，它表示被评事物从整体上看对 v_j 等级模糊子集的隶属程度。

（6）对模糊综合评价结果向量进行分析

实践中最常用的方法是最大隶属度原则，但在某些情况下使用会有些很勉强，损失信息很多，甚至得出不合理的评价结果。提出使用加权平均求隶属等级的方法，对于多个被评事物依据其等级位置进行排序。

4.2.3.3　系统动力学

系统动力学是由福雷斯特首先提出的。系统动力学从系统的微观结构出发建立系统的结构模型，用回路描述系统结构框架，用因果关系图和流图描述系统要素之间的逻辑关系，用方程描述系统要素之间的数量关系，用专门的仿真软件进行模拟分析。整个分析过程从定性、半定性、定量，最后又把定量的数学模型简单地转换成计算机程序，利用计算机进行最终仿真分析。人们普遍感到这种方法既有一定的理论性，又简单实用，无论是专家、学者还是实际管理者都能使用，并能解决复杂的、非线性的和带有延迟现象的系统性问题。因此自系统动力学创建以来，在许多领域都受到欢迎和被广泛使用。

系统动力学的基本方法包括因果关系图、流图、方程和仿真平台，在系统动力学中涉及的主要变量有流位变量、流率变量、辅助变量和常量。

（1）流位变量。是指在系统的研究中存在着具有积累效应的变量，所谓具有积累效应的变量是指现时值等于原有值加上改变量,而且存在量的变化速度的这种变量,我们称为流位变量,又可称为状态变量、积累变量或者水平变量。流位变量可用矩形表示。

(2) 流率变量。流率变量是表示积累效应变化快慢的变化速度的变量,又可称速率变量。流率变量可用阀符号表示。

(3) 辅助变量。辅助变量是指从积累效用变量到变化速度变量及变化速度之间的中间变量。

(4) 常量。常量是指某一时间区间内不随时间变化而变化的量。在 Vensim 软件中,辅助变量和常量的表示方法是一致的,用变量名表示就可以了。

系统动力学有以下特点:第一,系统动力学研究处理的是复杂、高阶次、多变量、多时变的社会经济大系统,它能够容纳大量变量,一般可以达数千个以上;第二,系统动力学的研究对象主要是开放系统。它强调系统的观点,联系、发展和运动的观点,认为系统的运行模式主要根植于其内部的动态结构与反馈机制;第三,系统动力学的模型,既有描述系统各要素之间因果关系的结构模型,以此来认识和把握系统的结构;又有专门形式表现的数学模型,据此进行仿真试验和计算,以掌握系统的未来动态行为,所以,系统动力学是一种定性和定量相结合的仿真技术;第四,系统动力学可以说是社会经济系统的实验室,建立的模型是规范的。虽然在辅助方程中可能含有半定量、半定性或定性的描述部分,但它的模型从总体上看是规范的,变量按系统基本结构的组成加以分类,这是系统动力学最引人注目的特点之一;第五,系统动力学的建模过程既能发挥人对社会系统的了解、分析推理、评价等能力的优势,又能利用计算机高速计算和迅速跟踪等的功能,便于实现建模人员、决策者和专家群众的三结合,便于汲取其他学科的精髓,从而为选择最优或满意的决策提供有力的依据①②。

系统动力学的整个建模过程是从定性到定量的综合集成的过

---

① 李旭:《社会系统动力学——政策研究的原理、方法和应用》,复旦大学出版社,2009 年。

② 王其藩:《系统动力学》,上海财经大学出版社,2009 年。

程。该过程主要可以分为以下几个部分：

（1）分析问题，明确建模目的。在开始建模之前，首先要明确，我们研究的是什么样的社会经济现象，研究的最终目的是要解决哪些问题。

（2）划分系统边界。一是根据建模目的，采用系统的思考方法，集中专家、研究者的知识，形成定性分析意见，确定系统的边界；二是尽可能缩小系统的边界。

（3）系统的结构分析。第一，分析系统总体与局部结构；第二，划分系统的层次与子块，定义变量（包括常数），确定变量的种类及主要变量；第三，分析各个子系统的变量以及变量间的关系，确定回路及回路间的反馈复合关系，初步确定系统的主回路及它们的性质，分析主回路随时间转移的可能性，绘制因果关系图和系统流图。

（4）建立数学模型。根据确定的变量，写出有关这些变量的方程。变量方程的建立往往要与其他统计模型如回归模型等结合，参数要用一些常用的参数估计方法进行估计，还要给每个流位变量的初始值赋值。

（5）模型的模拟。模型的模拟是利用模型对系统在一段时间内的运行状况进行模仿，其目的是产生一个人工控制的运行过程，去描述分析改进系统的运行特征。以系统动力学的理论为指导进行模型模拟与政策分析，可以更深入地剖析系统，寻找解决问题的决策，并尽可能付诸实施，取得实践结果，获取更丰富的信息，发现新的矛盾与问题。最后可以根据模拟的情况修改模型，包括修改系统结构与参数。

（6）模型的评估与运用。通过参数的调控，可以得出多种仿真结果，将定量仿真的方案与各种定性分析相结合进行方案比较，最后得出一种最优的决策方案。

上述仿真步骤主要利用系统动力学专用软件 Vensim PLE 进行。通过建模和对模型进行多种模拟，为政策分析提供依据。Vensim 软件处理问题的一般过程如图 4-3 所示。

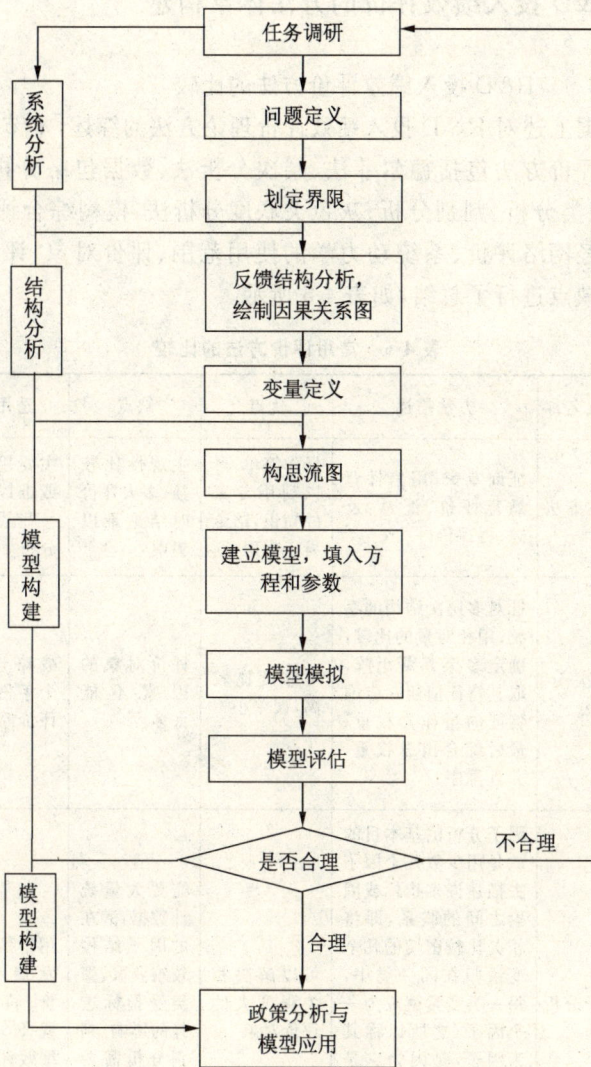

图 4-3 Vensim 软件处理问题的一般过程

4.3　R&D 投入绩效评价的方法体系构建

4.3.1　R&D 投入绩效评价方法的比较

根据上述对 R&D 投入绩效评价理论方法的综述,本节对常用的综合评价方法包括德尔菲法、层次分析法、数据包络分析、因子分析、聚类分析、判别分析、灰色关联度分析法、模糊综合评价、BP 人工神经网络评价、系统动力学的使用范围、评价对象、评价目标及其优缺点进行了总结,如表 4-5 所示。

表 4-5　常用评价方法的比较

方法类别	方法名称	方法描述	优点	缺点	适用对象
主观评价方法	德尔菲法	征询专家,用信件背靠背评价、汇总、反馈、再评价	操作简单,可以利用专家的知识,结论易于使用	主观性比较强,多人评价时结论难以集中	主要用于不能或难以量化的一些战略决策分析
	层次分析法	针对多层次结构的系统,用相对量的比较,确定多个判断矩阵,取其特征值所对应的特征向量作为权重,最后综合出总权重,并且排序	可靠度比较高,误差小	评价对象的因素不能太多	战略选择、多个年份的连续评价等
客观评价方法	因子分析	因子分析的基本目的就是用少数几个因子去描述许多指标或因素之间的联系,即将相关比较密切的几个变量归在同一类中,每一类变量就成为一个因子(之所以称其为因子,是因为它是不可观测的,即不是具体的变量),以较少的几个因子反映原资料的大部分信息	可以解决相关程度大的评价对象	需要大量统计数据,潜在的因子结构较难获取、聚类受指标选择的影响,判别分析需要已分类的样品	用于区域经济发展水平评价、科技活动或 R&D 投入绩效评价

方法类别	方法名称	方法描述	优点	缺点	适用对象
客观评价方法	聚类分析	聚类分析是直接比较各事物之间的性质,将性质相近的归为一类,将性质差别较大的归入不同类的分析技术	可以解决相关程度大的评价对象	需要大量统计数据,潜在的因子结构较难获取、聚类受指标选择的影响、判别分析需要已分类的样品	投资组合选择,地区发展水平分类、目标市场选择等
	判别分析	判别分析是根据已掌握的分类明确的样品,建立较好的判别函数,使产生错判的事例最少,进而对给定的1个新样品,判断它来自哪个总体。根据资料的性质,分为定性资料的判别分析和定量资料的判别分析;采用不同的判别准则,又有费歇、贝叶斯、距离等判别方法			适合已有的分类样本,再据此评价新的样品
	数据包络分析	以相对效率为基础,根据多指标投入和多指标产出对相同类型的单位(部门)进行相对有效性或效益评价	可以评价对输入多于输出的大系统,并可用"窗口"技术找出单元薄弱环节加以改进	只表明评价单元的相对发展指标,无法表示出实际发展水平	评价经济学中生产函数的技术、规模有效性、产业(行业)的绩效评价等
	灰色关联度分析法	分析系统中各个元素之间关联程度或相似程度的方法,其基本思想是依据关联度对系统排序	对样本量没有多少要求,也不需要有典型的分布规律,计算量小,在系统数据资料较少和条件不满足统计要求的情况下,更具有使用性	只对评判对象的优劣作出鉴别,并不反映绝对水平	企业经济效益、顾客满意度等方面的综合评价

方法类别	方法名称	方法描述	优点	缺点	适用对象
主客观相结合的评价方法	基于 BP 人工神经网络评价	模拟人脑智能化处理过程的人工神经网络技术,通过 BP 算法,学习或训练获取知识,并存储在神经元的权值中,通过联想把相关信息复现。能够"揣摩""提炼"评价对象本身的客观规律,进行对相同属性评价对象的评价	网络具有自适应能力、可容错性能够处理非线性非局域性与非凸性的大型复杂系统	精度不高,需要大量的训练样本等	应用领域不断扩大,设计银行贷款项目、股票价格的评估、城市发展综合水平的评价、交通运输能力预测等
	模糊综合评价	引入隶属函数 μ_y: $C \rightarrow [0,1]$,实现把人类的直觉确定为具体系数(模糊综合评价矩阵)$R=[\mu_{ij}(x_{jh})]n \times m$,其中,$\mu_{ij}(x_{jh})$ 表示指标 μ_{ij}(在论域上评价对象属性值的隶属度,并将约束条件量化表示),进行数学解答)	可以克服传统数学方法中"唯一解"的弊端。根据不同可能性得出多个层次的问题解,具备可扩展性,符合现代管理中"柔性管理"的思想	不能解决评价指标间相关造成信息重复问题,隶属函数、模糊相关矩阵等的确定方法有待于进一步研究	消费者偏好识别、决策中的专家系统、证券投资分析、银行项目贷款对象识别等,拥有广泛的应用前景
	系统动力学	系统动力学从系统的微观结构出发建立系统的结构模型,用回路描述系统结构框架,用因果关系图和流图描述系统要素之间的逻辑关系,用方程描述系统要素之间的数量关系,用专门的仿真软件进行模拟分析	可定性、半定性、定量,最后又把定量的数学模型简单地转换成计算机程序,利用计算机进行最终仿真分析。能解决复杂的、非线性的和带有延迟现象的系统性问题	系统动力学研究处理的是复杂、高阶次、多变量、多时变的社会经济大系统,构建系统存在一定的难度	应用于复杂的社会经济系统,在可持续发展、产业系统升级、政策模拟等领域

资料来源:潘云涛:《科技评价理论、方法及实证》,科学技术文献出版社,2008 年。作者亦进行了相应的修改与补充。

4.3.2　R&D投入绩效评价方法体系

综合以上方法,对于 R&D 投入绩效评价而言,由于 R&D 投入绩效评价涉及指标数多,采用定性评价分析、模糊数学方法、灰色关联度分析法、基于 BP 人工神经网络进行评价均在一定程度上存在不足。为此本研究在评价时选择了三种方法进行评价,如表 4-6 所示。一是将客观的因子分析、聚类分析以及判别分析加以组合展开区域 R&D 投入绩效的评价;二是采用数据包络模型(DEA)对工业行业 R&D 投入绩效进行的综合评价;三是采用系统动力学模型对中国 R&D 投入绩效的动态发展以及与经济增长之间的作用进行系统评价。

表 4-6　R&D 投入绩效评价方法体系

R&D 投入绩效评价方法	评价单元	选择原因
因子分析 聚类分析 判别分析	区域	区域的 R&D 投入绩效评价所涉及的指标数量较多,因子分析可客观地获取评价区域 R&D 投入绩效的各个潜在因子,减少了如层次分析法等设定权重所带来的主观判断,而且因子分析也可根据方法本身的需要对指标进行取舍,达到简化指标体系的目的,适合于以区域为评价单元的 R&D 投入绩效评价。基于因子分析和聚类分析的结果,采用判别分析进行获取判别函数可以对位置的类别进行分类。
数据包络模型(DEA)	行业	行业的 R&D 投入绩效评价所涉及的指标数量较少,通常分为投入指标和产出指标,因此适合使用 DEA 模型,从中还能判断出各行业综合技术效率、技术效率、规模效率和规模收益等情况,符合以行业为评价单元的 R&D 投入绩效评价。
系统动力学模型	连续年份的宏观数据	系统动力学模型通常是基于年份变化而构建的复杂社会经济系统,用于中长期的预测,且可以调节政策变量或投入变量对未来较长时期进行预测,以年份为评价单元使用系统动力学方法建立 R&D 投入绩效的系统动态仿真模型,不仅可以预测模拟未来的 R&D 投入绩效,还可以将其与社会经济发展的整个大系统联系在一起,模拟其在社会经济发展过程中的核心地位和作用。

4.4　本章小结

本章在综合国内外学者研究成果的基础上,提出了 R&D 投入绩效评价体系,包括 R&D 投入绩效评价的理论指标体系和方法体系。R&D 投入绩效评价的理论指标体系包括由 R&D 投入、R&D 产出 2 个一级指标、5 个二级指标和 24 个三级指标组成的 R&D 投入绩效理论指标体系。R&D 投入绩效评价的理论方法通常有定性评价方法、系统工程方法、模糊数学方法、运筹学方法、灰色综合评价法、统计分析方法、智能化评价方法以及动态复杂系统评价方法。具体包括德尔菲法、层次分析法、因子分析、聚类分析、判别分析、模糊综合评价、数据包络分析、灰色关联度分析、BP 神经网络分析以及系统动力学模型。经过比较,确定 R&D 投入绩效评价方法体系包括:将客观的因子分析和聚类分析加以组合展开区域 R&D 投入绩效的评价;采用数据包络模型(DEA)对工业行业 R&D 投入绩效进行的综合评价;采用系统动力学模型对中国 R&D 投入绩效的动态发展以及与经济增长之间的作用进行系统评价。

5　中国 R&D 投入产出的现状分析

　　想要评价中国 R&D 投入绩效,必须首先对中国 R&D 投入产出的现状进行分析研究。本章从 R&D 投入、产出以及影响 R&D 投入绩效的因素角度进行了现状分析。首先从活动类型、执行部门、R&D 投入的区域和行业以及投入强度特征等角度对中国 R&D 投入的基本特点进行了分析;其次从技术市场、专利、论文等角度分析了中国 R&D 产出的特点;最后采用最优尺度回归模型对影响中国 R&D 投入绩效的微观关键因素进一步进行验证。

5.1　中国 R&D 投入的特点分析

5.1.1　中国 R&D 投入保持持续增长趋势

　　从 R&D 经费支出以及 R&D 人员投入数量的变化看,从 1995 年以来一直保持持续增长趋势,如表 5-1 所示。

表 5-1　全国 R&D 经费支出与人员投入

年份	研究与试验发展经费支出 /亿元	研究与试验发展人员全时当量 /万人年
1995	348.69	75.17
1996	404.48	80.40
1997	509.16	83.12
1998	551.12	75.52
1999	678.91	82.17
2000	895.66	92.21
2001	1 042.49	95.65

年份	研究与试验发展经费支出 /亿元	研究与试验发展人员全时当量 /万人年
2002	1 287.64	103.51
2003	1 539.63	109.48
2004	1 966.33	115.26
2005	2 449.97	136.48
2006	3 003.10	150.25
2007	3 710.24	173.62
2008	4 616.02	196.54
2009	5 802.11	229.13
2010	7 062.58	255.38
2011	8 687.01	288.29

资料来源:《中国科技统计年鉴》(2012),本章数据除注明外,均来自该年鉴。

1995—2011 年期间,R&D 经费支出从 348.69 亿元逐年增加到 8 687.01 亿元,期末是期初的 25 倍。同时,R&D 人员全时当量从 75.17 万人年增加到 288.29 万人年,期末是期初的约 3.8 倍。

5.1.2　三大活动类型中的 R&D 投入差异较大

国际上,通常基础研究、应用研究和试验发展间经费支出比例约为 13%～19%、20%～25% 和 56%～65%。而我国 R&D 投入在三大活动类型中的人员投入如表 5-2 所示,试验发展 R&D 人员投入总和远远超过基础研究和应用研究,且增长速度也快于基础研究和应用研究。经费支出及比重如表 5-3 所示。1995—2011年,经费支出比重最高的基础研究比重为 2004 年的 5.96%,应用研究比重为 1995 年的 26.39%,试验发展比重为 2011 年的 83.42%。相比较而言,我国的试验发展投入的比重相对偏高,三大活动类型的 R&D 投入失衡。发达国家在不同研发主体间的分工相对较为明确,通常政府研发机构以应用研究为主,高校以基础研究为主,企业以试验发展为主。而我国研发主体多以应用研究和试验发展为主,基础研究较少,源头性创新缺失,协同度不高,不利于创新活动的可持续发展,R&D 投入具有短视性。

表 5-2 全国 R&D 人员全时当量

万人年

年份	基础研究	应用研究	试验发展
1995	6.66	22.79	45.71
1996	6.96	23.65	49.79
1997	7.17	25.27	50.68
1998	7.87	24.97	42.68
1999	7.60	24.15	50.42
2000	7.96	21.96	62.28
2001	7.88	22.60	65.17
2002	8.40	24.73	70.39
2003	8.97	26.03	74.49
2004	11.07	27.86	76.33
2005	11.54	29.71	95.23
2006	13.13	29.97	107.14
2007	13.81	28.60	131.21
2008	15.40	28.94	152.20
2009	16.46	31.53	181.14
2010	17.37	33.56	204.46
2011	19.32	35.28	233.73

表 5-3 全国 R&D 三大活动类型经费支出

年份	基础研究		应用研究		试验发展	
	数值/亿元	比重/%	数值/亿元	比重/%	数值/亿元	比重/%
1995	18.06	5.18	92.02	26.39	238.60	68.43
1996	20.24	5.00	99.12	24.51	285.12	70.49
1997	27.44	5.39	132.46	26.02	349.26	68.60
1998	28.95	5.25	124.62	22.61	397.54	72.13
1999	33.90	4.99	151.55	22.32	493.46	72.68
2000	46.73	5.22	151.90	16.96	697.03	77.82
2001	55.60	5.33	184.85	17.73	802.03	76.93
2002	73.77	5.73	246.68	19.16	967.20	75.12

年份	基础研究		应用研究		试验发展	
	数值/亿元	比重/%	数值/亿元	比重/%	数值/亿元	比重/%
2003	87.65	5.69	311.45	20.23	1 140.52	74.08
2004	117.18	5.96	400.49	20.37	1 448.67	73.67
2005	131.21	5.36	433.53	17.70	1 885.24	76.95
2006	155.76	5.19	488.97	16.28	2 358.37	78.53
2007	174.52	4.70	492.94	13.29	3 042.78	82.01
2008	220.82	4.78	575.16	12.46	3 820.04	82.76
2009	270.29	4.66	730.79	12.60	4 801.03	82.75
2010	324.49	4.59	893.79	12.66	5 844.30	82.75
2011	411.81	4.74	1 028.39	11.84	7 246.81	83.42

5.1.3 执行部门间经费支出差异大

按执行部门分组的 R&D 经费支出如表 5-4 所示。在研发机构、企业、高等院校以及其他等 4 类执行部门中,很明显企业尤其大中型工业企业的 R&D 经费支出占较大比重,以 2011 年为例,大中型工业企业的 R&D 经费支出占全部的 R&D 经费支出的 58%。其次是研究与开发机构,第三是高等学校,最后是其他部门。总体而言,与发达国家的企业为主体的研发结构较为一致。

表 5-4 按执行部门分组的 R&D 经费支出

亿元

年份	研究与试验发展经费支出	研究与开发机构	企业	大中型工业企业	高等学校	其他
1995	348.7	146.4		141.7	42.3	
1996	404.5	172.9		160.5	47.8	
1997	509.2	206.4		188.3	57.7	
1998	551.1	234.3		197.1	57.3	
1999	678.9	260.5		249.9	63.5	
2000	895.7	258.0	537.0	353.4	76.7	24.0
2001	1 042.5	288.5	630.0	442.3	102.4	21.6
2002	1 287.6	351.3	787.8	560.2	130.5	18.0

续表

年份	研究与试验发展经费支出	研究与开发机构	企业	大中型工业企业	高等学校	其他
2003	1 539.6	399.0	960.2	720.8	162.3	18.1
2004	1 966.3	431.7	1 314.0	954.4	200.9	19.7
2005	2 450.0	513.1	1 673.8	1 250.3	242.3	20.8
2006	3 003.1	567.3	2 134.5	1 630.2	276.8	24.5
2007	3 710.2	687.9	2 681.9	2 112.5	314.7	25.7
2008	4 616.0	811.3	3 381.7	2 681.3	390.2	32.9
2009	5 802.1	995.9	4 248.6	3 210.2	468.5	89.4
2010	7 062.6	1 186.4	5 185.5	4 015.4	597.3	93.4
2011	8 687.0	1 306.7	6 579.3	5 030.7	688.9	112.1

注：研究与开发机构历年数据均已调整为地级及以上独立核算研究与开发机构及科技信息与文献机构，不含转制院所。

2011 年按执行部门和资金来源分组的研究与试验发展 (R&D) 经费支出如表 5-5 所示。可以看出，全国总体经费支出中，企业资金和政府资金是两大重要投入部门；研发机构的 R&D 经费支出中，政府资金是主要来源；企业的资金基本来源于企业自身；高等学校的经费支出中，政府资金也是主要来源，企业资金第二，相比较企业自身的经费来源，从一个侧面反映出产学研结合的程度不够紧密；其他部门总体经费支出少，政府和企业资金是主要来源。

表 5-5　2011 年按执行部门和资金来源分组的 R&D 经费支出

亿元

项目	研究与试验发展经费支出	政府资金	企业资金	国外资金	其他资金
企业	6 579.3	288.5	6 118.0	104.7	68.1
规模以上工业企业	5 993.8	251.1	5 647.8	46.1	48.8
研究与开发机构	1 306.7	1 106.1	39.9	4.9	155.8
高等学校	688.9	405.1	242.9	6.0	34.8
其他	112.1	83.2	19.8	0.7	8.4
总计	8 687.0	1 883.0	6 420.6	116.2	267.2

5.1.4 R&D 投入的区域和行业间差异较大

2011 年分行业规模以上工业企业研究与试验发展（R&D）活动情况如表 5-6 所示。通信设备、计算机及其他电子设备制造业的 R&D 经费和 R&D 项目经费总量均是最高的，分别为 9 410 520 万元和 8 405 436 万元。黑色金属冶炼及压延加工业的每人年 R&D 经费和单位项目 R&D 经费是各工业行业中最高的，分别为 62.7 万元/人年，574.7 万元/项。

表 5-6　2011 年分行业规模以上工业企业 R&D 活动情况

行业	R&D 人员全时当量/人年	R&D 经费/万元	每人年 R&D 经费/（万元/人年）	R&D 项目/项	R&D 项目经费/万元	单位项目 R&D 经费/（万元/项）
煤炭开采和洗选业	50 763	1 451 311	28.6	4 057	1 164 413	287.0
石油和天然气开采业	32 372	821 291	25.4	3 610	578 055	160.1
黑色金属矿采选业	1 942	41 268	21.2	191	35 476	185.7
有色金属矿采选业	3 148	139 231	44.2	373	126 496	339.1
非金属矿采选业	3 405	72 678	21.3	350	60 929	174.1
农副食品加工业	25 154	920 658	36.6	3 545	792 755	223.6
食品制造业	19 564	626 131	32.0	2 917	515 653	176.8
饮料制造业	20 013	693 436	34.6	2 742	577 113	210.5
烟草制品业	3 483	159 702	45.8	884	86 724	98.1
纺织业	50 863	1 360 233	26.7	6 767	1 143 311	169.0
纺织服装、鞋、帽制造业	17 248	289 534	16.8	1 141	262 846	230.4
皮革、毛皮、羽毛(绒)及其制品业	7 960	154 417	19.4	585	139 201	238.0
木材加工及木、竹、藤、棕、草制品业	4 634	144 700	31.2	758	119 387	157.5

行业	R&D 人员全时当量/人年	R&D 经费/万元	每人年R&D经费/(万元/人年)	R&D 项目/项	R&D 项目经费/万元	单位项目R&D经费/(万元/项)
家具制造业	4 960	90 341	18.2	808	74 380	92.1
造纸及纸制品业	15 258	558 877	36.6	1 602	491 474	306.8
印刷业和记录媒介的复制	8 156	190 130	23.3	1 047	159 505	152.3
文教体育用品制造业	7 863	136 993	17.4	1 239	118 801	95.9
石油加工、炼焦及核燃料加工业	13 638	625 447	45.9	1 827	480 884	263.2
化学原料及化学制品制造业	132 036	4 699 215	35.6	18 038	4 046 365	224.3
医药制造业	93 467	2 112 462	22.6	15 022	1 809 267	120.4
化学纤维制造业	14 445	587 560	40.7	1 202	541 212	450.3
橡胶制品业	18 189	631 281	34.7	2 812	555 016	197.4
塑料制品业	28 477	726 377	25.5	3 956	617 366	156.1
非金属矿物制品业	53 107	1 397 206	26.3	6 004	1 102 669	183.7
黑色金属冶炼及压延加工业	81 788	5 126 475	62.7	7 514	4 318 181	574.7
有色金属冶炼及压延加工业	44 746	1 901 947	42.5	4 360	1 615 412	370.5
金属制品业	40 167	1 112 914	27.7	5 617	922 949	164.3
通用设备制造业	154 694	4 066 679	26.3	22 938	3 364 525	146.7
专用设备制造业	146 529	3 656 608	25.0	18 396	3 122 905	169.8
交通运输设备制造业	220 087	7 852 546	35.7	24 994	6 247 186	249.9
电气机械及器材制造业	205 275	6 240 088	30.4	27 792	5 320 001	191.4
通信设备、计算机及其他电子设备制造业	318 018	9 410 520	29.6	26 552	8 405 436	316.6

续表

行业	R&D 人员全时当量/人年	R&D 经费/万元	每人年R&D经费/(万元/人年)	R&D 项目/项	R&D 项目经费/万元	单位项目R&D经费/(万元/项)
仪器仪表及文化、办公用机械制造业	61 605	1 208 653	19.6	7 990	1 013 942	126.9
工艺品及其他制造业	12 360	242 662	19.6	1 877	205 123	109.3
电力、热力的生产和供应业	21 344	428 121	20.1	2 344	336 153	143.4
燃气生产和供应业	442	12 316	27.8	65	10 361	159.4
水的生产和供应业	1 163	18 307	15.7	141	13 245	93.9
总计	1 939 075	59 938 055	30.9	232 158	50 519 938	217.6

2011 年各地区规模以上工业企业研究与试验发展(R&D)活动情况如表 5-7 所示。东部地区无论在 R&D 经费、每人年 R&D 经费、R&D 项目经费,还是单位项目 R&D 经费内部支出方面均高于中部和西部地区。从我国 31 个省、自治区、直辖市看,R&D 经费和 R&D 项目经费总量排名前三位的是江苏、广东和山东。每人年 R&D 经费排名前三的是西藏、辽宁和青海,主要是因为西藏的 R&D 人员全时当量是全国最少的。单位项目 R&D 经费排名前三位的是青海、内蒙古和辽宁。

表 5-7 2011 年各地区规模以上工业企业 R&D 活动情况

地区	R&D 人员全时当量/人年	R&D 经费/万元	R&D 经费/(万元/人年)	R&D 项目/项	R&D 项目经费/万元	R&D 项目经费/(万元/项)
东部地区	1 371 349	43 752 620	31.9	164 576	37 582 264	228.4
中部地区	392 857	10 683 355	27.2	42 030	8 738 268	207.9
西部地区	174 869	5 502 080	31.5	25 552	4 199 407	164.3
北京	49 829	1 648 538	33.1	7 048	1 284 900	182.3
天津	47 828	2 107 772	44.1	10 515	1 629 171	154.9
河北	51 498	1 586 189	30.8	6 055	1 360 221	224.6

续表

地区	R&D 人员全时当量/人年	R&D 经费/万元	R&D 经费/(万元/人年)	R&D 项目/项	R&D 项目经费/万元	R&D 项目经费/(万元/项)
山西	32 476	895 891	27.6	2 348	707 747	301.4
内蒙古	17 645	701 635	39.8	1 320	544 990	412.9
辽宁	47 513	2 747 063	57.8	6 799	2 134 585	314.0
吉林	17 884	488 723	27.3	1 885	425 061	225.5
黑龙江	39 661	838 042	21.1	4 343	608 270	140.1
上海	79 147	3 437 627	43.4	12 378	2 932 134	236.9
江苏	287 447	8 998 944	31.3	31 933	7 743 727	242.5
浙江	203 904	4 799 069	23.5	28 672	4 509 534	157.3
安徽	56 275	1 628 304	28.9	8 426	1 325 186	157.3
福建	75 503	1 943 993	25.7	6 441	1 530 296	237.6
江西	23 969	769 834	32.1	2 608	639 834	245.3
山东	180 832	7 431 254	41.1	25 193	6 327 202	251.1
河南	93 833	2 137 236	22.8	8 415	1 892 771	224.9
湖北	71 281	2 107 553	29.6	7 077	1 561 021	220.6
湖南	57 478	1 817 773	31.6	6 928	1 578 379	227.8
广东	346 260	8 994 412	26.0	29 243	8 094 556	276.8
广西	20 155	586 791	29.1	2 890	501 601	173.6
海南	1 587	57 760	36.4	299	35 939	120.2
重庆	27 652	943 975	34.1	4 524	761 360	168.3
四川	36 839	1 044 666	28.4	6 712	770 625	114.8
贵州	9 564	275 217	28.8	1 345	230 907	171.7
云南	10 335	299 279	29.0	1 514	239 296	158.1
西藏	22	1 637	74.4	16	1 591	99.4
陕西	30 829	966 768	31.4	4 210	659 850	156.7
甘肃	9 307	257 916	27.7	1 280	165 296	129.1
青海	1 833	81 965	44.7	131	61 403	468.7
宁夏	3 967	118 879	30.0	853	99 091	116.2
新疆	6 723	223 352	33.2	757	163 398	215.8
总计	1 939 075	59 938 055	30.9	232 158	50 519 938	217.6

5.1.5 中国 R&D 投入强度呈"S"形特征

我国 R&D 经费投入及强度如表 5-8、图 5-1 所示。从表 5-8 和图 5-1 可以看出：我国 R&D 经费投入强度逐年增长，增长曲线呈现"S"形，与许多发达国家的 R&D 经费投入强度曲线发展趋势相一致，这一事实表明我国 R&D 经费投入强度遵循国际 R&D 投入的一般规律[①]。

表 5-8　我国 R&D 投入强度实际值与预测值

%

年份	R&D 投入强度实际值	R&D 投入强度预测值	年份	R&D 投入强度实际值	R&D 投入强度预测值
1995	0.57	0.53	2010	1.76	1.75
1996	0.57	0.59	2011	1.84	1.84
1997	0.64	0.65	2012		1.92
1998	0.65	0.72	2013		2.01
1999	0.76	0.79	2014		2.09
2000	0.90	0.86	2015		2.17
2001	0.95	0.94	2016		2.24
2002	1.07	1.02	2017		2.31
2003	1.13	1.11	2018		2.37
2004	1.23	1.19	2019		2.43
2005	1.32	1.29	2020		2.49
2006	1.39	1.38	2021		2.54
2007	1.40	1.47	2022		2.58
2008	1.47	1.56	2023		2.63
2009	1.70	1.66	2024		2.67

注：拟合值根据 SPSS16.0 软件预测得到。

---

① 陈海波，李雨婧，陈芳：《基于 Logistic 曲线模型的我国 R&D 投入规律及战略思考》，《科技管理研究》，2010 年第 9 期。

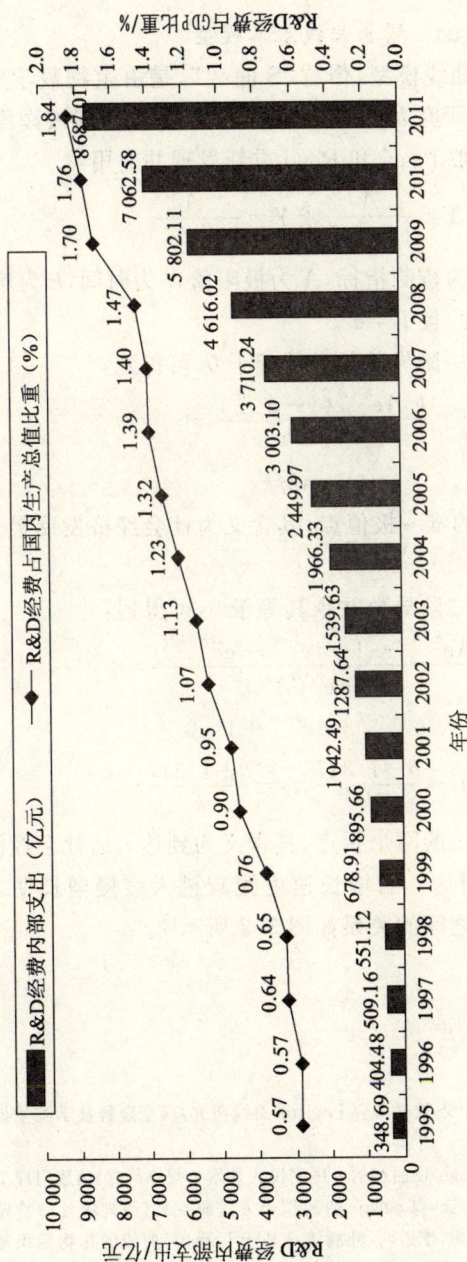

图 5-1 我国 R&D 经费投入及强度

数据来源：《中国科技统计年鉴》(2012)。

5.1.5.1　Logistic 增长曲线基本模型

Logistic 增长曲线模型,俗称"S 曲线",是由生物数学家 Verhulst 于 1845 年为研究人口增长过程而导出,但长期被湮没,直到 20 世纪 20 年代才被 Pearl 和 Reed 重新发现并应用[①]。

$$Y = \frac{A}{1+e^{b-kt}} \text{ 或 } Y = \frac{A}{1+Be^{-kt}} \tag{5-1}$$

式(5-1)中:Y 为待测指标,A 为极限值,t 为时间,k 为增长率,B(或 b)为常数尺度,且 $B = e^b$。

对增长曲线求一阶导数并令其等于 0,可得到:

$$\frac{k^2 A e^{b-kt}(1-e^{b-kt})}{(1+e^{b-kt})^3} = 0$$

解得:
$$t_0 = b/k$$

t_0 为增长曲线的唯一极值点,其含义为社会经济发展最快的时期,即其高峰期。

对增长曲线求二阶导数并令其等于 0,可得到:

$$\frac{k^3 A e^{b-kt}(-1+4e^{b-kt}-e^{2(b-kt)})}{(1+e^{b-kt})^4} = 0$$

即:
$$e^{2(b-kt)} - 4e^{b-kt} + 1 = 0$$

解得:
$$t_1 = \frac{b-1.317}{k}, t_2 = \frac{b+1.317}{k}$$

t_1,t_2 为增长曲线的两个拐点,其含义为到达 t_1 后社会经济发展进入快速增长期,到达 t_2 后增长速度锐减进入缓慢增长期。三个关键时点与极限值之间的关系如图 5-2 所示[②]。

---

① 董江水:《应用 SPSS 软件拟合 Logistic 曲线研究》,《金陵科技学院学报》,2007 年第 1 期。

② 杨连峰:《基于 Logistic 曲线的中国网民人数增长规律研究》,《厦门理工学院学报》,2008 年第 4 期。殷祚云:《Logistic 曲线拟合方法研究》,《数理统计与管理》,2002 年第 21 期。徐俊增,彭世彰,李道西,叶澜涛:《基于 Logistic 曲线的作物累积蒸发蒸腾量模拟研究》,《河海大学学报(自然科学版)》,2007 年第 2 期。

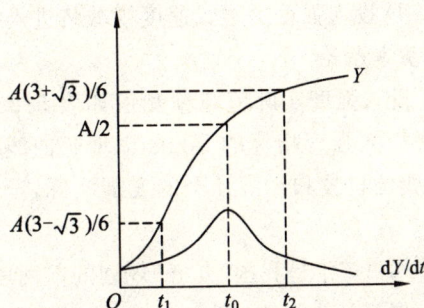

图 5-2　Logistic 增长曲线的三个关键时点

5.1.5.2　我国 R&D 经费投入强度指标的 Logistic 增长曲线拟合

运用 SPSS16.0 软件对我国 R&D 经费投入强度指标进行 Logistic 增长曲线拟合。设定 $A^{①}=3$，拟合结果为 $b_0=1.746$，$b_1=0.883$，则 $K=-\ln(b_1)=-\ln(0.883)=0.124$，$B=b_0\times A=1.746\times 3=5.238$，$b=\ln(B)=\ln(5.238)=1.656$。

得到我国 R&D 投入强度的 Logistic 增长曲线方程为：

$$Y=\frac{3}{1+5.238e^{-0.124t}}，或\ Y=\frac{3}{1+e^{1.656-0.124t}} \tag{5-2}$$

三个关键时点分别为：

$t_0=b/k=1.656/0.124=13.354\approx 13$，即 2007 年我国 R&D 投入强度的增长速度就已经达到了高峰期。

$t_1=(b-1.317)/k=(1.656-1.317)/0.124=2.733\approx 3$，即 1996—1997 年我国 R&D 投入强度的增长速度开始进入快速增长期。

$t_2=(b+1.317)/k=(1.656+1.317)/0.124=23.975\approx 24$，即

---

① 纵观发达国家或地区的 R&D 经费投入强度数据，近年来，除芬兰、日本、瑞典、以色列等国家的 R&D 经费投入强度超过 3% 之外，大多数发达国家保持在 2% 以上。以色列近几年最高在 4% 以上，2007 年达到了 4.74%；美国基本保持在 2.6% 左右。因此，在构建 Logistic 增长曲线时，根据我国 R&D 经费投入强度的发展趋势，在未来一段时期内，其值应该在 3% 之下，为此设定极限值 A 为 3。

2018 年我国 R&D 投入强度的增长速度锐减将进入缓慢增长期。

5.1.5.3 基本结论

我国 R&D 投入强度实际值与预测值如表 5-8 所示。从以上我国 R&D 经费投入强度指标的 Logistic 增长曲线拟合及关键时点的确定,结合我国科技和经济社会的发展实际,至少可以得到以下基本结论:

第一,1996—1997 年是我国"九五"规划的前两年,在科技发展"九五"规划的发展目标中提出"到 2000 年使全社会研究与发展经费(R&D)与国内生产总值(GDP)之比达到 1.5%"。因此各部门各地区均十分重视 R&D 投入,从这一年开始我国 R&D 投入强度的增长速度进入快速增长期,而在这之前 R&D 投入强度一直徘徊不前,甚至出现倒退现象。

第二,2007 年是我国"十一五"规划的中期,事实上,科技发展"九五"规划的发展目标没有完成,在科技发展"十五"规划的发展目标中作出了些许变化,即"到 2005 年,全社会研究与开发(R&D)经费占国内生产总值(GDP)的比例提高到 1.5%以上",实际上 2007 年才完成 1.5%的目标。

第三,2010 年是"十一五"规划的最后一年,预定的目标是 2010 年 R&D 投入强度达到 2%,由于 2008 年下半年国际金融危机爆发,2010 年实际达到 1.76%,如表 5-8 所示。国际上通常把 R&D 投入强度达到 2%,作为衡量一个国家或地区科技发展水平达到临界点、进入突变期的标准。但根据 R&D 投入强度的发展规律,2018 年我国 R&D 投入强度的增长速度将变缓,进入缓慢增长期。

第四,R&D 投入强度指标与发展目标的不相符合,客观上是由于 R&D 投入与我国的工业化中级阶段的发展特征不相容所导致的。此外在高速增长的 R&D 投入阶段,又存在一定的区域、主体 R&D 资源配置的失衡问题①。《国家中长期科学和技术发展规划纲要(2006—2020年)》提出全社会研究开发投入占国内生产总值的比重(R&D 强度)到 2020 年要提高到 2.5% 以上的目标。根据预测值此目标应该基本可以实现,然而预测值是建立在经济社会稳定发展的基础之上的。为此,要顺利实现这一目标,保持经济社会的稳定发展是关键。

5.1.6 政府 R&D 投入的引导效应仍有提升的空间

通常政府 R&D 投入对企业具有重要的引导作用。发达国家 R&D 投入模式属于典型的企业主导型,但政府 R&D 投入力度仍然较大,对全社会的 R&D 投入仍然具有重要的影响。2003 年作者分析了 2000 年 R&D 资源清查资料,发现江苏省政府资金投入平均每增加 1 万元,则带动企业平均投入资金增加 9.37 万元,带动全社会科技活动经费投入增加 12.55 万元;浙江省政府资金投入平均每增加 1 万元,则带动企业平均投入资金增加 2.04 万元,带动全社会科技活动经费投入增加 3.97 万元;而广东省在带动企业和全社会资金投入上分别为 15.02 万元和 18.62 万元;整个华东地区,政府资金投入平均每增加 1 万元,则带动企业平均投入资金增加 8.23 万元,带动全社会科技活动经费投入增加 11.56 万元。可以看出,政府部门对 R&D 活动有重要的推动作用且具有较大潜力,不同地区的政府 R&D 投入的带动效应差异较大,引导效应低的地区仍有较大潜力,有的放矢地增强政府作用至关重要②。程华等在政府对企业科技资助与企业 R&D 投入协整关系的研究中发现,两者之间存在长期均衡关系,而且政府直接科技资助对企业 R&D 投入具有一定的促进作用,政府对企业直接科技资助每变动 1%,企业的 R&D 投入将变动 0.677%。这一结果也有力地说明了目前政府 R&D 投入对企业引导效应仍有

---

① 吴林海,杜文献,童霞:《中国未来 R&D 投入配置的理论与实证研究》,化学工业出版社,2009年。

② 陈海波,李建民,赵喜仓:《江苏省 R&D 活动中政府作用分析》,《江苏大学学报(社会科学版)》,2003年第 3 期。

提升的空间①。现阶段,政府 R&D 投入对企业引导效应仍有提升的空间。

5.2 中国 R&D 产出的特点分析

5.2.1 各地区技术市场交易繁荣

各地区技术市场成交合同金额如表 5-9 所示。同 R&D 投入的区域特征相一致,东部地区远远高于中部地区和西部地区,2000 年东部地区是中部地区的 4 倍,是西部地区的 5.3 倍,而到了 2011 年,东部地区是中部地区的 8.7 倍,是西部地区的 7.4 倍。从地区来看,2000 年技术市场成交合同金额排名前 5 位的分别为北京、上海、广东、江苏、辽宁;2008 年技术市场成交合同金额排名前 5 位的分别为北京、上海、江苏、广东和陕西。排名略有变化,总体仍保持一致。

5.2.2 大陆三种专利申请受理数的地区差异大

2011 年按地区分布的大陆三种专利申请受理数如表 5-10 所示。东部地区的大陆三种专利均明显远远高于中西部地区。全部专利申请受理数排名前 5 位的地区为江苏、广东、浙江、山东、上海;发明专利申请受理数排名前 5 位的地区为江苏、广东、北京、上海、山东;实用新型专利申请受理数排名前 5 位的地区为江苏、浙江、广东、山东、上海;外观设计专利申请受理数排名前五位的地区为江苏、广东、浙江、山东、四川。

---

① 程华,赵祥:《政府科技资助的溢出效应研究——基于我国大中型工业企业的实证研究》,《科学学研究》,2009 年第 6 期。

表 5-9 各地区技术市场成交合同金额

万元

地区	2000年	2001年	2002年	2003年	2004年	2005年	2006年	2007年	2008年	2009年	2010年	2011年
东部地区	4 515 047	5 661 567	6 500 517	7 995 226	10 188 850	12 374 906	14 131 469	17 360 729	20 584 358	23 454 532	29 654 694	35 711 170
中部地区	1 133 795	1 186 213	1 230 890	1 386 526	1 551 098	1 749 560	1 784 865	2 216 648	2 499 981	2 776 089	3 174 232	4 098 697
西部地区	858 677	979 709	1 110 306	1 464 975	1 603 682	1 389 229	1 517 580	1 618 597	2 145 274	2 375 111	3 464 842	4 828 229
北京	1 402 871	1 910 065	2 211 738	2 653 574	4 249 975	4 895 922	6 973 256	8 825 603	10 272 173	12 362 450	15 795 367	18 902 752
天津	262 581	306 009	363 262	420 008	450 276	507 093	588 624	723 356	866 122	1 054 611	1 193 390	1 693 819
河北	94 143	46 784	60 406	67 969	72 718	103 827	156 099	164 329	165 906	172 112	192 931	262 471
山西	5 258	14 693	39 014	32 251	59 960	47 980	59 213	82 677	128 425	162 068	184 911	224 825
内蒙古	60 287	62 359	58 197	108 452	104 085	109 939	107 127	109 835	94 423	147 651	271 464	226 719
辽宁	347 817	408 698	508 326	620 200	752 817	865 167	806 494	929 290	997 290	1 197 095	1 306 811	1 596 633
吉林	71 390	88 543	82 921	87 292	107 900	122 261	153 666	174 845	196 066	197 598	188 090	262 614
黑龙江	152 382	111 035	120 110	121 165	125 715	142 585	156 934	350 209	412 565	488 550	529 123	620 682
上海	738 952	1 061 603	1 202 170	1 427 790	1 716 963	2 317 328	3 095 095	3 548 877	3 861 695	4 354 108	4 314 374	4 807 491
江苏	449 568	529 165	594 873	765 163	897 855	1 008 296	688 297	784 173	940 246	1 082 184	2 493 406	3 334 316
浙江	276 275	316 652	389 438	530 353	581 465	386 954	399 618	453 474	589 189	564 581	603 478	718 968
安徽	61 012	64 145	75 423	87 960	90 675	142 553	184 921	264 515	324 865	356 174	461 470	650 337
福建	172 601	136 941	128 988	166 779	141 395	171 959	113 187	145 579	179 690	232 594	356 569	345 712

续表

地区	2000 年	2001 年	2002 年	2003 年	2004 年	2005 年	2006 年	2007 年	2008 年	2009 年	2010 年	2011 年
江西	69 299	62 724	62 891	83 324	93 661	111 227	93 135	99 533	77 641	97 893	230 479	341 861
山东	288 135	321 938	347 650	525 682	750 850	983 614	232 005	450 275	660 126	719 391	1 006 769	1 263 778
河南	211 621	212 589	178 506	192 690	203 207	263 737	237 288	261 907	254 425	263 046	272 002	387 602
湖北	276 000	338 597	348 603	412 538	461 700	501 823	444 427	522 146	628 971	770 329	907 218	1 256 876
湖南	286 833	293 887	323 422	369 306	408 280	417 394	455 281	460 816	477 024	440 432	400 940	353 901
广东	482 104	539 722	684 532	805 730	572 651	1 124 740	1 070 257	1 328 448	2 016 319	1 709 850	2 358 949	2 750 647
广西	17 741	37 753	44 406	41 808	90 955	94 059	9 423	9 970	26 996	17 662	41 362	56 377
海南		83 990	9 134	11 978	1 885	10 007	8 535	7 327	35 602	5 556	32 651	34 584
重庆	296 594	289 484	409 433	555 083	596 186	357 059	553 479	395 658	621 884	383 158	794 410	681 453
四川	104 150	126 311	77 524	128 686	165 640	190 823	259 323	303 878	435 313	545 977	547 393	678 330
贵州	620	599	13 484	17 892	13 533	10 488	5 361	6 560	20 356	17 806	77 191	136 483
云南	187 742	255 279	179 496	228 718	215 555	159 175	82 747	97 496	50 547	102 469	108 827	117 144
陕西	92 560	84 615	151 554	168 022	139 129	188 977	179 485	301 710	438 300	698 074	1 024 140	2 153 664
甘肃	26 413	27 393	54 644	77 581	119 608	172 736	214 534	262 107	297 560	356 287	430 845	526 386
青海		4 657	12 373	8 291	12 793	11 812	24 665	53 017	77 033	84 967	114 051	168 443
宁夏	6 402	8 872	8 496	10 047	12 827	14 131	5 349	6 641	8 898	8 982	9 972	39 447
新疆	66 168	82 387	100 699	120 395	133 371	80 029	76 084	71 724	73 963	12 078	45 188	43 783
总计	6 507 519	7 827 489	8 841 713	10 846 727	13 343 630	15 513 694	18 181 813	22 265 261	26 652 288	30 390 024	39 065 753	47 635 589

表 5-10   2011 年大陆三种专利申请受理数按地区分布

件

地区	合计	专利申请		
		发明	实用新型	外观设计
东部地区	1 116 488	301 817	408 207	406 464
中部地区	208 728	54 711	96 917	57 100
西部地区	153 545	46 987	65 637	40 921
北京	77 955	45 057	26 615	6 283
天津	38 489	10 623	18 042	9 824
河北	17 595	4 651	10 423	2 521
山西	12 769	4 602	5 238	2 929
内蒙古	3 841	1 267	2 034	540
辽宁	37 102	14 658	17 715	4 729
吉林	8 196	3 334	3 941	921
黑龙江	23 432	5 063	9 704	8 665
上海	80 215	32 142	30 926	17 147
江苏	348 381	84 678	81 097	182 606
浙江	177 066	24 745	75 860	76 461
安徽	48 556	10 982	23 209	14 365
福建	32 325	6 896	16 688	8 741
江西	9 673	2 796	4 698	2 179
山东	109 599	25 623	63 004	20 972
河南	34 076	8 833	19 120	6 123
湖北	42 510	10 327	17 409	14 774
湖南	29 516	8 774	13 598	7 144
广东	196 272	52 012	67 333	76 927
广西	8 106	2 757	3 614	1 735
海南	1 489	732	504	253
重庆	32 039	8 839	16 786	6 414
四川	49 734	11 808	19 241	18 685
贵州	8 351	2 358	3 170	2 823
云南	7 150	2 796	3 175	1 179
西藏	263	101	41	121
陕西	32 227	13 037	11 643	7 547
甘肃	5 287	2 105	2 441	741
青海	732	204	233	295
宁夏	1 079	442	527	110
新疆	4 736	1 273	2 732	731
总计	1 504 670	415 829	581 303	507 538

5.2.3 大陆三种专利申请授权数地区差异明显

2011 年大陆三种专利申请授权数按地区分布情况如表 5-11 所示。与专利受理数一致，东部地区的国内三种专利均远远高于中西部地区。全部专利申请授权数排名前五位的地区有江苏、浙江、广东、山东、上海；发明专利申请授权数排名前五位的地区有广东、北京、江苏、上海、浙江；实用新型专利申请授权数排名前五位的地区有浙江、江苏、广东、山东、上海；外观设计专利申请授权数排名前五位的地区有江苏、浙江、广东、上海、安徽。

表 5-11　2011 年大陆三种专利申请授权数按地区分布

件

地区	合计	专利申请		
		发明	实用新型	外观设计
东部地区	673 008	78 694	290 333	303 981
中部地区	114 719	15 202	64 011	35 506
西部地区	76 200	11 928	40 416	23 856
北京	40 888	15 880	19 628	5 380
天津	13 982	2 528	8 961	2 493
河北	11 119	1 469	7 490	2 160
山西	4 974	1 114	3 036	824
内蒙古	2 262	364	1 415	483
辽宁	19 176	3 164	13 584	2 428
吉林	4 920	1 202	2 993	725
黑龙江	12 236	1 953	5 855	4 428
上海	47 960	9 160	23 351	15 449
江苏	199 814	11 043	53 413	135 358
浙江	130 190	9 135	56 030	65 025
安徽	32 681	2 026	16 128	14 527
福建	21 857	1 945	12 697	7 215
江西	5 550	679	3 088	1 783
山东	58 844	5 856	43 443	9 545
河南	19 259	2 462	13 032	3 765

地区	合计	专利申请		
		发明	实用新型	外观设计
湖北	19 035	3 160	11 147	4 728
湖南	16 064	2 606	8 732	4 726
广东	128 413	18 242	51 402	58 769
广西	4 402	634	2 564	1 204
海南	765	272	334	159
重庆	15 525	1 865	8 749	4 911
四川	28 446	3 270	12 533	12 643
贵州	3 386	596	1 885	905
云南	4 199	1 006	2 217	976
西藏	142	27	20	95
陕西	11 662	3 139	6 958	1 565
甘肃	2 383	552	1 536	295
青海	538	70	147	321
宁夏	613	103	418	92
新疆	2 642	302	1 974	366
总计	883 861	112 347	405 086	366 428

5.2.4　论文总数及其在世界上的位置不断提升

国外主要检索工具收录我国论文总数及在世界上的位置如表5-12 所示。从总数上看,1995 年仅为 26 395 篇,2010 年增长到 300 923 篇,是 1995 年的近 11.4 倍。SCI 从 1995 年的 13 134 篇增加到 2010 年的 143 769 篇,是 1995 年的近 10.9 倍。世界排名从 15 位上升到了第 2 位;ISTP 从 1995 年的 5 152 篇增加到 2010 年的 37 780 篇,是 1995 年的 7.3 倍,世界排名从第 10 位上升到了第 2 位;EI 从 1995 年的 8 109 篇增加到 2010 年的 119 374 篇,是 1995 年的 14.7 倍,世界排名从第 7 位上升到了第 1 位。

国外主要检索工具收录的我国科技人员在国内外期刊上发表论文数如表5-13 所示。从 1995 年到 2010 年国内外期刊上发表论文逐年增加,SCI 收录的国外发表论文数高于国内发表论文数。EI收录的国内发表论文数与国外发表论文数相当。

表 5-12 国外主要检索工具收录我国论文总数及在世界上的位置

单位：篇

年份	收录论文数/篇	项目			位次		
		《Science Citation Index》	《Index to Science and Technical Proceeding》	《Engineering Index》	《Science Citation Index》	《Index to Science and Technical Proceeding》	《Engineering Index》
1995	26 395	13 134	5 152	8 109	15	10	7
2000	49 678	30 499	6 016	13 163	8	8	3
2001	64 526	35 685	10 263	18 578	8	6	3
2002	77 395	40 758	13 413	23 224	6	5	2
2003	93 352	49 788	18 567	24 997	6	6	3
2004	111 356	57 377	20 479	33 500	5	5	2
2005	153 374	68 226	30 786	54 362	5	5	2
2006	171 878	71 184	35 653	65 041	5	2	2
2007	207 865	89 147	43 131	75 587	3	2	1
2008	270 878	116 677	64 824	89 377	2	2	1
2009	280 158	127 532	54 749	97 877	2	2	1
2010	300 923	143 769	37 780	119 374	2	2	1

篇

表 5-13 国外主要检索工具收录的我国科技人员在国内外期刊上发表论文数

项目 \ 年份	1995	2000	2001	2002	2003	2004	2005	2006	2007	2008	2009	2010
《Science Citation Index》收录合计	7 980	22 608	25 889	31 572	38 092	45 351	63 150	71 184	79 669	95 506	108 806	121 026
国内发表	1 087	9 208	9 580	11 425	12 441	13 498	16 669	16 856	18 410	2 0804	22 229	25 934
比重/%	14	41	37	36	32.7	29.8	26.4	23.7	23.1	21.8	20.4	21.4
国外发表	6 893	13 400	16 309	20 147	25 651	31 853	46 481	54 328	61 259	74 702	86 577	95 092
比重/%	86	59	63	64	67.3	70.2	73.6	76.3	76.9	78.2	79.6	78.6
《Engineering Index》收录合计	6 791	13 991	15 605	19 268	26 857	32 881	60 301	65 041	75 568	85 381	98 115	119 374
国内发表	3 038	8 293	9 055	6 458	13 329	17 442	35 262	33 454	40 656	45 686	46 415	56 578
比重/%	45	59	58	34	49.6	53	58.5	51.4	53.8	53.5	47.3	47.4
国外发表	3 753	5 698	6 550	12 810	13 528	15 439	25 039	31 587	34 912	3 9695	51 700	62 796
比重/%	55	41	42	66	50.4	47	41.5	48.6	46.2	46.5	52.7	52.6

2010 年国外主要检索工具收录我国大陆科技论文按地区分布如表 5-14 所示。北京、上海、江苏、湖北、广东、浙江等省份位置较为靠前。

表 5-14　国外主要检索工具收录我国大陆科技论文按地区分布（2010 年）

地区	篇数/篇			位次		
	SCI	EI	CPCI-S	SCI	EI	CPCI-S
北京	23 307	21 688	16 307	1	1	1
天津	3 428	2 924	2 919	13	14	13
河北	1 387	1 636	3 500	20	18	11
山西	983	786	706	22	22	21
内蒙古	274	233	225	27	25	27
辽宁	5 034	5 512	4 824	9	6	5
吉林	3 443	3 202	1 647	12	13	16
黑龙江	3 203	5 066	3 824	15	9	9
上海	13 300	10 113	6 175	2	3	3
江苏	11 243	10 789	6 698	3	2	2
浙江	6 854	5 530	3 953	4	5	8
安徽	3 242	2 790	1 623	14	15	18
福建	2 330	1 605	1 208	17	19	20
江西	929	795	1 627	23	21	17
山东	5 793	4 269	4 292	7	12	7
河南	2 106	1 841	3 160	19	17	12
湖北	6 034	5 487	6 163	6	7	4
湖南	3 818	5 197	2 605	11	8	15
广东	6 631	4 534	3 614	5	11	10
广西	735	524	588	24	24	24
海南	139	51	119	28	28	28
重庆	2 408	2 442	1 407	16	16	19
四川	4 843	5 013	2 859	10	10	14
贵州	306	201	292	26	27	25
云南	1 354	585	682	21	23	22
西藏	6	2		31	31	31
陕西	5 690	7 450	4 807	8	4	6
甘肃	2 192	1 493	592	18	20	23

地区	篇数/篇			位次		
	SCI	EI	CPCI-S	SCI	EI	CPCI-S
青海	90	39	19	29	30	30
宁夏	55	47	53	30	29	29
新疆	373	226	266	25	26	26
总计	121 530	112 070	86 754			

5.2.5　国内外职务与非职务三种专利申请受理、授权数特点鲜明

国内外职务与非职务三种专利申请受理数情况如表 5-15 所示。

2005 年后,国内发明专利申请受理数增速开始高于国外发明专利申请受理数。近年来国内职务发明的专利申请受理数高于非职务发明的专利申请受理数,国外职务发明的专利申请受理数高于非职务发明的专利申请受理数。在职务发明专利申请受理数中,企业的发明专利申请受理数明显高于大专院校、科研单位和机关团体。

实用新型的国内专利申请受理数远高于国外专利申请受理数,非职务的实用新型的专利申请受理数大于职务的实用新型的专利申请受理数。在国内职务实用新型专利申请受理中,企业仍然高于大专院校、科研单位和机关团体。

外观设计的国内专利申请受理数远高于国外专利申请受理数,非职务的外观设计的绝大多数年份的专利申请受理数大于职务的外观设计的专利申请受理数。在国内职务外观设计专利申请受理中,企业仍然高于大专院校、科研单位和机关团体。

国内外职务与非职务三种专利申请授权数情况如表 5-16 所示。发明专利的国外专利授权数大多数年份高于国内专利授权数,国内的职务发明专利授权数大多数年份高于非职务发明专利授权数。在国内职务发明专利授权中,除个别年份企业略小外,大多数年份的企业发明授权数高于其他部门。实用新型和外观设计的专利授权数的特征基本与其专利申请受理数的特征接近。

表 5-15　国内外职务与非职务三种专利申请受理数

单位：件

项目＼年份	1995	2000	2005	2006	2007	2008	2009	2010	2011
1. 发明	21 636	51 747	173 327	210 490	245 161	289 838	314 573	391 177	526 412
国内	10 018	25 346	93 485	122 318	153 060	194 579	229 096	293 066	415 829
职务	2 993	12 609	62 270	81 485	107 664	140 452	172 181	223 754	324 224
大专院校	574	1 942	14 643	17 312	23 001	30 808	37 965	48 294	63 028
科研单位	865	2 228	6 726	6 845	9 748	12 435	14 332	18254	25 222
企业	1 086	8 316	40 196	56 455	73 893	95 619	118 257	154581	231 551
机关团体	468	123	705	873	1 022	1 590	1 627	2 625	4423
非职务	7 025	12 737	31 215	40 833	45 396	54 127	56 915	69 312	91 605
国外	11 618	26 401	79 842	88 172	92 101	95 259	85 477	98 111	110 583
职务	11 045	25 334	77 575	85 834	89 632	92 827	82 647	95 517	107 899
非职务	573	1 067	2 267	2 338	2 469	2 432	2 830	2 594	2 684
2. 实用新型	43 741	68 815	139 566	161 366	181 324	225 586	310 771	409 836	585 467
国内	43 429	68 461	138 085	159 997	179 999	223 945	308 861	407 238	581 303
职务	8 727	17 792	46 879	58 769	74 715	107 109	169 413	242 479	387 591
大专院校	771	965	3 843	4 376	6 377	9 362	13 764	18 223	32641
科研单位	1 376	1 616	2 661	2 691	3 598	4 724	6 022	7 474	10 512
企业	4 739	14 912	39 649	50 350	63 371	91 374	147 618	212 081	336 298

续表

项目＼年份	1995	2000	2005	2006	2007	2008	2009	2010	2011
机关团体	1841	299	726	1 352	1 369	1 649	2 009	4 701	8 140
非职务	34 702	50 669	91 206	101 228	105 284	116 836	139 448	164 759	193 712
国外	312	354	1 481	1 369	1 325	1 641	1 910	2 598	4 164
职务	190	259	1 171	1 077	1 002	1 331	1 612	2 248	3 772
非职务	122	95	310	292	323	310	298	350	392
3.外观设计	17 668	50 120	163 371	201 322	267 432	312 904	351 342	421 273	521 468
国内	15 433	46 532	151 587	188 027	253 439	298 620	339 654	409 124	507538
职务	8 193	22 974	49 733	63 312	93 722	116 825	141 457	192 337	250 529
大专院校	18	17	1 435	1 262	3 302	4 975	9 850	12 815	14 467
科研单位	104	278	359	342	773	1 453	917	1234	2176
企业	6 031	22 634	47 552	60 069	86 208	108 517	12 8424	173 338	231 586
机关团体	2 040	45	387	1 639	3 439	1 880	2 266	4 950	2 300
非职务	7 240	23 558	101 854	124 715	159 717	181 795	198 197	216 787	257 009
国外	2 235	3 588	11 784	13 295	13 993	14 284	11 688	12 149	13 930
职务	2 013	3 432	11 230	12 697	13 519	13 776	10 972	11 535	13 315
非职务	222	156	554	598	474	508	716	614	615
合计	83 045	170 682	476 264	573 178	693 917	828 328	976 686	1 222 286	1 633 347

表 5-16 国内外职务与非职务三种专利申请授权数

单位：件

项目＼年份	1995	2000	2005	2006	2007	2008	2009	2010	2011
1. 发明	3 393	12 683	53 305	57 786	67 948	93 706	128 489	135 110	172 113
国内	1 530	6 177	20 705	25 077	31 945	46 590	65 391	79 767	112 347
职务	932	2 824	14 761	18 400	24 488	36 955	52 265	66 149	95 069
大专院校	258	652	4 453	6 198	8 214	10 265	14 391	19 036	26 616
科研单位	304	910	2 423	2 553	3 173	3 945	5 299	6 557	9 238
企业	205	1 016	7 712	9 433	12 851	22 493	32 160	40 049	58 364
机关团体	165	246	173	216	250	252	415	507	851
非职务	598	3 353	5 944	6 677	7 457	9 635	13 126	13 618	17 278
国外	1 863	6 506	32 600	32 709	36 003	47 116	63 098	55 343	59 766
职务	1 748	6 222	31 555	31 757	35 132	46 112	61 422	54 169	58 541
非职务	115	284	1045	952	871	1 004	1 676	1 174	1 225
2. 实用新型	30 471	54 743	79 349	107 655	150 036	176 675	203 802	344 472	408 110
国内	30 195	54 407	78 137	106 312	148 391	175 169	202 113	342 256	405 086
职务	6 766	15 519	29 191	42 258	62 975	82 914	110 625	209 275	271 345
大专院校	623	868	2 391	3 453	5 502	7 242	9 166	16 002	21 190
科研单位	1 025	1 529	1 599	2 484	3 101	4 161	4 503	7 074	8 016
企业	2 627	12 821	24 743	35 667	53 451	70 242	95 407	183 289	236 959
机关团体	2 491	301	458	654	921	1 269	1 549	2 910	5 180

续表

项目	1995	2000	2005	2006	2007	2008	2009	2010	2011
非职务	23 429	38 888	48 946	64 054	85 416	92 255	91 488	132 981	133 741
国外	276	336	1 212	1 343	1 645	1 506	1 689	2 216	3 024
职务	154	261	1 011	1 079	1 342	1 179	1 400	1 903	2 662
非职务	122	75	201	264	303	327	289	313	362
3. 外观设计	11 200	37 919	81 349	102 561	133 798	14 1601	249 701	335 243	380 290
国内	9 523	34 652	72 777	92 471	121 296	130 647	234 282	318 597	366 428
职务	5 344	17 789	27 566	32 473	46 350	49 375	99 332	146 407	192 958
大专院校	10	28	555	806	1 057	1 652	4 390	8 115	8 678
科研单位	156	248	170	276	284	238	467	637	523
企业	2 554	17 482	26 658	31 279	42 515	45 802	90 754	135 680	179 464
机关团体	2 624	31	183	112	2 494	1 683	3 721	1 975	4 293
非职务	4 179	16 863	45 211	59 998	74 946	81 272	134 950	172 190	173 470
国外	1 677	3 267	8 572	10 090	12 502	10 954	15 419	16 646	13 862
职务	1 402	3 108	8 254	9 630	12 053	10 598	14 852	15 851	13 250
非职务	275	159	318	460	449	356	567	795	612
合计	45 064	105 345	214 003	268 002	351 782	411 982	581 992	814 825	960 513

5.3 中国 R&D 投入绩效影响因素的最优尺度回归分析

企业创新活动、R&D 投入绩效及其影响因素的理论和实证研究一直是国外文献的焦点和难点。国内外学者的理论和实证研究已深入到企业规模、市场集中度、市场势力、多元化程度、行业特征、产业周期、制度环境以及企业自身的现金流能力、发展能力和发展战略等视角,力图归纳出决定创新活动、企业 R&D 投入绩效的关键因素。基于企业部门是 R&D 活动的重要执行部门,亦是国民经济活动的重要单元,影响企业部门 R&D 投入绩效的因素至关重要。因此,本节从企业微观角度出发,鉴别影响企业 R&D 投入绩效影响因素。

5.3.1 中国 R&D 投入绩效影响因素实证分析意义

2008 年 Eric Tsang,Paul Yip 和 Mun Heng Toh 通过研究 1993—1999 年间新加坡政府的小组数据库,发现相比新加坡本土企业,外国公司的研发投资产生了更多的经济增值,相比之下,国内企业,外国公司在所有制上的优势对研发产生了积极的影响。2009 年 Jian Cheng GUAN,Richard YAM,Esther Tang 和 Antonio Lau 评估了中国各类公司的创新策略,研究了这些策略在转型阶段(20 世纪 90 年代)与其创新表现的关系。研究显示,大多数企业的创新活动局限于本土,并主要以提高质量为目标。在所有参与调查的公司中,通过高新技术企业认证,并获得政府支持的中国制造型企业的总体表现较好,这些企业正逐步摆脱单纯引进技术和机械的状况,在不断的研发创新,去迎接即将到来的市场经济。Louis Lu 和 Chyan Yang 对新产品的开发过程研究扩展到了新的领域(台湾 IT 业)、新的行业类型(原创制造业)。过去的 20 年里,台湾 IT 业取得了令人瞩目的成就。对那些正努力从低价值货物生产中摆脱出来并转型到高科技产品生产中的新兴国家而言,台湾的经验很值得借鉴。在分析了台湾 153 家 IT 企业的研发和市场拓展的资料后发现,研销结合程度越高,所取得的成果就越大,新产品的开发表现也就越好。安同良等的研究表明,行业、企业规模和所有制特征三个因素是影响中国企业(制造业企业)创新活动的重要因素,其中,行业特征的差异是影响我国现发展阶段制造业企业的最主要因素;以员工人数为划分标准的大企业相对于小企业来说,会更多地进行持续性研发活动,外资企业相对国内本土企业,有着更为活跃的研发活动和创新动力。朱恒鹏利用另一种样本从另一角度研究了相关问题,他利用我国 10 个省市 800 多家民营企业的调查数据,考察了企业规模、市场力量、地区差异特征等因素对企业创新行为的影响,研究结果表明,以技工贸收入为划分标准的企业规模与研发投入强度之间呈现较为显著的倒 U 形关系,小规模企业更倾向于选择自主创新方式;市场力量的大小(是否具有较强的产品定价能力)显著影响企业的研发投入强度;地区差异因素显著影响企业的研发投入强度。此外,吴延兵从探讨 R&D 与生产率之间的关系入手,间接发现了市场因素(如企业规模、市场集中、进入壁垒和产品差异性)和产权结构因素对我国企业研发活动存在重要的影响。

本节着重从 R&D 人员投入、R&D 经费支出、企业规模、地区、是否为高新技术企业、是否拥有品牌、企业家学历、企业家创新意识等视角来探讨江苏制造业企业 R&D 投入绩效的关键影响因素[①]。

5.3.2　数据来源与变量说明

由国家统计局统一部署,江苏省统计局于 2007 年对江苏省工业企业 2004—2006 年间企业创新的基本情况、经费投入、实施效果、影响因素以及企业家对创新的认识等方面的信息进行了调查,为政府部门制订和完善鼓励企业创新的有关政策提供依据。共对 7 897 家企业进行了调查,其中大中型企业实行全面调查,小型企业抽样调查。本研究是从影响 R&D 投入绩效的关键因素展开研究的,为此在 7 897 家企业中有 R&D 活动的企业是本文的研究对象,去掉没有 R&D 活动的企业,本次研究对象是 2 479 家企业。

---

①　陈海波:《企业 R&D 投入绩效影响因素的实证分析——基于江苏省企业创新调查数据》,《科技进步与对策》,2011 年第 11 期。

从企业家学历分布情况看,大专以下 309 人,大专 879 人,本科 889 人,硕士 338 人,博士 64 人;从企业家创新意识分布情况看,无创新意识仅 5 人,有一定创新意识 394 人,有较强创新意识 2 080 人;从地区分布情况看,苏北 311 家,苏中 698 家,苏南 1 470 家;从高新技术企业级别分布情况看非高新技术企业 1 379 家,省级高新技术企业 872 家,国家级高新技术企业 228 家;从是否拥有自主品牌分布情况看,无自主品牌 543 家,拥有自主品牌 1 936 家。①

5.3.2.1　因变量说明

对企业 R&D 投入绩效度量指标的选择一直是相关研究的难点。如前所述,测度 R&D 投入绩效有投入和产出两类指标,投入指标如研发支出和研发人员数,产出指标如企业专利数和新产品销售收入。在 2007 年创新调查数据中,反映企业 R&D 投入绩效的有新产品销售收入、利润总额等。由于新产品销售收入在很大程度上反映了企业 R&D 投入绩效,因此笔者使用新产品销售收入作为衡量企业 R&D 投入绩效的指标。

5.3.2.2　解释变量说明

变量定义及其描述,如表 5-17 所示。

表 5-17　变量定义及其描述

	变　量	定　义	预期符号
因变量	研发绩效	新产品销售收入	
解释变量	R&D 人员投入	本科及以上学历从业人数	+
	R&D 经费支出	内部研发经费支出	+
	企业规模	资产合计	+
	地区分类变量	苏北为 1,苏中为 2,苏南为 3	?
	高新技术企业分类变量	非高新技术产业为 1,省级高新技术企业为 2,国家级高新技术企业为 3	+

---

①　限于篇幅,书中略去了 2 479 家企业数据。

变 量		定 义	预期符号
解释 变量	品牌拥有分类变量	不拥有自主品牌为 1,拥有自主品牌为 2	+
	企业家学历分类变量	大专以下为 1,大专为 2,本科为 3,硕士为 4,博士为 5	?
	企业家创新意识分类变量	以问题"您认为创新对企业的生存、发展起了什么作用"来刻画该指标,不起作用为 1,起了一定作用为 2,起了重要作用为 3	+

首先,关注 R&D 人员投入、R&D 经费支出两个重要因素。R&D 人员投入以及 R&D 经费支出是影响企业自主创新和技术吸收后二次创新活动的重要因素,在很大程度上影响着企业 R&D 投入绩效。为此本书设置了 R&D 人员投入、R&D 经费支出两个指标作为影响企业 R&D 投入绩效的主要直接因素,运用调研数据进行进一步验证。

其次,企业规模、地区、是否为高新技术企业、是否拥有品牌也是国内外学者普遍关注的因素。通常认为企业规模大,企业所在地区经济发达、属于高新技术企业、拥有自主品牌将有助于 R&D 投入绩效。本书也将验证这一假设。

再次,企业家学历、企业家创新意识。企业 R&D 投入绩效是与企业决策层的战略导向密不可分的,作为企业最高决策层的学习和工作背景有可能会影响到其对企业发展战略的认识和创新决策的把握。此外企业家创新意识对企业 R&D 投入绩效也应存在重要的影响。

5.3.3 基于最优尺度回归的中国 R&D 投入绩效影响因素模型构建

5.3.3.1 最优尺度回归的介绍

由于本书的实证分析是建立在调研数据的基础上的。数据中有相当一部分是分类数据,对分类数据的处理,可以设计虚拟变量进行计量模型的构建,也可直接采用最优尺度回归的方法进行分类数据的拟合。最优尺度变换专门用于解决在统计建模时如何对分类变量进行量化的问题,其基本思路是基于希望拟合的模型框架,分析各级别对因变量影响的强弱变化情况,在保证变换后各变量间的联系成为线性的前提下,采用一定的非线性变换方法进行反复迭代,从而为原始分类变量的每一个类别找到最佳的量化评分,随后在相应的模型中使用量化评分代替原始变量进行后续分析。将最优尺度变换技术应用于线性回归,则就是最优尺度回归,在 SPSS 中使用分类回归(Categorical Regression)来实现,如图 5-3所示。

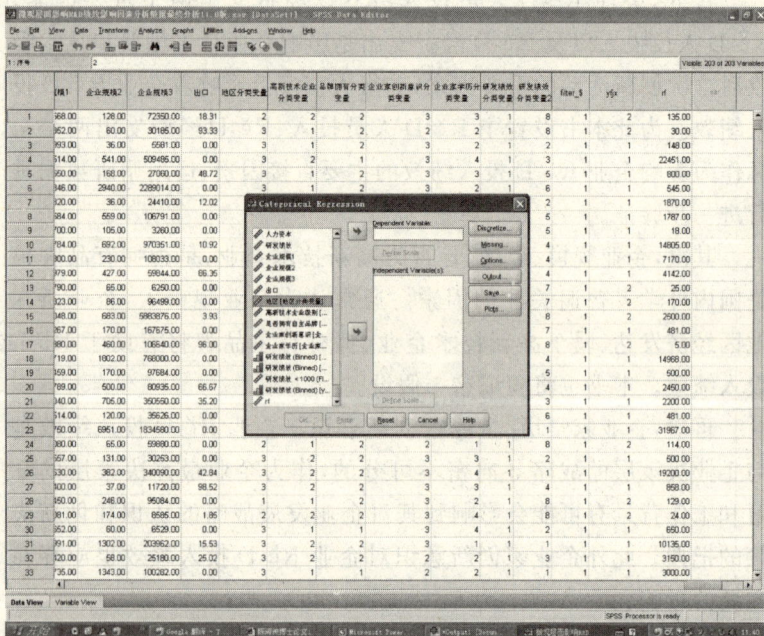

图 5-3　SPSS 中使用分类回归(Categorical Regression)

5.3.3.2　最优尺度回归模型构建

表 5-18 是实证分析的模型摘要,其中 $R^2 = 0.492$,调整后的 $R^2 = 0.489$。表 5-19 检验表明,总模型 F 检验通过,模型具有统计

学上的意义。

表 5-18 模型摘要

复相关系数 R	R^2	调整 R^2
0.701	0.492	0.489

表 5-19 方差分析

	平方和	df	均方	F	Sig.
回归	1 219.713	14	87.122	170.469	0.000
残差	1 259.287	2 464	0.511		
总计	2 479.000	2 478			

表 5-20 为标准化系数及其 F 检验,检验结果表明,在 5% 的显著性水平下,企业规模变量、R&D 经费支出通过检验;在 10% 的显著性水平下,高新技术企业分类变量、企业家创新意识分类变量、R&D 人员投入通过检验;在 20% 的显著性水平下企业家学历分类变量有一定的影响;地区分类变量、品牌拥有分类变量未能通过检验。以上结果至少表明,地区变量因素、品牌拥有分类变量因素未能对 R&D 投入绩效起到重要的影响,而企业规模、高新技术企业分类变量、企业家创新意识分类变量、R&D 人员投入、R&D 经费支出是影响企业 R&D 投入绩效的关键因素。

表 5-20 系数及其检验表

	标准系数		df	F	Sig.
	Beta	标准误差			
地区分类变量	−0.013	0.015	1	0.747	0.388
企业规模	0.435	0.021	1	414.838	0.000
高新技术企业分类变量	0.024	0.016	2	2.360	0.095
品牌拥有分类变量	−0.002	0.015	1	0.018	0.892
企业家学历分类变量	0.019	0.015	2	1.639	0.194
企业家创新意识分类变量	0.024	0.015	2	2.656	0.070
R&D 人员投入	0.035	0.020	1	3.215	0.073
R&D 经费支出	0.295	0.020	4	225.023	0.000

　　表 5-21 给出了对模型的进一步分析结果。首先是相关分析，给出了各自变量对因变量的相关性分析。其中偏相关是控制了其他变量对因、自变量的影响后的估计，部分相关则只是控制其他变量对因变量的影响。其次是影响重要性，是根据标化系数和相关系数计算出的自变量在模型中的重要程度百分比，所有变量的重要性加起来等于 100%，数值越大表明该变量对因变量的预测越重要。由此可见，在通过标准化系数的显著性检验后的因素中，企业规模、R&D 人员投入、R&D 经费支出对企业 R&D 投入绩效影响最大，表明现阶段企业 R&D 投入绩效离不开企业规模化的支持和人力、财力的投入。第三是容忍度，表示该变量对因变量的影响中不能够被其他自变量所解释的比例，越大越好，反映了自变量共线性的情况，如果有变量的容忍度太小，则最优尺度回归的分析结果可能不正确。表 5-21 可以看到各个变量的容忍度均没有太小的情况，表明变量对因变量的影响中不能够被其他自变量所解释的比例较高，共线性的情况基本不存在。以上分析表明，最优尺度回归的效果较好，可以用于分析。

表 5-21　相关性和容忍度

变量	相关性			重要性	容忍度	
	零阶相关性	偏相关性	部分相关性		转换后	转换前
地区分类变量	0.050	−0.017	−0.012	−0.001	0.976	0.975
企业规模	0.661	0.380	0.292	0.584	0.452	0.463
高新技术企业分类变量	0.179	0.031	0.022	0.009	0.839	0.800
品牌拥有分类变量	0.065	−0.003	−0.002	0.000	0.945	0.934
企业家学历分类变量	0.167	0.026	0.018	0.007	0.893	0.840
企业家创新意识分类变量	0.063	0.033	0.023	0.003	0.967	0.954
R&D 人员投入	0.459	0.036	0.026	0.033	0.527	0.494
R&D 经费支出	0.611	0.289	0.215	0.366	0.535	0.537

5.3.3.3 模型结果的进一步说明

基于 2007 年江苏省创新调查数据,通过最优尺度回归模型的验证,发现影响中国企业 R&D 投入绩效因素中,除 R&D 人员投入、R&D 经费支出是最直接因素外,企业规模、是否是高新技术企业、企业创新意识均是关键因素。从系数的大小来看,企业规模和 R&D 经费支出是影响 R&D 投入绩效的重中之重。由于江苏企业在全国企业中具有一定的代表性,其结果在一定程度上反映了影响中国企业 R&D 投入绩效的因素情况。这一结果与之前文献中所列明的国内外学者所研究结果具有较好的一致性。而值得一提的是本书首次将企业家创新意识变量纳入因素分析之中,进一步拓展了影响 R&D 投入绩效的研究视野。

因此,发展企业规模,创办高新技术企业或用高新技术改造传统企业,进一步提升企业家创新意识对中国企业 R&D 投入绩效的提升至关重要。

5.4 本章小结

本章首先对中国 R&D 投入的基本特点进行了分析,研究发现:中国 R&D 投入保持持续增长趋势、三大活动类型中的 R&D 投入差异较大、R&D 活动执行部门间经费支出差异大,资金来源集中、R&D 投入的区域和行业间差异较大等特点。其次,观察到我国 R&D 经费投入强度的变化呈现"S"形,而且根据发达国家和地区的经验表明,这一数值将会在未来时期保持在某一数值,其特征符合 Logistic 增长曲线的特征,故采用 Logistic 增长曲线对此进行拟合并展开预测。研究发现 R&D 投入强度指标与发展目标的不相符合,客观上是由于 R&D 投入与我国的工业化中级阶段的发展特征不相容所导致的。科技发展的"九五""十五"和"十一五"规划中所提出的 R&D 投入强度指标均未能有效实现,因此,在 R&D 投入上仍需要加大力度。第三,分析了中国 R&D 产出的特点,研究表明:各地区技术市场交易繁荣,按地区分布的国内三种专利申请受理数、专利申请授权数差异较大,国外主要检索工具收录我国论文总数及在世界上的位置不断提升,国内外职务与非职务三种专利申请受理和授权数特点鲜明。

此外,基于影响 R&D 投入绩效的一般因素分析,以江苏省企业创新调研数据为基础,提出若干假设,根据调研数据的特点,采用最优尺度回归模型对影响中国 R&D 投入绩效的微观关键因素进一步进行验证。研究表明:企业规模、高新技术企业分类变量、企业家创新意识分类变量、R&D 人员投入、R&D 经费支出是影响企业 R&D 投入绩效的关键因素。而企业规模、R&D 人员投入、R&D 经费支出对企业 R&D 投入绩效影响最大,表明现阶段企业 R&D 投入绩效离不开企业规模化的支持和人力、财力的投入。

6 基于区域与产业层面的中国 R&D 投入绩效评价的实证分析

在 R&D 投入绩效的理论评价体系的基础上,本章选择了基于区域和行业的评价对象,对我国区域和行业的 R&D 投入绩效展开实证分析,从而与理论分析相结合,共同探讨我国 R&D 投入绩效评价问题①。

6.1 基于区域层面的中国 R&D 投入绩效评价

6.1.1 指标体系的构建及数据准备

为了分析比较各省、直辖市、自治区研究与开发的状况,笔者根据建立指标体系的科学性、全面性、层次性、针对性以及可操作性原则,根据 R&D 评价的目的、内容,从 R&D 活动的环境、投入、产出、效率等方面初选了专利申请授权量(项)、R&D 经费(亿元)、专利申请数(件)等 37 项指标构成评价指标体系。在此基础上,根据指标数据的可获取性及研究的合目的性,经过多次甄别与筛选,最终确定了由 $X_1 \sim X_{12}$ 共 12 个指标组成评价指标体系:X_1 为高技术产业当年价总产值(亿元)、X_2 为国内有效专利数(件)、X_3 为高技术产品出口额(亿美元)、X_4 为 R&D 人员(万人年)、X_5 为 R&D 经费(亿元)、X_6 为万人口 R&D 人员研究人员全时当量(人)、X_7 为 R&D 经费占 GDP 的比重(%)、X_8 为研究与开发机构科技经费支

① 陈海波,刘洁:《我国工业企业 R&D 状况的区域比较分析》,《中国软科学》,2008 年第 1 期。

出占 GDP 的比重(%)、X_9 为地方财政科技拨款占地方财政支出的比重(%)、X_{10} 为各地区规模以上工业企业每项新产品项目的产值(万元/项)、X_{11} 为每亿元 R&D 经费支出的国外主要检索工具收录的科技论文数(篇/亿元)、X_{12} 为每亿元 R&D 经费支出的发明专利申请授权量(项/亿元)。本书选择了我国 31 个省市和自治区作为我国工业企业 R&D 评价单元,对 31 个省、自治区和直辖市 R&D 状况进行综合评价[①]。

6.1.2　中国 R&D 投入绩效的因子分析

运用统计分析软件 SPSS16.0 对原始数据进行处理。首先对数据进行正指标化判断并进行标准化处理,排除不同量纲的影响,然后构造因子模型,采用主成分分析法对公共因子进行提取及分析。

6.1.2.1　因子分析法适用性检验

因子分析法适用性检验可以通过 KMO 统计量和 Bartlett's 球形检验加以判定。KMO 统计量用于探查变量间的偏相关性,它比较的是各变量间的简单相关和偏相关的大小,取值范围在 0~1 之间,一般认为 KMO 大于 0.7 以上采用因子分析效果较好。Bartlett's 球形检验用于检验相关阵是否是单位阵,即各变量是否各自独立。KMO 统计量和 Bartlett's 球形检验如表 6-1 所示。表 6-1 显示 KMO 值为 0.738,数据适合做因子分析,Bartlett's 球形检验也能顺利通过。

表 6-1　*KMO* 和 Bartlett's 球形检验

取样足够多的 Kaiser-Meyer-Olkin 度量		0.738
Bartlett's 球形度检验	近似卡方	506.158
	df	66
	Sig.	0.000

---

① 数据来源于《中国科技统计年鉴》(2012)。

6.1.2.2　特征值选取及主因子确定

特征值在某种程度上是反映因子影响力大小的指标，如果特征值小于 1，说明该因子的解释力度还不如直接引入一个原变量的平均解释力度大。因此，通常可以用特征值大于 1 为纳入标准，选取因子。本书对因子的选取采取该标准，从表 6-2 可以看出，第一、二、三主因子特征值的累积贡献率达到 81.656%，说明 3 个主因子基本包括了 12 个指标的总信息量。为了便于对因子的解释，采用方差最大化正交旋转法使得因子间方差差异达到最大，旋转后的主因子的特征值和贡献率如表 6-2 所示。

第一主因子在 X_1，X_2，X_3，X_4，X_5 上有高载荷，而 X_1 为高技术产业当年价总产值（亿元）、X_2 为国内有效专利数（件）、X_3 为高技术产品出口额（亿美元）、X_4 为 R&D 人员（万人年）、X_5 为 R&D 经费（亿元）分别从不同侧面反映了 R&D 活动基础环境以及投入产出总量水平状况，故称之为 R&D 活动基础及投入产出总量因子。

第二主因子在 X_6，X_7，X_8，X_9 上有高载荷，而 X_6 为万人口 R&D 人员研究人员全时当量（人）、X_7 为 R&D 经费占 GDP 的比重（%）、X_8 为研究与开发机构科技经费支出占 GDP 的比重（%）、X_9 为地方财政科技拨款占地方财政支出的比重（%）反映了科研经费的投入强度，故称之为 R&D 投入强度因子。

第三主因子在 X_{10}，X_{11}，X_{12} 上有高载荷，而 X_{10} 为各地区规模以上工业企业每项新产品项目的产值（万元/项）、X_{11} 为每亿元 R&D 经费支出的国外主要检索工具收录的科技论文数（篇/亿元）、X_{12} 为每亿元 R&D 经费支出的发明专利申请授权量（项/亿元）反映了 R&D 活动的产出情况，故称之为 R&D 产出效率因子。

表 6-2　旋转后因子载荷阵、特征值、贡献率、累积贡献率

指标	第一主因子 F_1 R&D 活动基础及投入产出总量因子	第二主因子 F_2 R&D 投入强度因子	第三主因子 F_3 R&D 投入产出效率因子
X_1：高技术产业当年价总产值/亿元	0.971	0.030	0.041
X_2：国内有效专利数/件	0.942	0.172	0.025
X_3：高技术产品出口额/亿美元	0.927	0.037	0.077
X_4：R&D 人员/万人年	0.911	0.307	0.023
X_5：R&D 经费/亿元	0.845	0.479	0.010
X_6：万人口 R&D 人员研究人员全时当量/人	0.252	0.939	0.090
X_7：R&D 经费占 GDP 的比重/%	0.333	0.926	0.059
X_8：研究与开发机构科技经费支出占 GDP 的比重/%	−0.083	0.922	0.141
X_9：地方财政科技拨款占地方财政支出的比重/%	0.541	0.736	0.035
X_{10}：各地区规模以上工业企业每项新产品项目的产值/(万元/项)	0.151	−0.118	0.741
X_{11}：每亿元 R&D 经费支出的国外主要检索工具收录的科技论文数/(篇/亿元)	−0.281	0.341	0.651
X_{12}：每亿元 R&D 经费支出的发明专利申请授权量/(项/亿元)	0.080	0.110	0.583
特征值	4.814	3.629	1.356
贡献率/%	40.119	30.241	11.296
累积贡献率/%	40.119	70.360	81.656

6.1.2.3　因子得分和总评价得分

为了对我国省、直辖市、自治区的 R&D 活动进行科学分类和进一步评析，对三个主因子采用默认的回归法计算因子得分，并以主因子对总信息量的贡献率为权数加权，其公式为：

$$z = F_1 \times 0.401\,19 + F_2 \times 0.302\,41 + F_3 \times 0.112\,96$$

综合得分（Z）和总名次，如表 6-3 所示。

表 6-3 因子得分、总评价得分及排序表

地区	第一主因子 F_1 R&D 活动基础及投入产出总量因子		第二主因子 F_2 R&D 投入强度因子		第三主因子 F_3 R&D 产出效率因子		综合因子 Z	
	得分	名次	得分	名次	得分	名次	得分	名次
北京	−0.216 1	14	4.662 5	1	0.424 0	10	1.371 2	1
天津	−0.126 8	9	1.014 8	3	−1.028 9	29	0.139 8	7
河北	−0.250 8	15	−0.361 3	19	−0.660 5	27	−0.284 5	22
山西	−0.376 9	17	−0.324 1	16	−0.304 0	18	−0.283 6	21
内蒙古	−0.378 0	18	−0.562 8	28	−1.003 5	28	−0.435 2	28
辽宁	−0.086 9	8	0.197 6	7	−0.208 9	16	0.001 3	8
吉林	−0.500 6	22	−0.555 6	26	3.172 0	1	−0.010 5	9
黑龙江	−0.723 9	30	0.216 6	6	0.513 9	9	−0.166 9	18
上海	0.912 7	5	1.393 4	2	0.661 5	7	0.862 2	4
江苏	2.885 3	2	−0.107 0	12	−0.310 7	19	1.090 1	3
浙江	1.125 0	3	0.275 8	5	−0.252 5	17	0.506 2	5
安徽	−0.176 7	12	0.031 8	10	−0.556 4	23	−0.124 1	16
福建	0.098 2	6	−0.328 9	17	−0.141 2	15	−0.076 1	12
江西	−0.404 4	21	−0.437 5	22	−0.556 7	24	−0.357 4	25
山东	1.017 9	4	−0.047 6	11	−0.542 1	21	0.332 7	6
河南	−0.004 6	7	−0.319 1	15	−0.557 0	25	−0.161 2	17
湖北	−0.178 6	13	0.150 4	8	0.129 1	12	−0.011 6	10
湖南	−0.173 7	11	−0.388 2	21	0.742 9	6	−0.103 2	15
广东	3.686 7	1	−0.696 0	29	0.552 6	8	1.331 0	2
广西	−0.389 1	20	−0.469 4	23	−0.650 7	26	−0.371 5	26
海南	−0.564 5	26	−0.559 3	27	1.054 8	4	−0.276 5	20
重庆	−0.267 7	16	−0.538 7	25	1.699 7	2	−0.078 3	13
四川	−0.168 7	10	0.150 1	9	−0.544 7	22	−0.083 8	14
贵州	−0.382 5	19	−0.800 1	31	0.847 0	5	−0.299 9	23
云南	−0.585 0	27	−0.383 4	20	0.299 4	11	−0.316 8	24
西藏	−0.549 9	24	−0.709 8	30	−0.009 9	14	−0.436 4	29
陕西	−0.689 3	29	0.773 2	4	0.110 9	13	−0.030 2	11

地区	第一主因子 F_1 R&D 活动基础及投入产出总量因子		第二主因子 F_2 R&D 投入强度因子		第三主因子 F_3 R&D 产出效率因子		综合因子 Z	
	得分	名次	得分	名次	得分	名次	得分	名次
甘肃	−0.811 5	31	−0.170 9	13	1.224 1	3	−0.239 0	19
青海	−0.646 0	28	−0.290 0	14	−2.034 9	31	−0.576 8	31
宁夏	−0.551 3	25	−0.335 7	18	−1.674 9	30	−0.511 9	30
新疆	−0.522 1	23	−0.480 2	24	−0.394 3	20	−0.399 2	27

6.1.3 聚类及评价结果分析

6.1.3.1 聚类分析

为使评价结果更加直观、清晰,可对综合因子得分再进行聚类,以辅助分析。对表 6-3 的综合因子得分运用 SPSS16.0 聚类分析的最远邻元素法进行最优分割,可以将我国大陆各省、直辖市、自治区工业企业研究与开发的状况分为 4 类,如图 6-1 和表 6-4 所示。

表 6-4 我国大陆 R&D 投入绩效分类表

类别	省、直辖市、自治区								
第一类	北京	广东	江苏	上海					
第二类	浙江	山东							
第三类	天津 安徽	辽宁	吉林	湖北	陕西	福建	重庆	四川	湖南
第四类	河南 广西	黑龙江 新疆	甘肃 内蒙古	海南 西藏	山西 宁夏	河北 青海	贵州	云南	江西

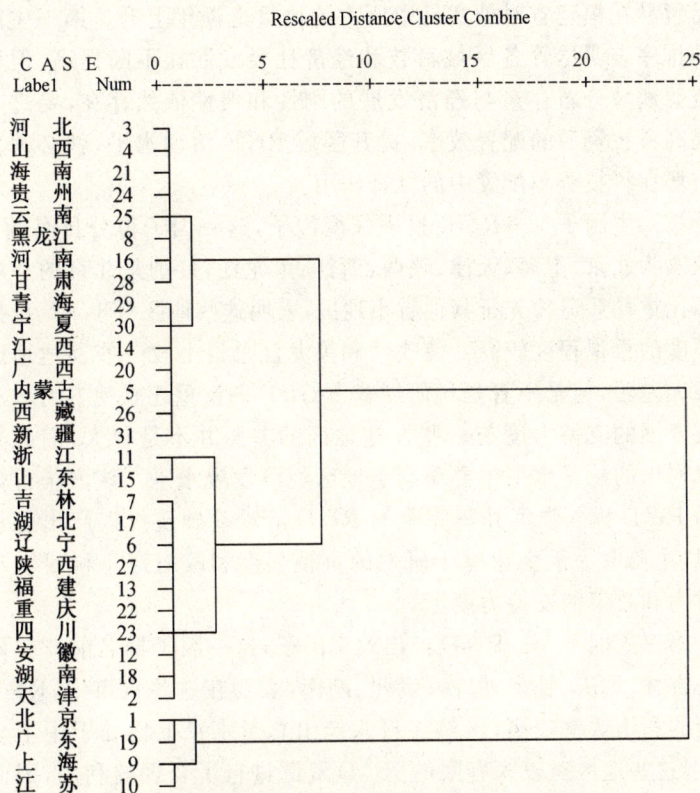

图 6-1　我国大陆 R&D 投入绩效聚类树状图

6.1.3.2　评价结果分析

第一主因子——R&D 活动基础及投入产出总量因子,其因子得分大致与我国目前科研力量以及经济发展的地域分布相匹配,反映了我国科研战略布局和高技术产业分布因素对区域 R&D 活动环境及投入构成的影响。前 6 位依次为广东、江苏、浙江、山东、上海、福建,其中引人注目的是福建省。福建省地处东部沿海,但地理位置优势、经济和科研环境明显次于广东、江苏、浙江、山东和上海这 5 个省市,且高技术产业起步较晚,技术水平较低,技术创新能力不强。但近年来福建省的高技术产业正逐步发展,高技术产品贸易在福建省对外贸易中所占的比重也逐年上升。第一主因子的排序表明尽管各区域科技和经济社会发展在不断提高,但科技资源地域分布存量与经济发展的刚性和惯性依然存在,要进一步提高科技资源的配置效率,提升区域 R&D 活动水平,就必须发挥市场在科技资源配置中的杠杆作用。

第二主因子——R&D 投入强度因子,这一因子得分排名前 6 位依次为北京、上海、天津、陕西、浙江、黑龙江,特别是北京的各项指标比重均遥遥领先于其他省市地区,表明这些地区对于 R&D 投入强度的重视程度较高。像陕西和黑龙江总量上较一些发达地区有很大差距,但是不管是科研经费占 GDP 的比重还是地方财政对科技发展的支持力度与一些发达地区的差距并不是很大,因此其投入产出的总量水平主要受制于地区经济发展水平。该因子得分说明 R&D 投入强度并不完全与 R&D 活动基础及投入产出总量一致,主要取决于企业对于研发的重视程度和政府对于科研活动的财力和政策的支持力度。

第三主因子——R&D 产出效率因子,这一因子排名前 6 位依次为吉林、重庆、甘肃、海南、贵州、湖南,表明在这些省市中,R&D 经费的利用效率较高,虽然在投入产出总量水平上均处于中下水平,但这些地区对较为有限的 R&D 资源进行了合理的利用,因而科技成果的产出水平较高。该因子得分靠前的地区如能适当地增加投入并保证产出效率,必然会有较高的产出水平,从而发挥其在区域经济协调发展中的作用。

再看综合因子,其得分在一定程度上反映了地区 R&D 活动绩效的综合水平。按照聚类分析所得到的结果,共分 4 类,如图 6-2 所示:

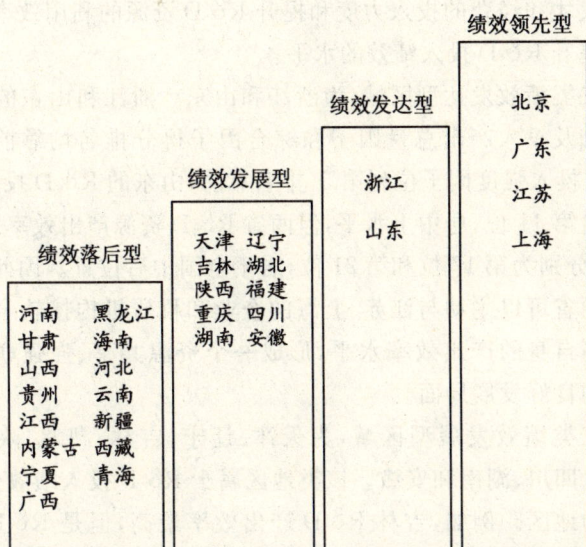

图 6-2　我国大陆 R&D 投入绩效阶梯分布图

　　第一类绩效领先型区域,为北京、广东、江苏和上海。北京作为中国的首都,是中国的政治、经济、文化中心,拥有众多科研机构和高校,是科技信息最集中,传播条件最好的地区,R&D 投入强度因子位列第一,但 R&D 活动基础及投入产出总量及 R&D 产出效率的排名分别为 14 和 10,有些靠后,因此需要加大科研资源——人才和经费的投入,更加有效利用 R&D 资源,提升产出能力。广东是我国最早开放的省份,靠近香港,外资企业数量多,较早接触海外高新技术,生产的高科技产品种类和数量上居全国前列,其 R&D 活动基础及投入产出总量列在全国首位,R&D 产出效率因子位居全国第 8 位,但 R&D 投入强度因子为第 29 位,有待于进一步加强。江苏和上海均地处长三角地区,卓越的地理优势和经济条件给高技术产业发展和科研活动提供了宽松的环境,上海的各个因子得分排名均靠前,而江苏虽 R&D 活动基础及投入产出总量列全国第二,但投入强度和产出效率的排名分别为 12 和 19,处于中等水平,因此需要进一步加大企业和政府两方面对于科研资源——人才和经费的投入力度和提升 R&D 资源的利用效率,从而进一步提升 R&D 投入绩效的水平。

第二类绩效发达型区域,为浙江和山东。浙江和山东的 R&D 活动基础及投入产出总量因子和综合因子得分排名均靠前,浙江的 R&D 投入强度因子位列第 5,排名靠前,山东的 R&D 投入强度因子排名第 11 位,居中上水平,但两省 R&D 资源产出效率水平有些落后,分别为第 17 位和第 21 位,居于全国中后位置。因此,浙江和山东两省可以主动与江苏、上海的企业和科研机构接轨合作,进一步提高自身的产出效率水平,形成一个资源共享、强强联合、共同进步的良好发展局面。

第三类绩效发展型区域,为天津、辽宁、吉林、湖北、陕西、福建、重庆、四川、湖南和安徽。该类地区属于 R&D 投入绩效处于中等水平的地区。例如,吉林 R&D 产出效率最高,但是 R&D 投入产出总量和投入强度却严重不足,因而投入水平偏低是制约海南 R&D 投入绩效提升的瓶颈。天津和辽宁在 R&D 活动基础及投入产出总量因子和 R&D 投入强度因子方面表现不错,但是产出效率有待进一步提高。湖北三个因子表现均一般,对于该类地区应抓住薄弱环节,加大力度,努力向第二类地区靠拢。

第四类绩效落后型区域,为河南、黑龙江、甘肃、海南、山西、河北、贵州、云南、江西、广西、新疆、内蒙古、西藏、宁夏、青海。这一类地区除黑龙江、河北和海南外均处于中西部,其特点是地区因子间水平差异悬殊或各因子与高水平地区因子得分差距大,在评价对象中居落后位置。该类地区在投入产出诸方面都需要加强,抓住西部开发、振兴东北老工业基地等一切有利时机,大力营造 R&D 投入的基础条件。

6.1.4 中国 R&D 投入绩效的判别分析

判别分析是从现有已知类别的样本数据中训练出一个判别函数来,对未知类别的数据进入,可以利用建立的函数来判断其类别。基于以上因子分析和聚类分析的结果,建立判别函数,进一步拓展对中国 R&D 投入绩效的评价。

6.1.4.1 变量的确定和选择

判别函数的类别变量从聚类分析的结果处获得,为了使判别函数的区分度更加明显,将聚类分析中的绩效领先型区域分为领先Ⅰ型和领先Ⅱ型,使得总的类别变量变为 1—绩效领先Ⅰ型、2—绩效领先Ⅱ型、3—绩效发达型、4—绩效发展型、5—绩效落后型。

对于选入建立判别函数所需的自变量,初选用于因子分析的所有 12 个变量,在建立判别函数的过程中,可以使用逐步法来进行筛选。

6.1.4.2 领域图与未标准化典型判别函数

(1) 特征值

特征值如表 6-5 所示。前两个函数的累积贡献率达到了99.4%,取前两个函数就可以较为准确地判断类别情形了。

表 6-5 百分比

函数	特征值	方差的百分比/%	累积/%	正则相关性
1	65.178	95.5	95.5	0.992
2	2.644	3.9	99.4	0.852
3	0.302	0.4	99.9	0.482
4	0.092	0.1	100.0	0.290

(2) 未标准化典型判别函数

未标准化典型判别函数系数如表 6-6 所示。使用未标准化典型判别函数计算坐标值时,不需要将原始变量进行标准化,比较容易对未知类别的区域进行判别。依据表 6-6,可以得到函数式:

表 6-6   典型判别式函数系数

	函数系数			
	1	2	3	4
高技术产品出口额/(亿美元)	0.010	0.006	−0.001	0.000
R&D 经费/(亿元)	0.004	−0.008	0.004	−0.002
研究与开发机构科技经费支出占 GDP 的比重/%	4.242	2.575	1.212	−0.016
地方财政科技拨款占地方财政支出的比重/%	1.051	−0.506	−0.923	0.402
各地区规模以上工业企业每项新产品项目的产值/(万元/项)	0.000	0.000	0.000	0.001
常量	−8.139	1.536	−0.319	−2.207

注：非标准化系数。

$D_1 = -8.139 + 0.010 \times$ 高技术产品出口额 $+ 0.004 \times$ R&D 经费 $+ 4.242 \times$ 研究与开发机构科技经费支出占 GDP 的比重 $+ 1.051 \times$ 地方财政科技拨款占地方财政支出的比重 $+ 0.000 \times$ 各地区规模以上工业企业每项新产品项目的产值

$D_2 = 1.536 + 0.006 \times$ 高技术产品出口额 $- 0.008 \times$ R&D 经费 $+ 2.575 \times$ 研究与开发机构科技经费支出占 GDP 的比重 $- 0.506 \times$ 地方财政科技拨款占地方财政支出的比重 $+ 0.000 \times$ 各地区规模以上工业企业每项新产品项目的产值

计算出坐标值,然后查领域图,可以判断出该未知类别的分类情况。

```
                              Territorial Map
                  (Assuming all functions but the first two are zero)
Canonical Discriminant
Function 2
      -32.0     -24.0     -16.0      -8.0       .0       8.0      16.0      24.0      32.0
 32.0 +---------+---------+---------+---------+--------+---------+---------+---------+
                                                       51
                                                       51
                                                       5421
                                                       54221
                                                       544221
                                                       5442 21
 24.0       +         +         +         +        54  42  21          +         +
                                                 54   42   21
                                                 54   42   21
                                                54    42    21
                                                54    42    21
                                               54    42    21
                                               54    42    21
 16.0       +         +         +         +   54   42   21   +         +
                                             54    42    21
                                             54    42    21
                                            54    42    21
                                            54    42    21
 8.0        +         +         +         +  54    42    21       +
                                           54    42    21
                                           54    42     21
                                           54    42     21
                                         * 54      442    21   *
 .0         +         +         +        54*+   44332   32    *+ 21        +        +
                                         54   44433  32           21
                                         54  444333    32          21
                                        54444333       32          21
                                        54333   *      32          21
 -8.0       +         +         +      5533       +   32       + 21        +
                                       533           32           21
                                      5533           32           21
                                      533            32           21
                                     553             32           21
                                     533             32           21
 -16.0      +         +   553     +               32 +       + 21        +
                                   533               32           21
                                   553               32           21
                                  5533               32           21
                                  533                32           21
                                 553                 32           21
 -24.0      +       +  533        +         +         +     32    + 21
                       553                           32           21
                      5533                           32           21
                      533                            32           21
                     553                             32           21
                     533                             32           21
 -32.0 +553          +---------+---------+---------+--------+---------+  32   +   21
      -32.0     -24.0     -16.0      -8.0       .0       8.0      16.0      24.0      32.0
                           Canonical Discriminant Function 1
```

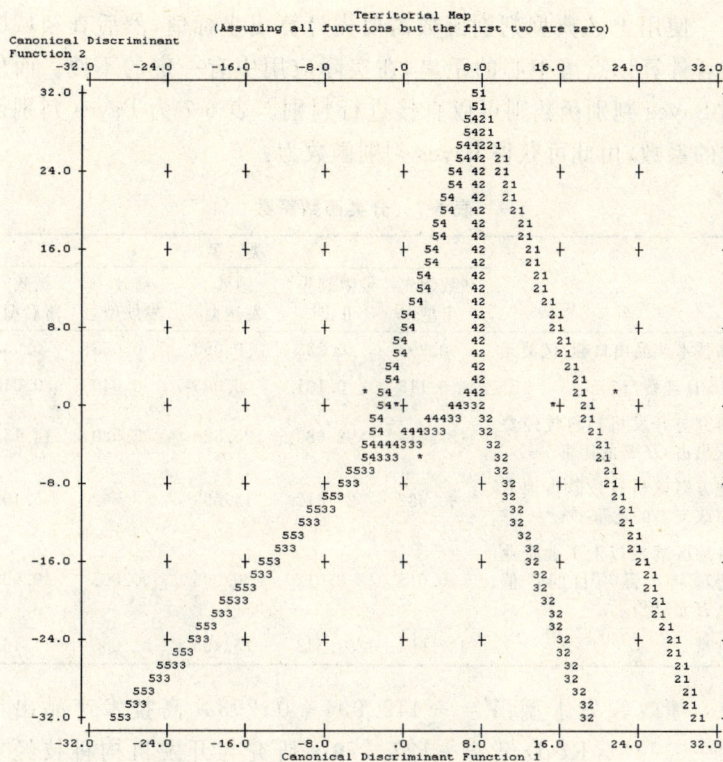

Symbols used in territorial map

Symbol	Group	Label
1	1	绩效领先 I 型
2	2	绩效领先 II 型
3	3	绩效发达型
4	4	绩效发展型
5	5	绩效落后型
*		Indicates a group centroid

图 6-3   判别分析的领域图

6.1.4.3　Bayes 判别函数

使用上述典型判别函数需要先计算出坐标值,然后查领域图或者计算该点离中心的距离,在实际应用中有一定的不便。而使用 Bayes 判别函数则可以直接进行判别。表 6-7 为 Bayes 判别函数的系数,由此可获得 Bayes 判别函数为:

表 6-7　分类函数系数

	类　型				
	绩效领先Ⅰ型	绩效领先Ⅱ型	绩效发达型	绩效发展型	绩效落后型
高技术产品出口额/亿美元	0.293	0.223	0.060	0.058	0.033
R&D 经费/亿元	0.118	0.101	0.095	0.040	0.018
研究与开发机构科技经费支出占 GDP 的比重/%	127.779	92.680	25.528	25.520	14.159
地方财政科技拨款占地方财政支出的比重/%	30.682	27.812	14.093	8.862	5.109
各地区规模以上工业企业每项新产品项目的产值/(万元/项)	0.015	0.012	0.006	0.005	0.003
常量	−442.994	−281.343	−75.165	−31.090	−11.162

绩效领先Ⅰ型:$Y = -442.994 + 0.293 \times$ 高技术产品出口额 $+ 0.118 \times$ R&D 经费 $+ 127.779 \times$ 研究与开发机构科技经费支出占 GDP 的比重 $+ 30.682 \times$ 地方财政科技拨款占地方财政支出的比重 $+ 0.015 \times$ 各地区规模以上工业企业每项新产品项目的产值。

绩效领先Ⅱ型:$Y = -281.343 + 0.223 \times$ 高技术产品出口额 $+ 0.101 \times$ R&D 经费 $+ 92.680 \times$ 研究与开发机构科技经费支出占 GDP 的比重 $+ 27.812 \times$ 地方财政科技拨款占地方财政支出的比重 $+ 0.012 \times$ 各地区规模以上工业企业每项新产品项目的产值。

绩效发达型:$Y = -75.165 + 0.060 \times$ 高技术产品出口额 $+ 0.095 \times$ R&D 经费 $+ 25.528 \times$ 研究与开发机构科技经费支出占 GDP 的比重 $+ 14.093 \times$ 地方财政科技拨款占地方财政支出的比重 $+$

0.006×各地区规模以上工业企业每项新产品项目的产值。

绩效发展型：$Y=-31.090+0.058×$高技术产品出口额$+$0.040×R&D 经费$+25.520×$研究与开发机构科技经费支出占 GDP 的比重$+8.862×$地方财政科技拨款占地方财政支出的比重$+$0.005×各地区规模以上工业企业每项新产品项目的产值。

绩效落后型：$Y=-11.162+0.033×$高技术产品出口额$+$0.018×R&D 经费$+14.159×$研究与开发机构科技经费支出占 GDP 的比重$+5.109×$地方财政科技拨款占地方财政支出的比重$+0.003×$各地区规模以上工业企业每项新产品项目的产值。

利用这些判别式直接计算新观测区域属于各类的评分，得分最高的一类就是该观测区域相应的类别。

6.1.4.4 判别函数的交互检验

交互检验是近年来逐渐发展起来的一种非常重要的判别效果验证技术。表 6-8 显示已对初始分组案例中的 96.8% 进行了正确分类，对交互验证分组案例中的 87.1% 进行了正确分类。判别的准确率较高，判别函数较为稳定，可以用此判别函数对未知的新观测区域进行合理的分类。

表 6-8 分类结果

	类型	预测组成员					合计
		绩效领先Ⅰ型	绩效领先Ⅱ型	绩效发达型	绩效发展型	绩效落后型	
初始	计数 绩效领先Ⅰ型	2	0	0	0	0	2
	绩效领先Ⅱ型	0	2	0	0	0	2
	绩效发达型	0	0	2	0	0	2
	绩效发展型	0	0	0	10	0	10
	绩效落后型	0	0	0	1	14	15
	百分比 绩效领先Ⅰ型	100.0	0	0	0	0	100.0
	绩效领先Ⅱ型	0	100.0	0	0	0	100.0
	绩效发达型	0	0	100.0	0	0	100.0
	绩效发展型	0	0	0	100.0	0	100.0
	绩效落后型	0	0	0	6.7	93.3	100.0

	类型	预测组成员					合计
		绩效领先 Ⅰ型	绩效领先 Ⅱ型	绩效 发达型	绩效 发展型	绩效 落后型	
交互验证	计数						
	绩效领先Ⅰ型	0	1	1	0	0	2
	绩效领先Ⅱ型	0	2	0	0	0	2
	绩效发达型	0	0	2	0	0	2
	绩效发展型	0	0	1	9	0	10
	绩效落后型	0	0	0	1	14	15
	百分比						
	绩效领先Ⅰ型	0	50.0	50.0	0	0	100.0
	绩效领先Ⅱ型	0	100.0	0	0	0	100.0
	绩效发达型	0	0	100.0	0	0	100.0
	绩效发展型	0	0	10.0	90.0	0	100.0
	绩效落后型	0	0	0	6.7	93.3	100.0

注：a. 仅对分析中的案例进行交互验证。在交互验证中，每个案例都是按照从该
案例以外的所有其他案例派生的函数来分类的。

b. 已对初始分组案例中的 96.8% 进行了正确分类。

c. 已对交互验证分组案例中的 87.1% 进行了正确分类。

6.1.4.5 判别函数的结果说明

利用判别函数进行判别，其结果与原始分类对比如表 6-9
所示。

表 6-9 我国大陆区域原分类与判别函数的预测分类比较

地区	原分类	预测分类
北京	1	1
天津	4	4
河北	5	5
山西	5	5
内蒙古	5	5
辽宁	4	4
吉林	4	4
黑龙江	5	5
上海	2	2
江苏	2	2

地区	原分类	预测分类
浙江	3	3
安徽	4	4
福建	4	4
江西	5	5
山东	3	3
河南	5	4
湖北	4	4
湖南	4	4
广东	1	1
广西	5	5
海南	5	5
重庆	4	4
四川	4	4
贵州	5	5
云南	5	5
西藏	5	5
陕西	4	4
甘肃	5	5
青海	5	5
宁夏	5	5
新疆	5	5

注：1—绩效领先Ⅰ型、2—绩效领先Ⅱ型、3—绩效发达型、4—绩效发展型、5—绩效落后型。

仅河南省 1 例的预测分类与原始分类存在差异。原始分类中河南省属于绩效落后型区域，而预测分类中属于绩效发展型区域，原因可能是逐步判别损失了一些信息，尽管如此，利用判别函数对样本的判别准确率已达到了 96.8%，可以用于在一定时期内的区域 R&D 投入绩效进行有效的判别。

此外，判别函数还简化了原有因子分析的 12 个指标评价，通过逐步判别分析，判别函数中使用了高技术产品出口额、R&D 经费、研究与开发机构科技经费支出占 GDP 的比重、地方财政科技拨款占地方财政支出的比重、各地区规模以上工业企业每项新产品项目的产值等 5 个指标。

同时,判别函数也可进一步验证上述 5 个指标对中国 R&D 投入的重要影响。与 3.3 节中影响 R&D 投入绩效的因素分析相呼应,R&D 经费是对 R&D 投入绩效直接影响因素,地方财政科技拨款占地方财政支出的比重和研究与开发机构科技经费支出占 GDP 的比重表明了政府和企业的支持力度和影响力,高技术产品出口额体现了 R&D 投入的潜在产出,对 R&D 投入绩效至关重要,亦体现了对外贸易对 R&D 投入绩效的重要性。各地区规模以上工业企业每项新产品项目的产值则表明了 R&D 投入的直接产出。在筛选中与专利相关的指标被舍弃,有可能在目前的状况下,仅专利申请量、授权量等指标还不足以体现 R&D 投入绩效,反而不如高技术产品出口额等指标体现得更直接。

6.2　基于产业层面的中国 R&D 投入绩效评价

6.2.1　DEA 模型应用的意义

数据包络分析(DEA)是一种根据同一类决策单元(DMU)的输入输出数据来评价各决策单元相对有效性的多指标评价方法。目前,该方法对社会系统多投入和多产出相对有效性评价具有其他分析方法不可比拟的优势,尤其是对绩效的评估上。产业层面中的 R&D 投入绩效评价同样包括 R&D 投入和 R&D 产出两大类指标,考虑到产业层面 R&D 投入绩效评价多注重于综合技术效率、技术效率、规模效率以及规模收益等问题,故本书对产业层面数据,选择 R&D 投入绩效评价指标体系,利用 DEA 分析法来评价 R&D 投入绩效。

6.2.2　指标选择与数据准备

在建模过程中,根据数据的可得性、连续性和分析的全面性,以理论指标体系为基础上,本书选取 2011 年工业企业规模以上行业的 R&D 投入指标:X_1 为 R&D 人员(人)、X_2 为 R&D 人员全时当量(人年)、X_3 为 R&D 经费(万元);而 R&D 产出指标则选取 Y_1

为主营业务收入（万元）、Y_2 为新产品销售收入（万元）、Y_3 为新产品开发项目数（项）、Y_4 为专利申请数（件）、Y_5 为拥有发明专利数（件）。（具体数据如附表 2 所示）

6.2.3 中国行业 R&D 投入绩效的实证分析

在设置参数、变量及选定所用模型上，DMU 个数为 37，即总体样本个数为 37 个行业数，选用 C^2GS^2 模型，综合结果如表 6-10 所示。

表 6-10 中国各行业 R&D 投入的 DEA 效率及规模收益

排序	行业	综合技术效率	技术效率值	规模效率值	规模收益
1	黑色金属矿采选业	1.000	1.000	1.000	不变
2	烟草制品业	1.000	1.000	1.000	不变
3	木材加工及木、竹、藤、棕、草制品业	1.000	1.000	1.000	不变
4	家具制造业	1.000	1.000	1.000	不变
5	文教体育用品制造业	1.000	1.000	1.000	不变
6	塑料制品业	1.000	1.000	1.000	不变
7	通信设备、计算机及其他电子设备制造业	1.000	1.000	1.000	不变
8	电力、热力的生产和供应业	1.000	1.000	1.000	不变
9	燃气生产和供应业	1.000	1.000	1.000	不变
10	水的生产和供应业	1.000	1.000	1.000	不变
11	石油加工、炼焦及核燃料加工业	0.954	1.000	0.954	递减
12	仪器仪表及文化、办公用机械制造业	0.862	1.000	0.862	递减
13	医药制造业	0.848	1.000	0.848	递减
14	电气机械及器材制造业	0.818	1.000	0.818	递减
15	农副食品加工业	0.804	1.000	0.804	递减

排序	行业	综合技术效率	技术效率值	规模效率值	规模收益
16	皮革、毛皮、羽毛(绒)及其制品业	0.741	0.844	0.878	递减
17	专用设备制造业	0.738	1.000	0.738	递减
18	食品制造业	0.725	0.742	0.977	递减
19	金属制品业	0.720	1.000	0.720	递减
20	工艺品及其他制造业	0.710	0.734	0.968	递减
21	通用设备制造业	0.666	1.000	0.666	递减
22	化学原料及化学制品制造业	0.660	1.000	0.660	递减
23	橡胶制品业	0.606	0.610	0.993	递增
24	纺织业	0.596	1.000	0.596	递减
25	交通运输设备制造业	0.587	1.000	0.587	递减
26	纺织服装、鞋、帽制造业	0.574	0.766	0.749	递减
27	有色金属冶炼及压延加工业	0.559	0.889	0.628	递减
28	印刷业和记录媒介的复制	0.558	0.560	0.997	递增
29	非金属矿物制品业	0.547	0.717	0.763	递减
30	化学纤维制造业	0.492	0.499	0.986	递减
31	造纸及纸制品业	0.484	0.509	0.952	递减
32	黑色金属冶炼及压延加工业	0.464	1.000	0.464	递减
33	饮料制造业	0.461	0.476	0.970	递减
34	非金属矿采选业	0.414	0.418	0.990	递增
35	有色金属矿采选业	0.359	0.359	1.000	不变
36	石油和天然气开采业	0.227	0.231	0.981	递减
37	煤炭开采和洗选业	0.204	0.332	0.615	递减

表 6-11 为我国各行业 DEA 无效情况下 R&D 投入、产出调整方向与数量。

表 6-11　我国各行业 DEA 无效情况下 R&D 投入、产出调整方向与数量

序号	行　业	综合技术效率值	投入冗余量 s^-			产出不足量 s^+				
			R&D人员/人	R&D人员全时当量/人年	R&D经费/万元	主营业务收入/万元	新产品销售收入/万元	新产品开发项目数/项	专利申请数/件	拥有发明专利数/件
3	黑色金属矿采选业	1.000	0.000	0.000	0.000	0.000	0.000	0.000	0.000	0.000
9	烟草制品业	1.000	0.000	0.000	0.000	0.000	0.000	0.000	0.000	0.000
13	木材加工及木、竹、藤、棕、草制品业	1.000	0.000	0.000	0.000	0.000	0.000	0.000	0.000	0.000
14	家具制造业	1.000	0.000	0.000	0.000	0.000	0.000	0.000	0.000	0.000
17	文教体育用品制造业	1.000	0.000	0.000	0.000	0.000	0.000	0.000	0.000	0.000
23	塑料制品业	1.000	0.000	0.000	0.000	0.000	0.000	0.000	0.000	0.000
32	通信设备、计算机及其他电子设备制造业	1.000	0.000	0.000	0.000	0.000	0.000	0.000	0.000	0.000
35	电力、热力的生产和供应业	1.000	0.000	0.000	0.000	0.000	0.000	0.000	0.000	0.000
36	燃气生产和供应业	1.000	0.000	0.000	0.000	0.000	0.000	0.000	0.000	0.000
37	水的生产和供应业	1.000	0.000	0.000	0.000	0.000	0.000	0.000	0.000	0.000
18	石油加工、炼焦及核燃料加工业	0.954	0.000	0.000	0.000	0.000	0.000	0.000	0.000	0.000
33	仪表及文化、办公用机械制造业	0.862	0.000	0.000	0.000	0.000	0.000	0.000	0.000	0.000
20	医药制造业	0.848	0.000	0.000	0.000	0.000	0.000	0.000	0.000	0.000
31	电气机械及器材制造业	0.818	0.000	0.000	0.000	0.000	0.000	0.000	0.000	0.000
6	农副食品加工业	0.804	0.000	0.000	0.000	0.000	0.000	0.000	0.000	0.000

续表

序号	行业	综合技术效率值	投入冗余量 s^-				产出不足量 s^+			
			R&D人员/人	R&D人员全时当量/人年	R&D经费/万元	主营业务收入/万元	新产品销售收入/万元	新产品开发项目数/项	专利申请数/件	拥有发明专利数/件
12	皮革、毛皮、羽毛(绒)及其制品业	0.741	0.000	1 092.758	0.000	0.000	0.000	0.000	684.088	241.858
29	专用设备制造业	0.738	0.000	0.000	0.000	0.000	0.000	0.000	0.000	0.000
7	食品制造业	0.725	2 285.078	0.000	54 269.532	0.000	0.000	0.000	355.772	0.000
27	金属制品业	0.720	0.000	0.000	0.000	0.000	0.000	0.000	0.000	0.000
34	工艺品及其他制造业	0.710	1 238.518	669.982	0.000	0.000	0.000	0.000	603.688	0.000
28	通用设备制造业	0.666	0.000	0.000	0.000	0.000	0.000	0.000	0.000	0.000
19	化学原料及化学制品制造业	0.660	0.000	0.000	0.000	0.000	0.000	0.000	0.000	0.000
22	橡胶制品业	0.606	385.162	0.000	74 821.996	11 730 723.535	0.000	0.000	187.169	0.000
10	纺织业	0.596	0.000	0.000	0.000	0.000	0.000	0.000	0.000	0.000
30	交通运输设备制造业	0.587	0.000	0.000	0.000	0.000	0.000	0.000	0.000	0.000
11	纺织服装、鞋、帽制造业	0.574	2 881.591	4 037.676	0.000	0.000	0.000	0.000	0.000	479.874
26	有色金属冶炼及压延加工业	0.559	2 344.505	0.000	217 672.511	0.000	0.000	1 100.748	0.000	0.000
16	印刷业和记录媒介的复制	0.558	240.644	0.000	0.000	0.000	0.000	0.000	474.296	0.000
24	非金属矿物制品业	0.547	369.314	0.000	0.000	0.000	0.000	0.000	338.826	76.443
21	化学纤维制造业	0.492	0.000	917.253	84 585.810	1 259 999.610	0.000	0.000	0.000	0.000
15	造纸及纸制品业	0.484	704.392	704.392	54 503.541	0.000	0.000	0.000	0.000	0.000

续表

序号	行　业	综合技术效率值	投入冗余量 s^-			产出不足量 s^+				
			R&D人员/人	R&D人员全时当量/人年	R&D经费/万元	主营业务收入/万元	新产品销售收入/万元	新产品开发项目数/项	专利申请数/件	拥有发明专利数/件
25	黑色金属冶炼及压延加工业	0.464	0.000	0.000	0.000	0.000	0.000	0.000	0.000	0.000
8	饮料制造业	0.461	0.000	0.000	34 868.360	0.000	0.000	0.000	281.197	112.046
5	非金属矿采选业	0.414	0.000	329.978	0.000	0.000	0.000	0.000	129.814	0.000
4	有色金属矿采选业	0.359	1.512	0.000	18 640.905	0.000	0.000	46.186	84.209	0.000
2	石油和天然气开采业	0.227	0.000	1 312.579	10 106.293	0.000	2 295 974.601	0.000	0.000	0.000
1	煤炭开采和洗选业	0.204	0.000	709.325	0.000	0.000	0.000	236.011	2 022.003	831.612

由表 6-10 的评价结果可以得到 37 个行业的综合技术效率,将其分为 4 类,如表 6-12 所示。

表 6-12   中国 R&D 投入行业绩效的分类

绩效分类	综合技术效率程度	综合效率值分布	行　业	行业数/个	比例/%
绩效领先型	DEA有效	$\theta=1$	黑色金属矿采选业 烟草制品业 木材加工及木、竹、藤、棕、草制品业 家具制造业 文教体育用品制造业 塑料制品业 通信设备、计算机及其他电子设备制造业 电力、热力的生产和供应业 燃气生产和供应业 水的生产和供应业	10	27
绩效发达型	轻度DEA无效	$0.8\leqslant\theta<1$	石油加工、炼焦及核燃料加工业 仪器仪表及文化、办公用 机械制造业 医药制造业 电气机械及器材制造业 农副食品加工业	5	13
绩效发展型	中度DEA无效	$0.5\leqslant\theta<0.8$	皮革、毛皮、羽毛(绒)及其制品业 专用设备制造业 食品制造业 金属制品业 工艺品及其他制造业 通用设备制造业 化学原料及化学制品制造业 橡胶制品业 纺织业 交通运输设备制造业 纺织服装、鞋、帽制造业 有色金属冶炼及压延加工业 印刷业和记录媒介的复制 非金属矿物制品业	14	38

绩效 分类	综合技术 效率程度	综合效率 值分布	行 业	行业 数/个	比例 /%
绩效 落 后 型	严重 DEA 无效	$\theta < 0.5$	化学纤维制造业 造纸及纸制品业 黑色金属冶炼及压延加工业 饮料制造业 非金属矿采选业 有色金属矿采选业 石油和天然气开采业 煤炭开采和洗选业	8	22

6.2.3.1 绩效领先型行业分析——DEA 有效

黑色金属矿采选业,烟草制品业,木材加工及木、竹、藤、棕、草制品业,家具制造业,文教体育用品制造业,塑料制品业,通信设备、计算机及其他电子设备制造业,电力、热力的生产和供应业,燃气生产和供应业以及水的生产和供应业等 10 个行业处于 DEA 有效状态,说明对这些行业的 R&D 投入来说,既是规模有效又是技术有效。即除非增加一种或多种新的投入,或减少某些种类的产出否则无法再增加任何现有的产出量,而且他们的投入产出规模收益不变,即每增加一单位的投入;产出的增加也为一单位,反映出这些行业 R&D 投入产出的最优性,这些行业可以继续保持这种生产状态,保持 R&D 投入绩效领先水平。

6.2.3.2 绩效发达型行业分析——轻度 DEA 无效

石油加工、炼焦及核燃料加工业,仪器仪表及文化、办公用机械制造业,医药制造业,电气机械及器材制造业,农副食品加工业五个行业属于轻度的 DEA 无效状态,为绩效发达型行业。但由于技术效率为 1,因此技术有效。这些行业的资源配置合理,管理水平较高,达到了技术有效;其 DEA 无效的原因主要在于它们的规模效率较低。从规模收益角度看,这五个行业均处于规模收益递减状态,即增加一单位的 R&D 投入只能带来小于一单位的产出。因此,应适当降低这些行业的投入以提高效率,即在现有的产出水平下,可以倍数地减少 R&D 投入,而产出不变。

6.2.3.3　绩效发展型行业分析——中度 DEA 无效

皮革、毛皮、羽毛(绒)及其制品业,专用设备制造业,食品制造业,金属制品业,工艺品及其他制造业,通用设备制造业,化学原料及化学制品制造业,纺织业,交通运输设备制造业,纺织服装、鞋、帽制造业,有色金属冶炼及压延加工业和非金属矿物制品业等 14个行业属于中度 DEA 无效,为绩效发展型行业。

结合技术效率情况,可进一步将这些行业分为两类:

(1) 技术有效行业,包括专用设备制造业、金属制品业、通用设备制造业、化学原料及化学制品制造业、纺织业、交通运输设备制造业等 6 个行业。这些行业的技术效率为 1,表明它们的资源搭配合理,管理水平较高,它们的 DEA 无效的原因,主要在于规模效率较低,这些行业均处于规模收益递减状态,因此应适当降低这些行业的投入以提高效率。

(2) 非技术有效行业,包括皮革、毛皮、羽毛(绒)及其制品业,食品制造业,工艺品及其他制造业,橡胶制品业,纺织服装、鞋、帽制造业,有色金属冶炼及压延加工业,印刷业和记录媒介的复制和非金属矿物制品业 8 个行业。这些行业之所以 DEA 无效,既是由于 R&D 生产能力和管理水平不高(技术效率低)导致,也是由于 R&D 投入规模不适当造成的。

结合规模收益情况,可将这些行业继续细分为两类:一是规模收益递增,包括橡胶制品业、印刷业和记录媒介的复制两个行业;二是规模收益递减,包括皮革、毛皮、羽毛(绒)及其制品业,专用设备制造业,食品制造业,金属制品业,工艺品及其他制造业,通用设备制造业,化学原料及化学制品制造业,纺织业,交通运输设备制造业,纺织服装、鞋、帽制造业、有色金属冶炼及压延加工业和非金属矿物制品业等 12 个行业。

6.2.3.4　绩效落后型行业分析——严重 DEA 无效

化学纤维制造业、造纸及纸制品业、黑色金属冶炼及压延加工业、饮料制造业、非金属矿采选业、有色金属矿采选业、石油和天然气开采业、煤炭开采和洗选业 8 个行业属于严重 DEA 无效行业,即绩效落后型行业。特别是煤炭开采和洗选业的综合技术效率仅为 0.265,石油和天然气开采业综合技术效率仅为 0.204。

结合技术效率情况,可进一步将这些行业分为两类:

(1) 技术有效行业,仅黑色金属冶炼及压延加工业一个行业。

(2) 非技术有效行业,包括化学纤维制造业、造纸及纸制品业、饮料制造业、非金属矿采选业、有色金属矿采选业、石油和天然气开采业、煤炭开采和洗选业等 7 个行业。

结合规模收益情况,可将这些行业继续细分为 3 类:一是规模收益递减,包括饮料制造业、造纸及纸制品业、黑色金属冶炼及压延加工业、饮料制造业、石油和天然气开采业、煤炭开采和洗选业等 6 个行业。二是规模收益递增,包括非金属矿采选业。三是规模收益不变,包括有色金属矿采选业。

6.3 本章小结

本章研究了理论评价指标体系,基于区域层面,据 R&D 投入绩效评价的目的、内容,从 R&D 活动的环境、投入、产出、效率等方面初选了 R&D 人员投入、R&D 内部经费支出、专利申请数等指标中,根据指标数据的可获取性及研究的合目的性,选择多元统计分析中的因子分析、聚类分析方法,经过多次甄别与筛选,最终确定了由 $X_1 \sim X_{12}$ 共 12 个指标构成评价指标体系,对基于区域层面的中国 R&D 投入绩效展开评价并通过逐步判别分析技术建立了判别函数,进一步拓展了评价的空间。同时根据产业层面 R&D 投入绩效的特点,选择适当的 R&D 投入产出指标,选取 R&D 投入指标:X_1 为 R&D 人员(人)、X_2 为 R&D 人员全时当量(人年)、X_3 为 R&D 经费(万元);而 R&D 产出指标则选取 Y_1 为主营业务收入(万元)、Y_2 为新产品销售收入(万元)、Y_3 为新产品开发项目数(项)、Y_4 为专利申请数(件)、Y_5 为拥有发明专利数(件)。运用 DEA 方法对产业层面的中国 R&D 投入绩效展开评价。

研究表明:在区域层面,R&D 投入绩效可分为四类,第一类是绩效领先型区域,包括广东、江苏。第二类是绩效发达型区域,包括北京、上海、浙江和山东。第三类是绩效发展型区域,包括天津、辽宁、福建、吉林、湖北、重庆、湖南、四川、河南、安徽和陕西。第四类是绩效落后型区域,包括黑龙江、河北、贵州、山西、海南、甘肃、云南、江西、广西、新疆、内蒙古、西藏、宁夏、青海。

在行业层面,R&D 投入绩效也分为四类,第一类是绩效领先型行业分析——DEA 有效,包括黑色金属矿采选业,烟草制品业,木材加工及木、竹、藤、棕、草制品业,家具制造业,文教体育用品制造业,塑料制品业,通信设备、计算机及其他电子设备制造业,电力、热力的生产和供应业,燃气生产和供应业,水的生产和供应业10 个行业;第二类是绩效发达型行业分析——轻度 DEA 无效,包括石油加工、炼焦及核燃料加工业,仪器仪表及文化,办公用机械制造业,医药制造业,电气机械及器材制造业,农副食品加工业 5 个行业;第三类是绩效发展型行业分析——中度 DEA 无效,包括皮革、毛皮、羽毛(绒)及其制品业,专用设备制造业,食品制造业,金属制品业,工艺品及其他制造业,通用设备制造业,化学原料及化学制品制造业,橡胶制品业,纺织业,交通运输设备制造业,纺织服装、鞋、帽制造业,有色金属冶炼及压延加工业,印刷业和记录媒介的复制,非金属矿物制品业14 个行业;第四类是绩效落后型行业分析——严重 DEA 无效,包括化学纤维制造业、造纸及纸制品业、黑色金属冶炼及压延加工业、饮料制造业、非金属矿采选业、有色金属矿采选业、石油和天然气开采业、煤炭开采和洗选业 8 个行业。

7 基于宏观数据的中国 R&D 投入绩效系统动态仿真模型分析

R&D 投入绩效系统是"动态性复杂"的系统。本章基于系统动力学模型的基础,探讨 R&D 投入绩效系统,并将经济增长纳入其中,研究 R&D 投入绩效与经济增长之间的关联性,并采集相关数据进行系统动力仿真模拟,进一步探讨 R&D 投入绩效的动态变化问题。

7.1 中国 R&D 投入绩效系统分析

R&D 投入绩效系统在 R&D 投入活动过程中,会与政府政策、国民经济发展、人口变动等子系统发生相互关联。

7.1.1 中国 R&D 投入绩效系统的任务

建立 R&D 投入绩效的系统动力学模型主要任务是研究国民经济子系统、R&D 投入子系统、人口子系统与政府政策子系统之间的相互关系,在 R&D 投入绩效系统运行过程中 R&D 投入绩效的动态变化,对经济增长产生的影响以及经济增长如何反作用于 R&D 投入及其绩效。

7.1.2 中国 R&D 投入绩效系统建立思想及子系统简介

中国 R&D 投入绩效系统包含国民经济子系统、R&D 投入子系统、人口子系统与政府政策子系统,并建立了 4 个子系统之间的联系,形成以国民经济子系统、R&D 投入子系统为中心,人口子系统与政府政策子系统为支撑的中国 R&D 投入绩效系统,在系统中纳入各类影响因素并通过计算机仿真揭示其动态变化规律①。

7.1.2.1　国民经济子系统

国民经济子系统主要研究经济增长的主要决定因素,即 R&D 投入带来的 R&D 投入绩效的提升,从而将国民经济子系统与 R&D 投入子系统进行有机的联合。

7.1.2.2　R&D 投入子系统

R&D 投入子系统主要研究 R&D 经费支出、R&D 人员投入以及 R&D 投入强度等变化,同时深入教育领域,将普通高校毕业生和高校 R&D 经费支出进行关联,从源头方面寻找 R&D 人员的支撑,也将人口子系统进行了有机的结合。

7.1.2.3　人口子系统

人口子系统主要研究人口对 R&D 人员投入的支撑以及与国民经济系统相结合决定人均 GDP 的情况,预测未来我国经济增长和人民生活的趋势。

7.1.2.4　政府政策子系统

政府政策子系统主要研究国家相关配套政策对国家科技活动支持的力度。国家相关政策的执行有可能产生倍数的正效应,也有可能产生倍数的负效应,因此对政策的可行性研究极为重要。

7.1.2.5　子系统的相互关系

在中国 R&D 投入绩效系统中,每一个子系统的运行既取决于子系统的内部结构,又取决它与外部的联系。对于子系统而言,外部的联系主要是指其他子系统的输出将作为外部变量输入到本系统,自身的内部变量也不断输出给其他系统。结合我国的实际情况,本书建立了中国 R&D 投入与经济增长系统结构图,如图 7-1 所示。

---

① 陈海波:《中国 R&D 投入与经济增长的系统动态仿真研究》,《统计与决策》,2011 年第 10 期。

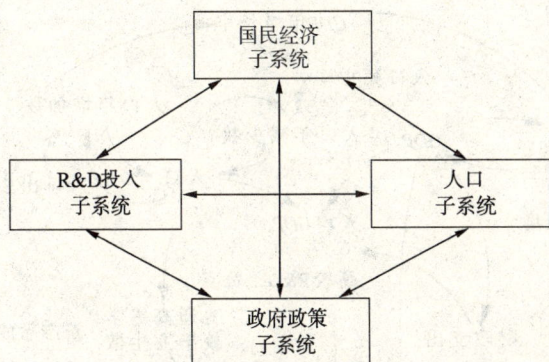

图 7-1　中国 R&D 投入绩效的系统结构图

7.1.3　中国 R&D 投入绩效系统的因果关系图

确定因果关系图是本书建立模型的重要的一步,它是经过不断地调试以后确定的。前面所述的复杂系统涉及从投入到管理的一系列因素,要全面考虑所有因素,并理清其相互间的因果关系,还有较大困难,本书依据第 4 章的理论指标体系,选取了若干重要指标及其他影响因素,考察其相互之间的关系建立了中国 R&D 投入绩效系统因果关系图,如图 7-2 所示。

(1) GDP→财政支出→政府对科技活动的支持度因子→R&D 投入绩效因子→GDP 年增长率→GDP 年增加量→GDP

(2) GDP→R&D 经费支出→新产品销售收入→新产品成长指数→R&D 投入绩效因子→GDP 年增长率→GDP 年增加量→GDP

(3) GDP→R&D 经费支出→专利申请数→科技成果产业化水平因子→R&D 投入绩效因子→GDP 年增长率→GDP 年增加量→GDP

(4) GDP→财政支出→高校 R&D 经费支出→R&D 人员投入→专利申请数→科技成果产业化水平因子→R&D 投入绩效因子→GDP 年增长率→GDP 年增加量→GDP

(5) GDP→财政支出→高校 R&D 经费支出→R&D 人员投入→新产品销售收入→新产品成长指数→R&D 投入绩效因子→GDP 年增长率→GDP 年增加量→GDP

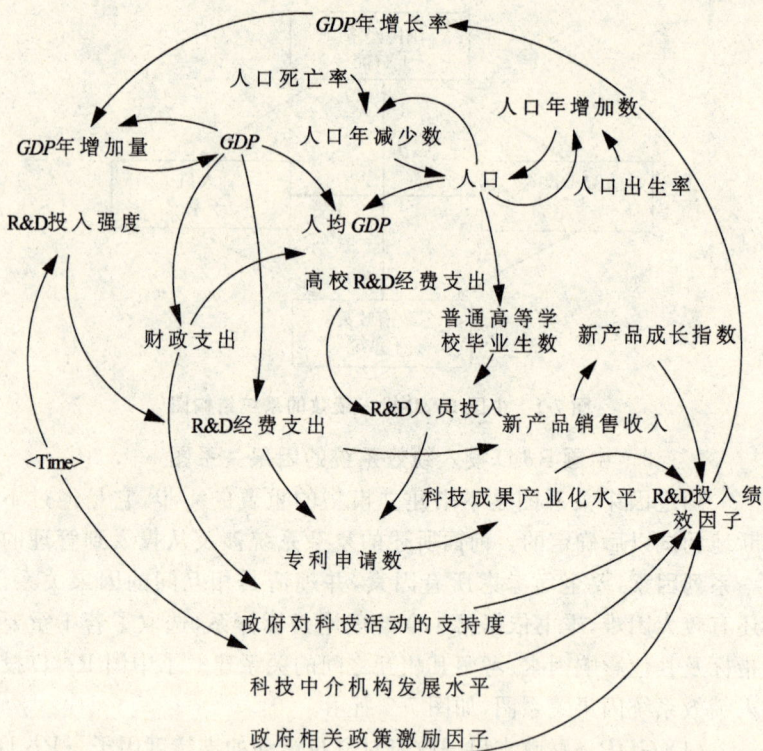

图 7-2　中国 R&D 投入绩效的因果关系图

7.2　中国 R&D 投入绩效的系统流图与方程

7.2.1　系统流图

　　基于数据的不可获性以及模型简化的原则,在上述因果关系图的基础上形成中国 R&D 投入绩效的系统动力学流图,如图 7-3 所示。流图中共有 24 个各类变量、1 个常量、2 个表函数。在各类变量中有 2 个状态变量、3 个速率变量、其余 16 个均为辅助变量。

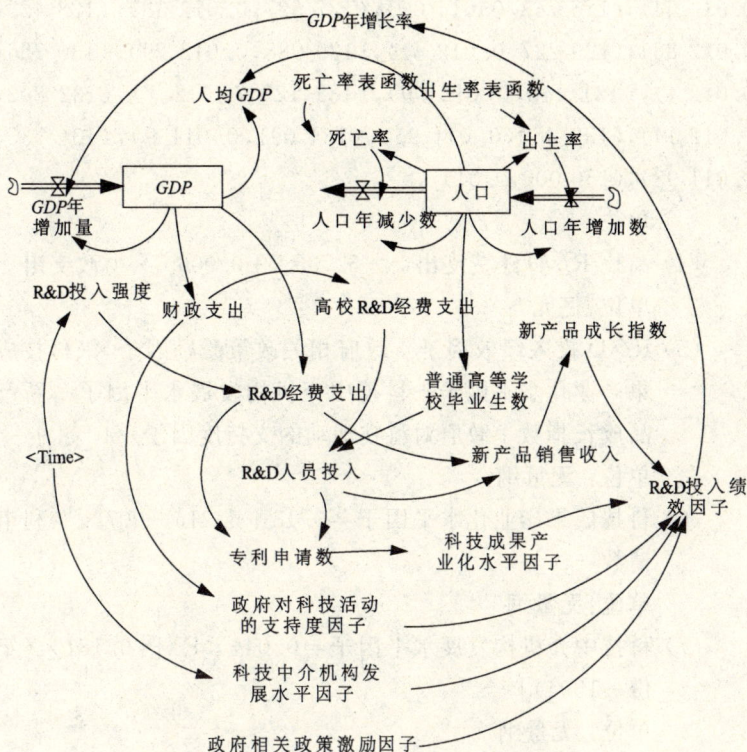

图 7-3   中国 R&D 投入绩效的系统动力学流图

7.2.2   方程的设定

本节选择计量经济学模型、表函数以及其他各类函数构建中国 R&D 投入绩效的系统动力学方程。

(1) 财政支出=−9 507.75+0.243 9×GDP

　　单位:亿元

(2) 出生率=出生率表函数(人口)

　　单位:‰

(3) 出生率表函数

[(0,0)−(200 000,0.3)],(121 121,0.017 12),(122 389, 0.016 98),(123 626,0.016 57),(124 761,0.015 64),(125 786,

0.014 64),(126 743,0.014 03),(127 627,0.013 38),(128 453,
0.012 86),(129 227,0.012 41),(129 988,0.012 29)`,(130 756,
0.012 4),(131 448,0.012 09),(132 129,0.012 1),(132 802,
0.012 14),(133 450,0.011 95),(134 091,0.011 9),(134 735,
0.011 93),(150 000,0.01)

单位：‰

（4）高校 R&D 经费支出＝－5.736 8＋0.006 5×财政支出

单位：亿元

（5）R&D 投入绩效因子＝政府相关政策激励因子×（科技成
果产业化水平因子＋科技中介机构发展水平因子＋新产
品成长指数＋政府对科技活动的支持度因子）/4

单位：无量纲

（6）科技成果产业化水平因子＝0.13＋6.21e－007×专利申
请数

单位：无量纲

（7）科技中介机构发展水平因子＝0.044×EXP[0.181×（年
份－1994）]

单位：无量纲

（8）普通高等学校毕业生数＝－5 303.79＋0.043 26×人口

单位：万人

（9）新产品成长指数＝新产品销售收入/88 650

单位：无量纲

（10）新产品销售收入＝－21 424.2＋3 108.39×（R&D 经费
支出/R&D 人员投入）

单位：亿元

（11）死亡率＝死亡率表函数（人口）

单位：‰

（12）死亡率表函数

[(0,0)－(140 000,1)],(121 121,0.006 57),(122 389,0.006 56),
(123 626,0.006 51),(124 761,0.006 5),(125 786,0.006 46),(126 743,

0.006 45),(127 627,0.006 43),(128 453,0.006 41),(129 227,0.006 4),(129 988,0.006 42),(130 756,0.006 51),(131 448,0.006 81),(132 129,0.006 93),(132 802,0.007 06),(133 450,0.007 08),(134 091,0.007 11),(134 735,0.007 14),(140 000,0.065)

  单位：‰

（13）人均 $GDP=GDP/$人口$\times 10\ 000$

  单位：元/人

（14）人口 $=$ INTEG(人口年增加数－人口年减少数,121 121)

  单位：万人

（15）人口年减少数＝死亡率×人口

  单位：万人

（16）人口年增加数＝人口×出生率

  单位：万人

（17）FINAL TIME ＝ 2020

  单位：年

  模拟的最终年份。

（18）$GDP=$ INTEG(GDP 年增加量,60 793.7)

  单位：亿元

（19）GDP 年增长率＝IF THEN ELSE(12.399 6×EXP(R&D 投入绩效因子×0.2757)/100<＝0.2,12.399 6×EXP(R&D 投入绩效因子×0.2757)/100,0.15)

  单位：%

（20）GDP 年增加量＝GDP×GDP 年增长率

  单位：元/年

（21）INITIAL TIME ＝ 1995

  单位：年

  （模拟的最初年份）

（22）专利申请数 ＝ 198.691×(R&D 经费支出^0.744)×(R&D 人员投入^0.391)

  单位：件

（23）政府对科技活动的支持度因子＝0.08＋8.007e－006×
财政支出

（24）政府相关政策激励因子＝1

（25）R&D 经费支出＝GDP×R&D 投入强度
单位:亿元

（26）R&D 人员投入＝58.794＋0.041 4×普通高等学校毕业
生数＋0.294 9×高校 R&D 经费支出
单位:万人年

（27）R&D 投入强度＝3/{1＋EXP[1.651－0.124×(Time－
1994)]}×0.01
单位:%

（28）SAVEPER ＝ TIME STEP
单位:年
（结果以"年"为单位保存）

（29）TIME STEP＝ 1
单位:年
（模拟的时间步长以"年"为单位）

7.3 仿真结果及分析

7.3.1 *GDP* 与 R&D 经费支出

按原始参数惯性发展的传统发展模式构建的系统动力学模型
进行预测,预测的 *GDP* 与 R&D 经费支出情况如图 7-4 所示。

GDP 与 R&D 经费支出均呈现较快的增长势头,从图 7-4 中
可以看出,两者具有较高的一致性,且在 2010 年之后,增长速度加
快,这与前期的累积具有很强的关联性。由于整个系统的正反馈
特性,这一增长势头将会持续。

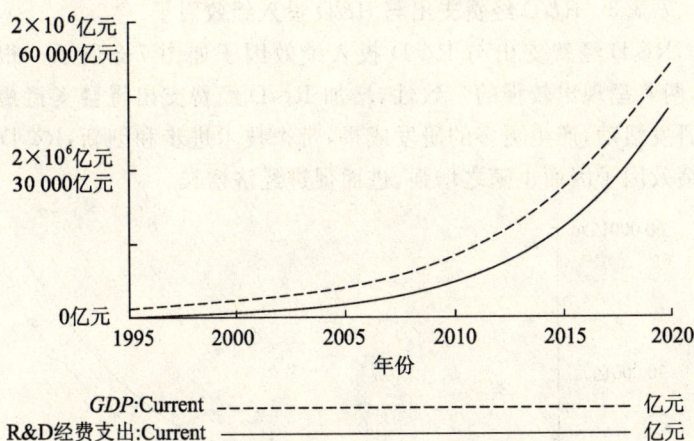

图 7-4 中国 GDP 与 R&D 经费支出关联

7.3.2 GDP 与 R&D 人员投入

GDP 与 R&D 人员投入情况如图 7-5 所示。从图 7-5 中可以看出，R&D 人员投入呈现增长趋势，但增长势头稍稍低于 GDP。主要由于人口系统中对总人口的控制，以至于普通高校毕业生数因此而减少，从而 R&D 人员投入受到一些影响。

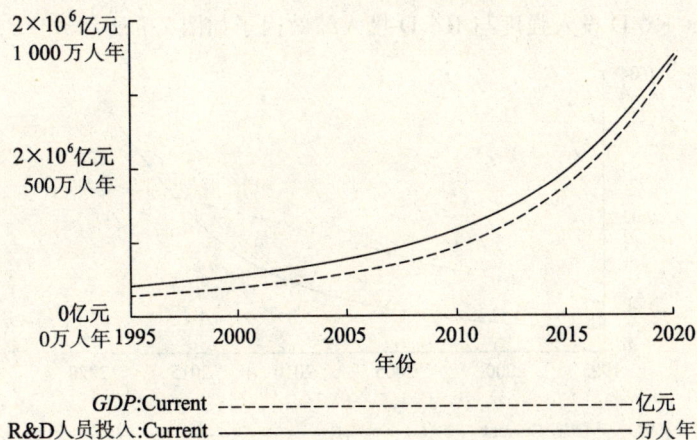

图 7-5 中国 GDP 与 R&D 投入关联

7.3.3 R&D 经费支出与 R&D 投入绩效因子

R&D 经费支出与 R&D 投入绩效因子如图 7-6 所示。很明显,两者呈现出较强的一致性,增加 R&D 经费支出将会支持更多的研发活动,产生更多的研发成果,带来技术进步和创新,R&D 投入绩效因子因而也随之增强,进而促进经济增长。

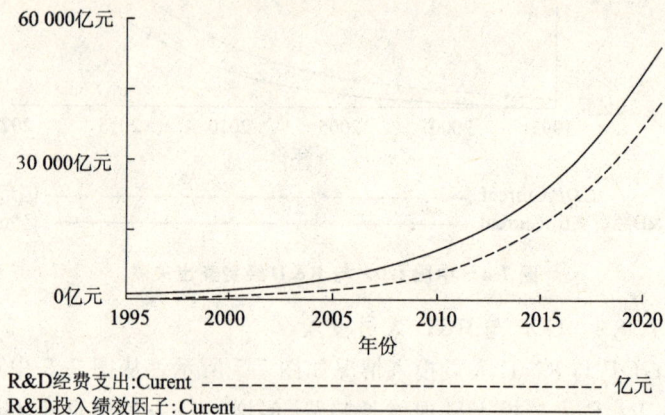

R&D经费支出:Curent ------------------------------ 亿元
R&D投入绩效因子:Curent ————————————————

图 7-6　R&D 经费支出与 R&D 投入绩效因子关联图

7.3.4 R&D 投入强度与 R&D 投入绩效因子

R&D 投入强度与 R&D 投入绩效因子如图 7-7 所示。

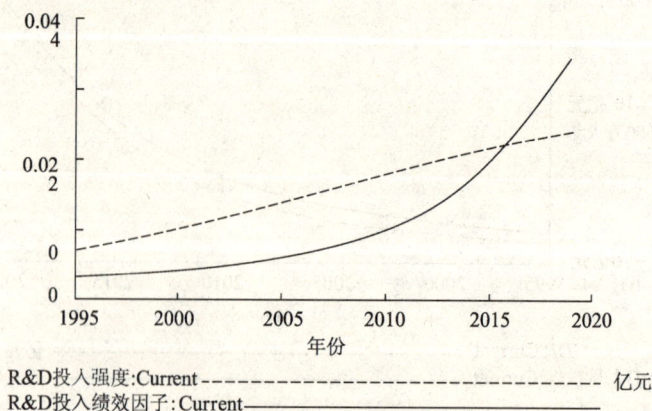

R&D投入强度:Current ------------------------------ 亿元
R&D投入绩效因子:Current ————————————————

图 7-7　R&D 投入强度与 R&D 投入绩效因子关联图

如前所示,在研究 R&D 投入强度的规律时,第 5 章中已进行了曲线的拟合,因此在构建系统动力学模型时,将此规律纳入系统中。图 7-7 中可以看到,R&D 投入强度仍呈现"S"形增长的趋势,这符合一般的 R&D 投入强度的规律,由 R&D 投入强度与 *GDP* 所决定的 R&D 经费支出亦会增加,R&D 投入绩效因子也因而增加。尽管 R&D 投入强度在 2018 年后将会减缓,但 *GDP* 的持续增加,R&D 经费仍会增加,可以保持 R&D 投入绩效因子的持续增长,推动系统向前发展。

7.4 不同方案模拟结果及分析

7.4.1 调整政府相关激励因子水平进行系统运行的结果比较

方案 1 是以原始参数惯性发展的传统发展模式,方案 2 是以国家相关政策激励增强配套后(变量"政府相关激励因子"从 1 变为 2)的结果。图 7-8、图 7-9、图 7-10、图 7-11、图 7-12 分别展示了 *GDP*、人均 *GDP*、R&D 经费支出、R&D 人员投入和 R&D 投入绩效因子在方案 1 和方案 2 两种不同程度的政府相关激励水平下的情况。由此可以看出,政府的相关激励在若干年的累积后,其作用的效果将逐渐放大,反之,若政府的相关激励没有效果,或是相关激励政策出台后的负面效应大于正面效应,其对经济增长的反作用也将倍数加强。因此政府在政策制定时应注重政府效应的分析,用科学发展观的思想制定各类政策,力求最大限度地发挥政府政策的导向作用。

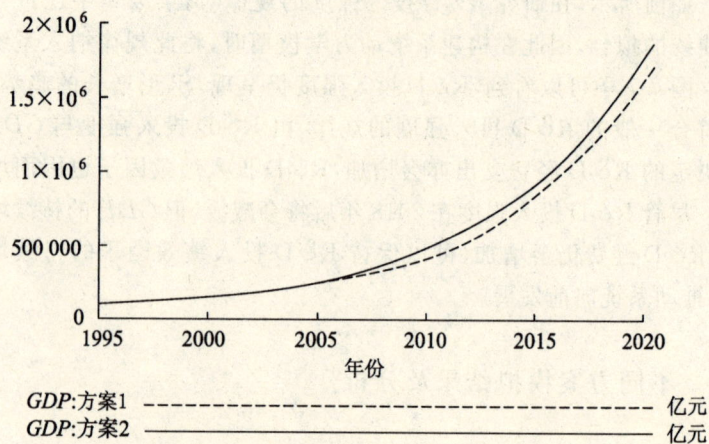

GDP:方案1 — — — — — — — — — — — — — — — — — — 亿元
GDP:方案2 ——————————————————— 亿元

图 7-8　方案 1 和方案 2 下 GDP 水平比较

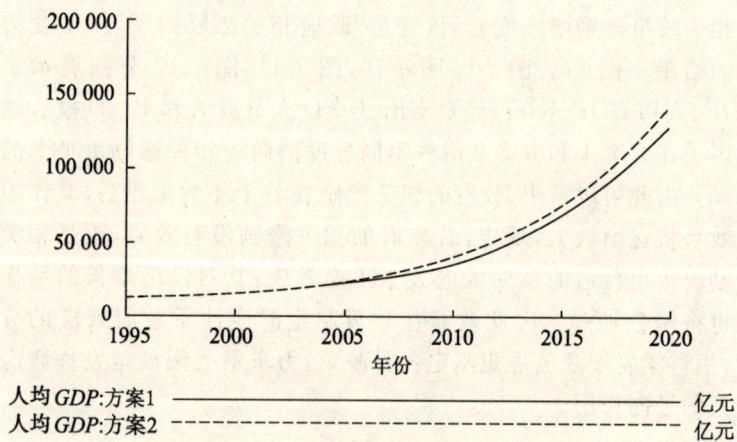

人均 GDP:方案1 ——————————————— 亿元
人均 GDP:方案2 — — — — — — — — — — — — — — — 亿元

图 7-9　方案 1 和方案 2 下人均 GDP 水平比较

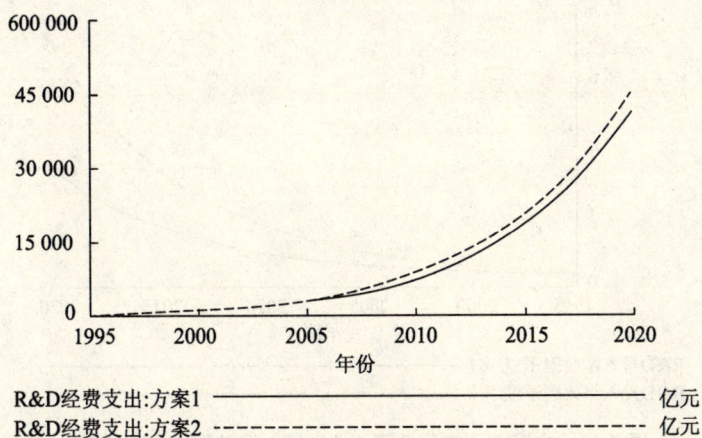

図 7-10 方案 1 和方案 2 下 R&D 经费支出水平比较

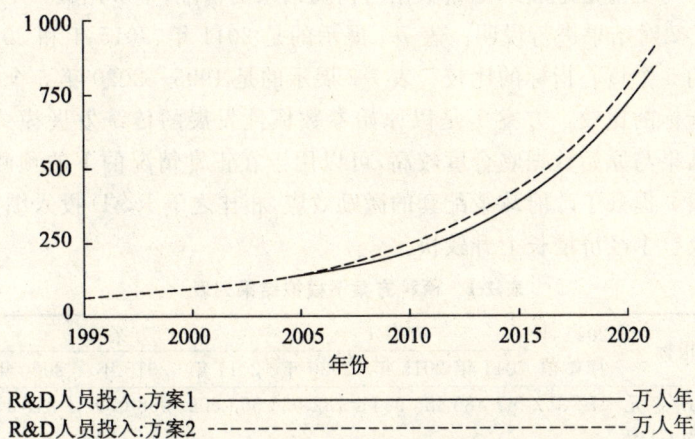

図 7-11 方案 1 和方案 2 下 R&D 人员投入水平比较

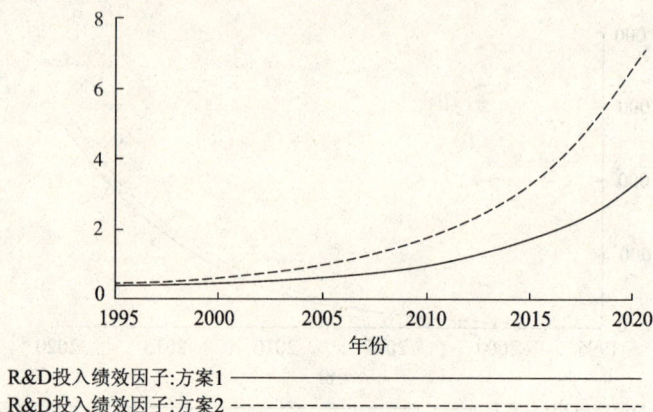

R&D投入绩效因子:方案1 ————————

R&D投入绩效因子:方案2 -------------------------------

图 7-12 方案 1 和方案 2 下 R&D 投入绩效因子水平比较

7.4.2 两种方案下模型仿真数据表

为更清楚地表示原始数据与仿真结果的情况,本节用表 7-1 和表 7-2 对结果进行说明。表 7-1 展示的是 2011 年、2015 年和 2020 年的 5 个核心指标的比较。表 7-2 展示的是 1995—2020 年 5 个核心指标的比较。方案 1 是以原始参数惯性发展的传统发展模式,其结果与原始数据吻合度较高,可以用于在正常情况的下的预测。方案 2 提升了政府政策配套的激励效应,相比之下 R&D 投入绩效以及整个经济增长上升较快。

表 7-1 两种方案下模拟结果列表

指标	2011 年 原始值	方案 1			方案 2		
		2011 年	2015 年	2020 年	2011 年	2015 年	2020 年
GDP/亿元	472 882	467 485	885 984	1 782 030	553 502	968 079	1 947 150
人均 *GDP* /(元/人)	35 181	34 573	65 546	131 840	40 935	71 620	144 057
R&D 经费 支出/亿元	8 687	8 587	19 183	44 277	10 167	20 960	48 380
R&D 人员 投入/万人年	288	280	476	895	320	514	972
R&D 投入 绩效因子	1.00	0.94	1.78	3.75	2.08	3.75	7.93

表 7-2　1995—2020 年两种方案下模拟结果列表

年份	GDP/亿元			人均 GDP/(元/人)			R&D 经费支出/亿元			R&D 人员投入/万人年			R&D 投入绩效因子		
	原始值	方案 1	方案 2	原始值	方案 1	方案 2	原始值	方案 1	方案 2	原始值	方案 1	方案 2	原始值	方案 1	方案 2
1995	60 793.7	60 793	60 794	5 046	5 019	5 019	348.69	325.43	325.43	75.17	64.65	64.65		0.071 69	0.143 39
1996	71 176.6	68 482	68 636	5 846	5 595	5 608	404.48	405.43	406.34	80.40	70.53	70.60		0.086 87	0.174 07
1997	78 973.0	771 780	77 565	6 420	6 241	6 272	509.16	504.11	506.62	83.12	76.88	77.06		0.104 41	0.209 66
1998	84 402.3	87 029	87 755	6 796	6 967	7 025	551.12	625.51	630.72	75.52	83.70	84.04		0.124 70	0.250 99
1999	89 677.1	981 978	99 416	7 159	7 791	7 888	678.91	774.46	784.06	82.17	90.94	91.51	0.139 1	0.148 22	0.299 13
2000	99 214.6	110 882	112 803	7 858	8 728	8 879	895.66	956.74	973.31	92.21	98.68	99.58	0.150 6	0.175 43	0.355 13
2001	109 655.2	125 312	128 228	8 622	9 791	10 019	1 042.49	1 179.21	1 206.66	95.65	107.10	108.46	0.181 6	0.206 79	0.420 09
2002	120 332.7	141 762	146 081	9 398	11 003	11 338	1 287.64	1 450.47	1 494.25	103.51	116.34	118.35	0.198 5	0.242 89	0.495 44
2003	135 822.8	160 557	166 845	10 542	12 384	12 869	1 539.63	1 759.06	1 848.73	109.48	126.56	129.50	0.223 6	0.284 37	0.582 83
2004	159 878.3	182 089	191 139	12 336	13 962	14 656	1 966.33	2 177.82	2 286.06	115.26	138.00	142.23	0.265 6	0.331 98	0.684 23
2005	183 217.4	206 832	219 760	14 185	15 767	16 752	2 449.97	2 660.30	2 826.59	136.48	150.94	156.99	0.297 1	0.386 57	0.802 10
2006	216 314.4	235 362	253 754	16 500	17 843	19 237	3 003.10	3 243.34	3 496.78	150.25	165.58	174.18	0.357 9	0.449 32	0.939 81
2007	265 810.3	268 395	294 525	20 169	20 242	22 213	3 710.24	3 947.43	4 331.73	173.62	182.25	194.47	0.479 7	0.521 53	1.101 54
2008	314 045.4	306 821	344 004	23 708	23 022	25 812	4 616.02	4 797.80	5 379.23	196.54	201.43	218.81	0.558 1	0.604 81	1.292 88
2009	340 902.8	351 769	404 926	25 608	26 266	30 235	5 802.10	5 825.94	6 706.31	229.10	223.62	248.47	0.666 9	0.701 24	1.521 69
2010	401 512.8	404 690	481 306	30 015	30 235	35 766	7 062.60	7 071.83	8 410.67	255.40	248.47	285.33	0.805 5	0.813 42	1.799 21
2011	472 881.6	467 485	553 520	35 181	34 573	40 935	8 687.00	8 587.21	10 167.30	288.30	280.03	320.24	1.000 0	0.944 70	2.084 39
2012		542 698	636 528		40 158	47 101		10 440.90	12 246.10		315.05	358.92		1.100 26	2.414 95
2013		633 837	732 007		46 889	54 151		12 726.70	14 697.90		357.73	403.63		1.285 06	2.796 82
2014		745 845	841 808		55 183	62 283		15 576.50	17 580.60		410.06	454.93		1.507 49	3.239 32
2015		885 984	968 079		65 546	71 620		19 182.90	20 960.40		475.60	513.98		1.779 22	3.753 11
2016		1 018 880	1 113 290		75 381	82 366		22 800.30	24 913.00		537.72	581.86		2.061 80	4.351 03
2017		1 171 710	1 280 280		86 687	94 719		27 021.00	29 524.70		609.18	659.94		2.391 13	5.048 20
2018		1 347 470	1 472 330		99 690	108 928		31 935.50	34 894.70		691.35	749.72		2.775 72	5.862 60
2019		1 549 590	1 693 180		114 643	125 266		37 647.80	41 136.30		785.84	852.97		3.225 62	6.815 44
2020		1 782 030	1 947 150		131 840	144 057		44 276.90	48 379.60		894.51	971.71		3.752 81	7.931 82

综合以上分析,可以得到以下结论。

第一,我国 R&D 投入绩效与经济增长是相辅相成的,R&D 投入绩效的稳步增长促进了经济增长,经济增长又为 R&D 投入及其绩效的提升提供了有力的保障。

第二,从目前的 2011 年到模型预测的 2020 年,R&D 投入将逐年增加,将有力地支撑 R&D 投入绩效的持续增长。R&D 人员投入增长速度将可能因受人口数量增长的约束和高等教育规模的缩减在一定程度上放缓。为此,引进国外人才、多方开展培训和技术人员的终身教育尤为重要,对提升 R&D 投入绩效意义重大。

第三,在原始参数惯性发展的传统发展模式下,可以看到 R&D 投入绩效和经济增长均在不同程度地向前发展,但在加大政策激励力度的方案 2 中,这一发展速度在加快,成效更加显著,为此,政府政策的支持不可或缺。模型中并未考虑一些不可抗力的因素,如世界性的金融危机、区域性的自然灾害等。因此,适时地抓住有利时机,利用目前我国经济增长的良好势头,切实转变经济发展方式,提升科技进步对经济增长的贡献度,这在"十二五"期间尤为重要。

7.5 本章小结

本章采用系统动力学模型对 R&D 投入绩效进行了系统的分析和研究,从因果关系图入手,绘制出系统流图,并进行了系统仿真。模型仿真结果与原始数据较为吻合,因此模型预测具有一定的可靠性。研究结果表明,我国 R&D 投入绩效系统发展良好与经济增长相辅相成,应抓住有利时机,利用目前我国经济增长的良好势头,切实转变经济发展方式,提升科技进步对经济增长的贡献度。

8 提升中国 R&D 投入绩效的战略思考与对策

综合以上理论与实证的分析可知,与发达国家相比,中国 R&D 投入仍显不足,创新能力仍较落后,R&D 投入绩效仍有进一步提升的空间。本章将采用 SWOT 分析和 QSPM 分析法,提出并选择提升我国 R&D 投入绩效的战略,在此基础上给出提升中国 R&D 投入绩效的对策建议。

8.1 提高中国 R&D 投入绩效的 SWOT 分析

8.1.1 SWOT 分析法及其应用意义

所谓 SWOT(态势)分析法,就是将与研究对象密切相关的各种主要内部优势(Strengths)和劣势(Weaknesses)、外部机会(Opportunities)和威胁(Threats),通过调查罗列出来,并依照矩阵形式排列,然后运用系统分析的思想,把各种因素相互匹配起来加以分析,从中得出一系列相应的结论(如对策等)。在 20 世纪 80 年代,这种研究方法最早是由美国旧金山大学的管理学教授提出来的,是竞争情报分析常用的方法之一。运用这个方法,有利于对研究对象所处情景进行全面、系统、准确的研究,有助于制定发展战略和计划以及与之相应的发展计划或对策。对于提高中国 R&D 投入绩效的研究,由于牵涉面广,涉及因素多,因此有必要引入 SWOT 分析方法,以便得到科学的结论。

提高中国 R&D 投入绩效的 SWOT 分析包含两个方面的主要影响因素:一是外部环境因素,包括机会因素和威胁因素,它们是外部环境对主体的发展有直接影响的有利因素和不利因素,属于客观因素,一般归属为经济、政治、社会、人口、产品和服务、技术、市场、竞争等不同范畴。二是内部环境因素,包括优势因素和劣势因素,它们是发展主体在其发展中自身存在的积极和消极因素,属于主动因素,一般归类为管理、组织、经营、财务、销售、人力资源等不同范畴。

8.1.2　提高中国 R&D 投入绩效的 SWOT 因素分析

8.1.2.1　优势因素(Strength factors)分析

(1) 中国经济持续增长为 R&D 投入带来坚实的基础

R&D 投入绩效离不开持续的 R&D 投入,而 R&D 投入则更不开坚实的国力支撑。尽管受到国际金融危机的影响,但目前中国经济持续增长的势头仍旧良好,这将为 R&D 投入提供坚实的基础。经济合作与发展组织(OECD)预测,2013 年中国经济增长将达到 8.5%,高于中国政府制定 7.5% 的增长目标,2014 年有望达到 8.9%。预计到 2016 年,中国将超过美国成为世界上最大的经济体。经合组织认为,中国应实施全面的经济改革,推动城镇化进程,努力实现国内需求持续增长。经合组织秘书长古里亚表示,中国经济恢复加快增长,为实施改革计划提供了条件。

(2) 我国政府高度重视 R&D 活动

我国政府高度重视 R&D 活动,为了满足宏观管理的需要,从 20 世纪 80 年代中期开始就进行了科技活动测算,并于 1985 年开展了全国科技投入普查活动,1988 年对全国 R&D 投入进行了抽样调查,2000 年进行了"全国全社会 R&D 资源清查"工作,2009 年再一次启动"全国全社会 R&D 资源清查"工作。

(3) R&D 经费支出保持持续增长趋势

R&D 经费支出保持持续增长趋势。1995—2011 年期间,R&D 经费支出从 348.69 亿元逐年增加到 8 687.01 亿元,占国内生产总值的比重也从 0.57% 增加到 1.84%。

(4) 中国高校、科研院所众多,人才资源丰富

中国高校、科研院所众多,人才资源丰富。截至 2005 年,我国的高等教育规模已经成为世界第一。2011 年,我国普通高等教育在校

学生人数超过 2 400 万,已经步入高等教育大众化阶段;全国共有普通高校和成人高校 2 762 所,普通高校 2 409 所,其中本科院校 1129 所;全国招收研究生 56.02 万人,其中博士生 6.56 万人、硕士生49.46 万人,高等院校已经成为科学研究、科技创新和高新技术产业化的重要方面军,为经济社会的发展提供了有力的人力资源支持。

1995—2011 年期间,R&D 人员全时当量从 75.17 万人年逐年增加到 288.29 万人年,期末是期初的约 3.8 倍。

8.1.2.2 劣势因素(Weakness factors)分析

(1) R&D 投入明显不足

如前所述,R&D 投入的目标与实际投入出现明显的差异,"九五""十五""十一五"规划的目标并未能顺利实现 R&D 投入强度的目标,以至于 R&D 投入绩效存在一定的欠缺。我国在科技发展"九五"规划的发展目标中提出,"到 2000 年使全社会研究与发展经费(R&D)与国内生产总值(GDP)之比达到 1.5%",实际仅0.9%;在科技发展"十五"规划的发展目标中提出,"到2005 年,全社会研究与开发(R&D)经费占国内生产总值(GDP)的比例提高到 1.5%以上",实际仅 1.33%;2010 年是"十一五"规划的最后一年,达到 1.76%,仍然未能完成既定的目标。而 2011 年美国 R&D 投入强度达到 2.77%,以色列为 4.38%,芬兰为 3.78%,瑞典为3.37%,比例均较高。2011 年每万名劳动力中 R&D 活动人力中,中国仅为 35 人年。而芬兰为 202 人年,美国为 94 人年(2008 年),日本为 133 人年,德国为 132 人年(2010 年),均不同程度地高于中国。我国 R&D 投入不足,对 R&D 投入绩效将会产生显著的影响。

(2) R&D 配置明显失衡,区域和行业间差异较大

我国通信设备、计算机及其他电子设备制造业的 R&D 经费和 R&D 项目经费总量均是最高的,分别为 9 410 520 万元和 8 405 436 万元。黑色金属冶炼及压延加工业的每人年 R&D 经费和单位项目 R&D 经费在工业行业中是最高的,分别为 62.7 万元/人年、574.7 万元/项。

无论在 R&D 经费、每人年 R&D 经费、R&D 项目经费,还是

单位项目 R&D 经费内部支出方面,东部地区均高于中部和西部地区。从我国 31 个省、自治区、直辖市看,R&D 经费和 R&D 项目经费总量排名前三位的是江苏、广东和山东。

(3) 政府 R&D 投入对企业引导效应仍有提升的空间

通常政府 R&D 投入对企业具有重要的引导作用。发达国家 R&D 投入模式属于典型的企业主导型,但政府 R&D 投入力度仍然较大,对全社会的 R&D 投入仍然具有重要的影响。分析 2000 年 R&D 资源清查资料后,发现江苏省政府资金投入平均每增加 1 万元,则带动企业平均投入资金增加 9.37 万元,带动全社会科技活动经费投入增加 12.55 万元;浙江省政府资金投入平均每增加 1 万元,则带动企业平均投入资金增加 2.04 万元,带动全社会科技活动经费投入增加 3.97 万元;而广东省在带动企业和全社会资金投入上分别为 15.02 万元和 18.62 万元;整个华东地区,政府资金投入平均每增加 1 万元,则带动企业平均投入资金增加 8.23 万元,带动全社会科技活动经费投入增加 11.56 万元。可以看出,政府部门对 R&D 活动有重要的推动作用且具有较大潜力,不同地区的政府 R&D 投入的带动效应差异较大,引导效应低的地区仍有较大潜力,有的放矢地增强政府作用至关重要。现阶段,政府 R&D 投入对企业引导效应仍有提升的空间。2009 年程华在政府对企业科技资助与企业 R&D 投入协整关系的研究中发现,两者之间存在长期均衡关系,而且政府给予企业直接科技资助对企业 R&D 投入具有促进作用,政府对企业直接科技资助每变动 1%,企业的 R&D 投入将变动 0.677%。这一结果也有力地说明了目前政府 R&D 投入对企业引导效应仍有提升的空间。

(4) 基础研究、应用研究和试验发展间不协调,协同度不高

国际上,通常基础研究、应用研究和试验发展间比例约为 13%~19%、20%~25% 和 56%~65%。从 1995 年到 2011 年,我国经费支出比重最高的基础研究比重为 2004 年的 5.96%,应用研究比重为 1995 年的 26.39%,试验发展比重为 2011 年的 83.42%。相对而言,我国的试验发展投入的比重偏高,三大活动类型的

R&D 投入失衡。同时发达国家不同研发主体间的分工相对较为明确,政府研发机构以应用研究为主,高校以基础研究为主,企业以试验发展为主。而我国研发主体多以应用研究和试验发展为主,基础研究较少,以至源头性创新缺失,协同度不高。

(5) 知识产权评价与保护力度不够

知识产权保护是高新技术企业的生命线,而知识产权评估是促进知识产权成果产业化的关键。目前我国的知识产权评估体系信度低,效度较差,这就加剧了高新技术转化和投资的风险。而且我国尚没有形成知识产权保护的良好环境,企业在发展中缺乏知识产权意识,技术人员害怕技术泄密,不愿与别人合作和交流,这在很大程度上降低了成果转化的速度,阻碍区域创新氛围的实现。

8.1.2.3 机会因素(Opportunity factors)分析

(1) 经济全球化提供的机遇

经济全球化提供了重新洗牌的机遇,它为世界各国的贸易扩张、投资增长和提高人民生活水平创造了良好环境,并使我国能够分享发达国家和地区长期的产业和技术积累。这有利于我国利用"后发优势",降低学习成本,借助发达国家或地区的 R&D 投入的创新成果实现跳跃式发展。

(2) 全球性金融危机带来了新一轮 R&D 投入的领域和方向

受金融危机的影响,战略性新兴产业已成为推动世界经济发展的重要力量。金融危机以来,美国、日本、欧盟等国家和地区都将注意力转向新兴产业和实体经济,并给予前所未有的强有力政策支持。以美国为例,奥巴马政府执政之后,大力发展电动汽车产业,对该产业采取一系列补贴、减税、政府担保贷款等措施,至 2010 年 6 月底对电动汽车产业提供了累计已超过 300 亿美元的财政支持。而日本则把重点放在商业航天市场、信息技术应用、新型汽车、低碳产业、医疗与护理、新能源(太阳能)等新兴行业。为此,应全面加强规划和引导,推动我国新能源、新材料、新环保、软件和服务外包等新兴产业的战略性发展,明确 R&D 投入领域和方向,争取在战略性新兴产业的创新绩效上取得重大突破。同时利用全球性金融危机,有效地引进高级 R&D 人员,为人才积累奠定基础。

(3) 建设创新型国家的战略机遇

《国家中长期科学和技术发展规划纲要》中指出了未来科技发展的目标:到 2020 年我国要进入创新型国家行列,为在 21 世纪中叶成为世界科技强国奠定基础。同时国家制定了一系列相关配套政策,为实施国家中长期科学和技术发展规划提供制度保障。这对于提高中国的科技创新能力创造了前所未有的制度条件,是提高中国科技竞争力的重要战略机遇。

(4) 全国各地战略性新兴产业的蓬勃发展

在我国当前加快转变发展方式的大背景下,发展战略性新兴产业,抢占经济科技制高点,成为经济转型的重要途径,进而决定了国家的未来发展。围绕战略性新兴产业发展"十二五"规划,新能源、新材料、节能环保、生物医药、信息网络、高端制造业、新能源汽车、"三网"融合、物联网等战略性新兴产业将逐渐成为中国新的经济增长点,必然在 R&D 投入绩效提升方面带来明显的机遇。

(5) 跨国公司 R&D 投资不断增加

近年来跨国公司通过各种方式在中国设立投资项目和研发机构。根据商务部的不完全统计,全球 500 强企业中有 400 多家在中国设立投资项目,跨国公司在中国共设立研发机构 1 000 余家。随着跨国公司 R&D 投资不断增加,中国企业可利用跨国公司 R&D 资源转移带来的机遇,根据自身的 R&D 竞争优势,有序地承接跨国公司对外转移的 R&D 资源,进而提升 R&D 投入绩效。

8.1.2.4 威胁因素(Threat factors)分析

(1) 全球化竞争加剧冲击 R&D 活动

经济的全球化、世界市场的形成,加上电子化的信息沟通手段,引起了社会各方面和文化的重大变化,猛烈地冲击着各地区的经济和社会环境。经济全球化的发展,客观上要求生产要素自由流动,这必然对我国 R&D 活动带来影响。

(2) 国际技术封锁短期内难以突破,技术获取成本增加

尽管国际交流合作日益广泛,世界前沿科学技术还是掌握在

发达国家手中,短期内合作和交流的仍是对发达国家已不构成威胁、而对发展中国家来说是全新的技术,合作交流并不等于发达国家会直接输出核心研发技术,它们只是在产业价值链上重新分配技术,短时期内国际高端前沿技术封锁难以突破。发达国家为了保持在某些领域的技术优势,通过各种途径减少甚至终止技术的输出,这就增加了中国通过技术贸易获取溢出效应的难度和代价;大型跨国公司也为了尽可能地保持其技术垄断优势,会通过技术内部转移、技术锁定战略等方式,尽量减小在中国设立研发机构的技术溢出效应。上述多种因素造成了中国技术获取成本的增加,这将成为未来中国提高科技竞争力的一大挑战。

(3) 社会转型的风险

中国当前正处于一个关键的社会转型期,尽管已经取得了举世瞩目的成就,各方面均取得了长足的发展,但仍然存在很多矛盾需要解决,这必然会影响中国科技活动的健康发展。未来一段时期内,如何顺利完成经济发展模式的转变,维护社会的稳定,顺利完成社会的转型,避免出现社会动荡,为提高中国 R&D 投入绩效创造良好的社会条件,是摆在我国面前的一项难题。

8.1.3 提高中国 R&D 投入绩效的 SWOT 矩阵分析

为了便于综合分析、探寻如何提高中国 R&D 投入绩效,将上述 S—W—O—T 以矩阵形式列出,见表 8-1 和表 8-2。

表 8-1 提高中国 R&D 投入绩效的优势与劣势因素对比分析

关键内部因素对比分析	
优势(S)	劣势(W)
S_1:中国经济持续增长为 R&D 投入带来坚实的基础 S_2:我国政府高度重视 R&D 活动 S_3:R&D 经费支出保持持续增长趋势 S_4:中国高校、科研院所众多,人才资源丰富	W_1:R&D 投入明显不足 W_2:R&D 配置明显失衡,区域和行业间差异较大 W_3:政府 R&D 投入对企业引导效应仍有提升的空间 W_4:基础研究、应用研究和试验发展间不协调,协同度不高 W_5:知识产权评价与保护力度不够

表 8-2   提高中国 R&D 投入绩效的机会和威胁因素对比分析

关键外部因素	
机会（O）	威胁（T）
O_1：经济全球化提供的机遇	T_1：全球化竞争加剧冲击 R&D 活动
O_2：全球性金融危机带来了新一轮 R&D 投入的领域和方向	T_2：国际技术封锁短期内难以突破，技术获取成本增加
O_3：建设创新型国家的战略机遇	T_3：社会转型的风险
O_4：全国各地战略性新兴产业的蓬勃发展	
O_5：跨国公司 R&D 投资不断增加	

8.2   提高中国 R&D 投入绩效的战略分析与选择

8.2.1   提高中国 R&D 投入绩效的战略构成分析

从战略角度出发，将 S，W，O，T 进行组合，可形成 4 种不同类型战略，如图 8-1 所示。

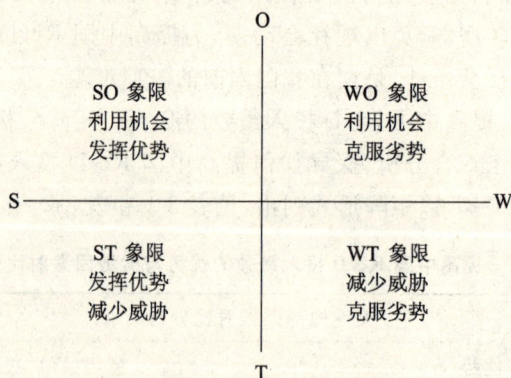

```
                        O
                        |
    SO 象限              |      WO 象限
    利用机会             |      利用机会
    发挥优势             |      克服劣势
                        |
S ──────────────────────┼────────────────────── W
                        |
    ST 象限              |      WT 象限
    发挥优势             |      减少威胁
    减少威胁             |      克服劣势
                        |
                        T
```

图 8-1   SWOT 分析图

《国家中长期科学和技术发展规划纲要（2006—2020 年）》指出，今后 15 年科技工作的指导方针是：自主创新，重点跨越，支撑发展，引领未来。到 2020 年，我国科学技术发展的总体目标是：自主创新能力显著增强，科技促进经济社会发展和保障国家安全的能力显著增强，为全面建设小康社会提供强有力的支撑；基础科学和前沿技术研究综合实力显著增强,取得一批在世界具有重大影响的科学技术成果,进入创新型国家行列,为在本世纪中叶成为世界科技强国奠定基础。

　　根据以上目标以及对提高中国 R&D 投入绩效的各项优势、劣势、机会、威胁的分析,采用 SWOT 分析法对提高中国 R&D 投入绩效的外部机会和威胁以及内部优势和劣势进行匹配,可以得到备选战略,共产生 SO 战略(开拓进取型战略)、WO 战略(支持引导型战略)、ST 战略(克服加强型战略)、WT 战略(防御完善型战略)四大战略。SWOT 矩阵分析如表 8-3 所示。

表 8-3　战略对策体系的 SWOT 矩阵分析表

内部因素\外部因素	优势(S) S_1:中国经济持续增长为 R&D 投入带来坚实的基础 S_2:我国政府历来高度重视 R&D 活动 S_3:R&D 经费支出保持持续增长趋势 S_4:中国高校、科研院所众多,人才资源丰富	劣势(W) W_1:R&D 投入明显不足 W_2:R&D 配置明显失衡,区域和行业间差异较大 W_3:政府 R&D 投入对企业引导效应仍有提升的空间 W_4:基础研究、应用研究和试验发展间不协调,协同度不高 W_5:知识产权评价与保护力度不够
机会(O) O_1:经济全球化提供的机遇 O_2:全球性金融危机带来了新一轮 R&D 投入的领域和方向 O_3:建设创新型国家的战略机遇 O_4:全国各地战略性新兴产业的蓬勃发展 O_5:跨国公司 R&D 投资不断增加	SO 战略 (开拓进取型战略) SO_1:世界级专家培育战略 SO_2:自主创新及其扶持战略 SO_3:企业 R&D 主导,产学研合作型战略	WO 战略 (支持引导型战略) WO_1:多元化 R&D 投入战略 WO_2:知识产权战略和技术标准战略 WO_3:R&D 投入结构优化战略

	优势（S） S$_1$：中国经济持续增长为 R&D 投入带来坚实的基础 S$_2$：我国政府历来高度重视 R&D 活动 S$_3$：R&D 经费支出保持持续增长趋势 S$_4$：中国高校、科研院所众多，人才资源丰富	劣势（W） W$_1$：R&D 投入明显不足 W$_2$：R&D 配置明显失衡，区域和行业间差异较大 W$_3$：政府 R&D 投入对企业引导效应仍有提升的空间 W$_4$：基础研究、应用研究和试验发展间不协调，协同度不高 W$_5$：知识产权评价与保护力度不够
内部因素 外部因素		
威胁（T） T$_1$：全球化竞争加剧冲击 R&D 活动 T$_2$：国际技术封锁短期内难以突破，技术获取成本增加 T$_3$：社会转型的风险	ST 战略 （克服加强型战略） ST$_1$：海外人才引进战略 ST$_2$：创新型人才教育培养战略 ST$_3$：财税政策激励战略	WT 战略 （防御完善型战略） WT$_1$：国际 R&D 合作战略 WT$_2$：R&D 基础条件共享战略

8.2.2　提高中国 R&D 投入绩效的战略研究

本书通过深入的调研与分析，并综合以上 SWOT 分析结果，以我国的内涵本质为最优考量，拟在更高的层次上提出提高中国 R&D 投入绩效的战略。

（1）世界级专家培育战略

加快培养造就一批具有世界前沿水平的高级专家。要依托重大科研和建设项目、重点学科和科研基地以及国际学术交流与合作项目，加大学科带头人的培养力度，积极推进创新团队建设。注重发现和培养一批战略科学家、科技管理专家，对核心技术领域的高级专家要实行特殊政策。改进和完善职称制度、院士制度、政府特殊津贴制度、博士后制度等高层次人才制度，进一步形成培养选拔高级专家的制度体系，使大批优秀高端人才得以脱颖而出。

（2）自主创新及其扶持战略

加大创新的支持力度，从经费支出到政策支出，实施促进自主创新的政府采购。鼓励和保护自主创新，并对国内企业开发的具有自主知识产权的重要高新技术装备和产品，政府实施首购政策。对企业采购国产高新技术设备提供政策支持。通过政府采购，支持形成技术标准。

（3）企业 R&D 主导、产学研合作型战略

支持鼓励企业成为技术创新主体。随着改革开放的发展和深入，我国企业在技术创新中发挥着越来越重要的作用。一要发挥经济、科技政策的导向作用，使企业成为研究开发投入的主体。通过财税、金融等政策，引导企业增加研究开发投入，推动企业特别是大企业建立研究开发机构。鼓励企业与高等院校、科研院所建立各类技术创新联合组织，增强技术创新能力。二要改革科技计划支持方式，支持企业承担国家研究开发任务。在具有明确市场应用前景的领域，建立企业牵头组织、高等院校和科研院所共同参与实施的有效机制。三要加快现代企业制度建设，增强企业技术创新的内在动力。把技术创新能力作为国有企业绩效考核的重要指标，把技术要素参与分配作为高新技术企业产权制度改革的重要内容。坚持应用开发类科研机构企业化转制的方向，深化企业化转制科研机构产权制度等方面的改革，形成完善的管理体制和合理、有效的激励机制，使之在高新技术产业化和行业技术创新中发挥骨干作用。四要营造良好创新环境，扶持中小企业的技术创新活动。中小企业特别是科技型中小企业富有创新活力，是未来成长为大企业的基础和源泉，但目前中小企业仍是承受创新风险能力较弱的企业群体。要为中小企业创造更为有利的政策环境，积极发展支持中小企业的科技投融资体系和创业风险投资机制；加快科技中介服务机构建设，为中小企业技术创新提供服务。

（4）多元化 R&D 投入战略

建立多元化、多渠道的科技投入体系。充分发挥政府在投入中的引导作用，通过财政直接投入、税收优惠等多种财政投入方

式,增强政府投入调动全社会科技资源配置的能力。国家财政投入主要用于支持基础研究、前沿技术研究、社会公益研究、重大共性关键技术研究等公共科技活动,并引导企业和全社会的科技投入。在政府增加科技投入的同时,强化企业科技投入主体的地位,鼓励各级各类机构包括外资进入 R&D 投资领域,多方筹集资金,使我国全社会研究开发投入占国内生产总值的比例逐年提高,力争到 2020 年达到 2.5% 以上。

(5) 知识产权战略和技术标准战略

实施知识产权战略和技术标准战略。保护知识产权是我国完善市场经济体制、促进自主创新的需要,也是树立国际信用、开展国际合作的需要。要进一步完善国家知识产权制度,营造尊重和保护知识产权的法治环境,促进全社会知识产权意识和国家知识产权管理水平的提高,加大知识产权保护力度,依法严厉打击侵犯知识产权的各种行为。同时,要建立对企业并购、技术交易等重大经济活动的知识产权特别审查机制,避免自主知识产权流失。防止滥用知识产权而对正常的市场竞争机制造成不正当的限制,阻碍科技创新和科技成果的推广应用。将知识产权管理纳入科技管理全过程,充分利用知识产权制度提高我国科技创新水平。强化科技人员和科技管理人员的知识产权意识,推动企业、科研院所、高等院校重视和加强知识产权管理。充分发挥行业协会在保护知识产权方面的重要作用。建立健全有利于知识产权保护的从业资格制度和社会信用制度。

将形成技术标准作为国家科技计划的重要目标。政府主管部门、行业协会等要加强对重要技术标准制定的指导协调,并优先采用。推动技术法规和技术标准体系建设,促使标准制定与科研、开发、设计、制造相结合,保证标准的先进性和效能性。引导产、学、研各方面共同推进国家重要技术标准的研究、制定及优先采用。积极参与国际标准的制定,推动我国技术标准成为国际标准。加强技术性贸易措施体系建设。

（6）R&D 投入结构优化战略

调整和优化投入结构，提高科技经费使用效益。加强对基础研究、前沿技术研究、社会公益研究以及科技基础条件和科学技术普及的支持。合理安排科研机构（基地）正常运转经费、科研项目经费、科技基础条件经费等的比例，加大对基础研究和社会公益类科研机构的稳定投入力度，将科普经费列入同级财政预算，逐步提高科普投入水平。建立和完善适应科学研究规律和科技工作特点的科技经费管理制度，按照国家预算管理的规定，提高财政资金使用的规范性、安全性和有效性。提高国家科技计划管理的公开性、透明度和公正性，逐步建立财政科技经费的预算绩效评价体系，建立健全相应的评估和监督管理机制。

（7）海外人才引进战略

加大吸引留学和海外高层次人才工作力度。2011 年度我国出国留学人员总数为 34 万人，同比增长 19%；留学回国人员总数为 19 万人，同比增长 38%。入选"千人计划"的高层次人才多数具有留学背景；在 2011 年新当选的中国科学院院士中，留学回国人员占 90%。因此，继续制定和实施吸引优秀留学人才回国工作和为国服务计划，重点吸引高层次人才和紧缺人才仍有潜力可挖。应采取多种方式建立符合留学人员特点的引才机制。加大对高层次留学人才回国的资助力度，大力加强留学人员创业基地建设，健全留学人才为国服务的政策措施，加大高层次创新人才公开招聘力度，实验室主任、重点科研机构学术带头人以及其他高级科研岗位，逐步实行海内外公开招聘。实施有吸引力的政策措施，吸引海外高层次优秀科技人才和团队来华工作。

（8）创新型人才教育培养战略

充分发挥教育在创新人才培养中的重要作用。加强科技创新与人才培养的有机结合，鼓励科研院所与高等院校合作培养研究型人才。支持研究生参与或承担科研项目，鼓励本科生投入科研工作，在创新实践中培养他们的探索兴趣和科学精神。高等院校要适应国家科技发展战略和市场对创新人才的需求，及时合理地设置一些交叉学科、新兴学科并调整专业结构。加强职业教育、继续教育与培训，培养适应经济社会发展需求的各类实用技术专业人才。要深化改革中小学教学内容和方法，全面推进素质教育，提高科学文化素养。

（9）财税政策激励战略

实施激励企业技术创新的财税政策。鼓励企业增加研究开发投入，增强技术创新能力。加快实施消费型增值税，将企业购置的设备已征税款纳入增值税抵扣范围。在进一步落实国家关于促进技术创新、加速科技成果转化以及设备更新等各项税收优惠政策的基础上，积极鼓励和支持企业开发新产品、新工艺和新技术，加大企业研究开发投入的税前扣除等激励政策的力度，实施促进高新技术企业发展的税收优惠政策。结合企业所得税和企业财务制度改革，鼓励企业建立技术研究开发专项资金制度。允许企业加速研究开发仪器设备的折旧，对购买先进科学研究仪器和设备给予必要的税收扶持政策。加大对企业设立海外研究开发机构的外汇和融资支持力度，提供对外投资便利和优质服务。

支持创办各种性质的中小企业，充分发挥中小企业技术创新的活力。鼓励和支持中小企业采取联合出资、共同委托等方式进行合作研究开发，对加快创新成果转化给予政策扶持。制定税收优惠政策，扶持中小企业开展技术创新。

（10）国际 R&D 合作战略

2009 年 OECD 发布的《主要科技指标》上的数据显示，2007年，OECD30 个成员国和中国、俄罗斯、阿根廷、南非、以色列、新加坡、罗马尼亚、斯洛文尼亚、中国台湾等 9 个非 OECD 国家（地区），共 39 个国家（地区）的 R&D 经费总额达到 1.02 万亿美元，若加上有 R&D 活动的其他 71 个国家（地区）的最新 R&D 经费，则世界R&D 经费总额达到 1.07 万亿美元，历史性地突破了一万亿美元，标志着世界 R&D 活动进入了一个全新的发展阶段。因此，扩大国际和地区科技合作与交流，也有了一个全新的平台和基础。

对中国而言，必须充分利用对外开放的有利条件，扩大多种形式的国际和地区科技合作与交流。鼓励科研院所、高等院校与海外研究开发机构建立联合实验室或研究开发中心。支持在双边、多边科技合作协议框架下,实施国际合作项目。建立内地与港、澳、台的科技合作机制,加强沟通与交流。

支持我国企业"走出去"。扩大高新技术及其产品的出口,鼓励和支持企业在海外设立研究开发机构或产业化基地。

积极主动参与国际大科学工程和国际学术组织。支持我国科学家和科研机构参与或牵头组织国际和区域性大科学工程。建立培训制度,提高我国科学家参与国际学术交流的能力,支持我国科学家在重要国际学术组织中担任领导职务,鼓励跨国公司在华设立研究开发机构,提供优惠条件,在我国设立重要的国际学术组织或办事机构。

(11) R&D 基础条件共享战略

建立科技基础条件平台的共享机制。建立有效的共享制度和机制是科技基础条件平台建设取得成效的关键和前提。根据"整合、共享、完善、提高"的原则,借鉴国外成功经验,制定各类科技资源的标准规范,建立促进科技资源共享的政策法规体系。针对不同类型科技条件资源的特点,采用灵活多样的共享模式,打破当前条块分割、相互封闭、重复分散的格局。

8.2.3　提高中国 R&D 投入绩效的战略选择

定量战略规划矩阵(Quantitative Strategic Planning Matrix, QSPM)是一种通过确定各可行战略方案的相对吸引力而客观地表明最佳战略的分析技术。它的优点是:不同的战略可以依次或同时进行评价,每一战略决策都可以有许多不同的战略(包括不同层次的战略)在模型上同时进行评价,可借助计算机进行多个或复杂的战略选择,QSPM 迫使战略管理者在做出战略选择时应认真考虑每一内外战略因素的影响及其相互关系。

QSPM 几乎可以适用各种不同类型的企业或社会组织。

建立 QSPM 有以下 6 个步骤:

（1）列出关键因素

在 QSPM 的左栏列出评价企业外部机会、威胁及内部优势、劣势。

（2）赋予权重

对每个外部及内部关键因素赋予权重，权重标在紧靠外部和内部因素的纵栏中。

（3）标注备选战略

考察各矩阵并确认企业可考虑实施的备选战略，将这些战略标在 QSPM 的横行中。

（4）确定吸引力分数

确定吸引力分数（Attractive Scores，AS）就是用数值表示各组中每个战略的相对吸引力。依次考察各外部或内部关键因素，对其提出这样的问题："这一因素是否影响战略的选择？"如果回答为"是"，便就这一因素对各战略进行比较。具体地说，即就选定的因素给予各战略相对于其他战略的吸引力评分。吸引力的评分范围及含义为：1＝没有吸引力，2＝有一些吸引力，3＝有相当吸引力，4＝很有吸引力。

（5）计算吸引力总分数

吸引力总分数（Total Attractive Scores，TAS）等于将各横行中的权重（步骤 2）乘以吸引力分数（步骤 4）。吸引力总分数表示相对相应外部或内部关键因素而言，各备选战略的相对吸引力。吸引力总分数越高，战略的吸引力越大。

（6）计算吸引力总分数和

吸引力总分数和（Sum Total Attractive Scores，STAS）是通过将 QSPM 中各战略纵栏中的吸引力总分相加而得出。吸引力总分和表明了在各级供选择的战略中，哪种战略最具吸引力，分数越高的战略越具有吸引力。这是考虑了所有影响战略决策的相关的外部及内部因素。备选战略组中各战略吸引力总分和之差表明了各战略相对于其他战略的可取性。

运用 QSPM 方法对上节所制定的各种备选战略方案构建出定

量战略规划矩阵,见表 8-4。

表 8-4(a)　提高中国 R&D 投入绩效战略选择的 QSPM 矩阵

关键因素	备选战略					
	SO_1		SO_2		SO_3	
优势	权重	AS	TAS	AS	TAS	AS	TAS
S_1:中国经济持续增长为 R&D 投入带来坚实的基础	0.15	3	0.45	4	0.60	4	0.60
S_2:我国政府历来高度重视 R&D 活动	0.15	4	0.60	4	0.60	4	0.60
S_3:R&D 经费支出保持持续增长趋势	0.10	2	0.20	3	0.30	3	0.30
S_4:中国高校、科研院所众多,人才资源丰富	0.15	4	0.60	1	0.15	1	0.15
劣势							
W_1:R&D 投入明显不足	0.15	1	0.15	1	0.15	1	0.15
W_2:R&D 配置明显失衡,区域和行业间差异较大	0.10	1	0.10	3	0.30	2	0.20
W_3:政府 R&D 投入对企业引导效应仍有提升的空间	0.05	1	0.05	3	0.15	3	0.15
W_4:基础研究、应用研究和试验发展间不协调,协同度不高	0.05	1	0.05	2	0.10	3	0.15
W_5:知识产权评价与保护力度不够	0.10	1	0.10	2	0.20	3	0.30
机会							
O_1:经济全球化提供的机遇	0.10	2	0.20	1	0.10	2	0.20
O_2:全球性金融危机带来了新一轮 R&D 投入的领域和方向	0.15	1	0.15	2	0.30	4	0.60
O_3:建设创新型国家的战略机遇	0.15	3	0.45	3	0.45	4	0.60

关键因素		备选战略					
		SO_1		SO_2		SO_3	
机会	权重	AS	TAS	AS	TAS	AS	TAS
O_4:全国各地战略性新兴产业的蓬勃发展	0.10	1	0.10	4	0.40	4	0.40
O_5:跨国公司 R&D 投资不断增加	0.10	1	0.10	1	0.10	3	0.30
威胁							
T_1:全球化竞争加剧冲击 R&D 活动	0.10	2	0.20	4	0.40	4	0.40
T_2:国际技术封锁在短期内难以突破,技术获取成本增加	0.20	2	0.40	4	0.80	4	0.80
T_3:社会转型的风险	0.10	1	0.10	1	0.10	1	0.10
总计(STAS)			4.00		5.20		6.00

表 8-4(b)　提高中国 R&D 投入绩效战略选择的 QSPM 矩阵

关键因素		备选战略					
		WO_1		WO_2		WO_3	
优势	权重	AS	TAS	AS	TAS	AS	TAS
S_1:中国经济持续增长为 R&D 投入带来坚实的基础	0.15	4	0.60	2	0.30	4	0.60
S_2:我国政府历来高度重视 R&D 活动	0.15	4	0.60	4	0.60	4	0.60
S_3:R&D 经费支出保持持续增长趋势	0.10	4	0.40	2	0.20	3	0.30
S_4:中国高校、科研院所众多,人才资源丰富	0.15	3	0.45	2	0.30	3	0.45
劣势							
W_1:R&D 投入明显不足	0.15	4	0.60	2	0.30	4	0.60

续表

关键因素		备选战略					
		WO_1		WO_2		WO_3	
劣势	权重	AS	TAS	AS	TAS	AS	TAS
W_2：R&D 配置明显失衡，区域和行业间差异较大	0.10	4	0.40	1	0.10	3	0.30
W_3：政府 R&D 投入对企业引导效应仍有提升的空间	0.05	2	0.10	2	0.10	3	0.15
W_4：基础研究、应用研究和试验发展间不协调，协同度不高	0.05	3	0.15	2	0.10	3	0.15
W_5：知识产权评价与保护力度不够	0.10	1	0.10	4	0.40	2	0.20
机会							
O_1：经济全球化提供的机遇	0.10	2	0.20	3	0.30	3	0.30
O_2：全球性金融危机带来了新一轮 R&D 投入的领域和方向	0.15	2	0.30	2	0.30	2	0.30
O_3：建设创新型国家的战略机遇	0.15	4	0.60	4	0.60	3	0.45
O_4：全国各地战略性新兴产业的蓬勃发展	0.10	2	0.20	2	0.20	1	0.10
O_5：跨国公司 R&D 投资不断增加	0.10	4	0.40	2	0.20	2	0.20
威胁							
T_1：全球化竞争加剧冲击 R&D 活动	0.10	4	0.40	4	0.40	4	0.40
T_2：国际技术封锁在短期内难以突破，技术获取成本增加	0.20	3	0.60	3	0.60	2	0.40
T_3：社会转型的风险	0.10	2	0.20	1	0.10	1	0.10
总计（STAS）			6.30		5.10		5.60

表 8-4(c)　提高中国 R&D 投入绩效战略选择的 QSPM 矩阵

关键因素		备选战略					
		ST_1		ST_2		ST_3	
优势	权重	AS	TAS	AS	TAS	AS	TAS
S_1:中国经济持续增长为 R&D 投入带来坚实的基础	0.15	3	0.45	3	0.45	4	0.60
S_2:我国政府历来高度重视 R&D 活动	0.15	4	0.60	3	0.45	4	0.60
S_3:R&D 经费支出保持持续增长趋势	0.10	3	0.30	2	0.20	4	0.40
S_4:中国高校、科研院所众多,人才资源丰富	0.15	3	0.45	4	0.60	1	0.15
劣势							
W_1:R&D 投入明显不足	0.15	1	0.15	2	0.30	2	0.30
W_2:R&D 配置明显失衡,区域和行业间差异较大	0.10	2	0.20	2	0.20	3	0.30
W_3:政府 R&D 投入对企业引导效应仍有提升的空间	0.05	2	0.10	1	0.05	4	0.20
W_4:基础研究、应用研究和试验发展间不协调,协同度不高	0.05	1	0.05	1	0.05	3	0.15
W_5:知识产权评价与保护力度不够	0.10	2	0.20	1	0.10	3	0.30
机会							
O_1:经济全球化提供的机遇	0.10	4	0.40	3	0.30	3	0.30
O_2:全球性金融危机带来了新一轮 R&D 投入的领域和方向	0.15	3	0.45	3	0.45	4	0.60
O_3:建设创新型国家的战略机遇	0.15	4	0.60	4	0.60	4	0.60
O_4:全国各地战略性新兴产业的蓬勃发展	0.10	3	0.30	2	0.20	4	0.40
O_5:跨国公司 R&D 投资不断增加	0.10	3	0.30	1	0.10	2	0.20

续表

关键因素		备选战略					
		ST_1		ST_2		ST_3	
威胁	权重	AS	TAS	AS	TAS	AS	TAS
T_1:全球化竞争加剧冲击 R&D 活动	0.10	4	0.40	2	0.20	3	0.30
T_2:国际技术封锁短期内难以突破,技术获取成本增加	0.20	3	0.60	4	0.80	4	0.80
T_3:社会转型的风险	0.10	1	0.10	1	0.10	2	0.20
总计(STAS)			5.65		5.15		6.40

表 8-4(d)　提高中国 R&D 投入绩效战略选择的 QSPM 矩阵

关键因素		备选战略			
		WT_1		WT_2	
优势	权重	AS	TAS	AS	TAS
S_1:中国经济持续增长为 R&D 投入带来坚实的基础	0.15	3	0.45	3	0.45
S_2:我国政府历来高度重视 R&D 活动	0.15	4	0.60	3	0.45
S_3:R&D 经费支出保持持续增长趋势	0.10	3	0.30	2	0.20
S_4:中国高校、科研院所众多,人才资源丰富	0.15	4	0.60	4	0.60
劣势					
W_1:R&D 投入明显不足	0.15	2	0.30	2	0.30
W_2:R&D 配置明显失衡,区域和行业间差异较大	0.10	1	0.10	1	0.10
W_3:政府 R&D 投入对企业引导效应仍有提升的空间	0.05	3	0.15	2	0.10
W_4:基础研究、应用研究和试验发展间不协调,协同度不高	0.05	2	0.10	2	0.10
W_5:知识产权评价与保护力度不够	0.10	1	0.10	1	0.10

关键因素		备选战略			
		WT_1		WT_2	
机会	权重	AS	TAS	AS	TAS
O_1:经济全球化提供的机遇	0.10	4	0.40	3	0.30
O_2:全球性金融危机带来了新一轮 R&D 投入的领域和方向	0.15	3	0.45	2	0.30
O_3:建设创新型国家的战略机遇	0.15	4	0.60	4	0.60
O_4:全国各地战略性新兴产业的蓬勃发展	0.10	2	0.20	2	0.20
O_5:跨国公司 R&D 投资不断增加	0.10	2	0.20	1	0.10
威胁					
T_1:全球化竞争加剧冲击 R&D 活动	0.10	4	0.40	2	0.20
T_2:国际技术封锁短期内难以突破,技术获取成本增加	0.20	3	0.60	2	0.40
T_3:社会转型的风险	0.10	2	0.20	2	0.20
总计(STAS)			5.75		4.70

通过 QSPM 矩阵对生成的 SO 战略(开拓进取型战略)、WO 战略(支持引导型战略)、ST 战略(克服加强型战略)、WT 战略(防御完善型战略)四大战略,十一项分战略进行评价,得分情况分别为:

(1) SO 战略(开拓进取型战略):SO_1—世界级专家培育战略(4.00);SO_2—自主创新及其扶持战略(5.20);SO_3—企业 R&D 主导,产学研合作型战略(6.00)。

(2) WO 战略(支持引导型战略):WO_1—多元化 R&D 投入战略(6.30);WO_2—知识产权战略和技术标准战略(5.10);WO_3—R&D 投入结构优化战略(5.60)。

(3) ST 战略(克服加强型战略):ST_1—海外人才引进战略(5.65);ST_2—创新型人才教育培养战略(5.15);ST_3—财税政策激励战略(6.40)。

（4）WT 战略（防御完善型战略）：WT_1—国际 R&D 合作战略（5.75）；WT_2—R&D 基础条件共享战略（4.70）。

综合以上分析，排在综合得分前 6 位的战略分别为：ST_3—财税政策激励战略（6.40）排在第 1 位；WO_1—多元化 R&D 投入战略（6.30）排在第 2 位；SO_3—企业 R&D 主导，产学研合作型战略（6.00）排在第 3 位；WT_1—国际 R&D 合作战略（5.75）排在第 4 位；ST_1—海外人才引进战略（5.65）排在第 5 位；WO_3—R&D 投入结构优化战略（5.60）排在第 6 位。

整合后，得到提高中国 R&D 投入绩效的战略应确定为：以企业 R&D 为主导，产学研合作，坚持多元化 R&D 投入和国际 R&D 合作，着力优化 R&D 投入结构，加大海外人才引进，采用财税政策激励，切实提高中国 R&D 投入绩效。

8.3 提高中国 R&D 投入绩效的对策建议

要提高中国 R&D 投入绩效，应从投入、保障、合作以及监控等 4 个方面着手，如图 8-1 所示。

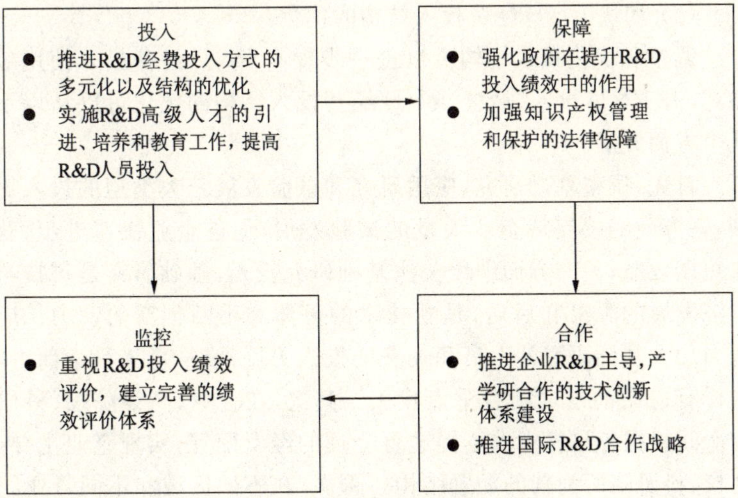

图 8-1 提升 R&D 投入绩效的对策体系

8.3.1　不断加大 R&D 经费投入和人员投入的力度

8.3.1.1　推进 R&D 经费投入方式的多元化以及结构的优化

（1）推进 R&D 经费投入方式的多元化

目前 R&D 投入资金来源主要仍是政府和企业，来自国外资金以及其他资金很少，因此建立多元化、多渠道的 R&D 投入体系多方筹措资金，对有效促进 R&D 投入绩效的提升非常关键。首先，要合理增加政府对 R&D 活动的资金投入，确保 R&D 投入的优先增长地位。政府资金的投入一定要注重其带动效应，应合理选择投入的地区、行业，使其发挥最大的作用。通过财政直接投入等多种财政投入方式，增强政府投入调动全社会科技资源配置的能力。国家财政投入主要用于支持基础研究、前沿技术研究、社会公益研究、重大共性关键技术研究等公共科技活动，并引导企业和全社会的科技投入。其次，在政府增加 R&D 投入的同时，强化企业 R&D 投入主体的地位，鼓励各级各类机构，如建立国家级、省级科技型中小企业技术创新基金，充分利用资本市场特别是创业板融资以及外资进入 R&D 投资领域，从多渠道筹集资金，使我国全社会研究开发投入占国内生产总值的比例逐年提高，到 2020 年达到 2.5% 以上。

（2）加快 R&D 经费投入结构的优化

调整和优化投入结构可以进一步提高 R&D 经费投入使用效益，提升 R&D 投入绩效。R&D 经费投入结构的优化可以从以下几个方面开展。

首先，调整基础研究、应用研究和试验发展三大类型的投入比例，一方面继续支持企业大量的试验发展，促进企业快速进步、获取短期效益；另一方面继续关注基础研究投入，基础研究是科技与经济发展的源泉和后盾，是新技术的母体和不断创新的动力。应适当加大基础研究的人员和经费的投入力度，瞄准世界科学前沿，选择有应用前景的项目重点攻关。其次，在企业、高等院校、科研院所间根据各自特点的不同进行合理的经费配置，实现企业主导，高校、科研院所为辅的配置结构。再次，在不同区域和不同行业间的投入，应从绩效评价反馈的结果出发进行合理的资源分配，既注意到区域和行业的不同特征予以倾斜,也要注意全面均衡的投入,实现公平和效率的协调。

值得重视的是,在优化投入行业结构中,尤其是要确保高技术产业 R&D 活动的投入力度。应抓住机遇加大高技术产业的 R&D 投入力度,推进高技术产业的发展,提高 R&D 投入绩效。发达国家非常重视对高技术产业 R&D 投入。2008 年中国高技术产业 R&D 经费内部支出额为 94.3 亿美元,而 2006 年美国为 1 162.2 亿美元,日本为 407.5 亿美元,德国为148.1亿美元,英国为 109.7 亿美元。因此,一方面,要加强科研院所、高校和高技术企业联合,提供必需的创新人才和技术优势;另一方面,除了政府、企业的资金外,当前要充分利用全球经济一体化、国际制造业中心转移、跨国公司寻求投资区域以及建立研发基地的大好时机,尽快出台有关引进外资投向高技术产业、促进跨国公司建立研发基地的有效政策,以进一步确立具有优势的高技术产业、高技术企业以及高技术产品。现阶段在工业部门的 R&D 投入,应以电子信息、新能源、新材料、生物工程和新医药等重点领域为主,以高技术产业园区为重要基地,培育高技术企业和产品。

8.3.1.2　实施R&D高级人才的引进、培养和教育工作,提高R&D人员投入

（1）加快世界级专家培育工程

创新人才对于 R&D 投入绩效起着决定性的作用,提高 R&D 投入绩效的核心在于创新性的人才。发挥人的创造能力可以实现 R&D 活动低投入、高产出。因此应该采取灵活多样的形式在重点产业、领域、学科和研究方向上广泛吸纳和聚集人才。R&D 投入绩效的提升离不开掌握世界前沿技术水平的高级专家。为此,首先要依托国家级重大科研和建设项目、重点学科和科研基地以及国际学术交流与合作项目,加大学科带头人的培养力度,积极推进创新团队建设,实现人才建设和培养的可持续发展。其次,对核心技术领域的高级专家要实行特殊政策,切实改进和完善职称制度、院士制度、政府特殊津贴制度、博士后制度等高层次人才制度,形

成培养选拔高级专家的合理制度体系,使优秀拔尖人才能脱颖而出,尤其要抓紧培养造就一批中青年高级专家,他们是未来 R&D 投入绩效提升的中坚力量。

(2) 继续挖掘海外人才引进的潜力

加大吸引留学和海外高层次人才工作力度,保证 R&D 活动人员的创新性和国际视野。据中国统计年鉴显示,2006 年学成回国留学人员为 42 000 人,2007 年为 44 000 人,到 2008 年则上升为 69 300 人。因此,继续制定和实施吸引优秀留学人才回国工作和为国服务计划,重点吸引高层次人才和紧缺人才仍有潜力可挖。应采取多种方式,建立符合留学人员特点的引才机制,加大对高层次留学人才回国的资助力度。第一,大力加强留学人员创业基地建设,健全留学人才为国服务的政策措施。第二,加大高层次创新人才公开招聘力度,实行有吸引力的政策措施,吸引海外高层次优秀科技人才和团队来华工作。第三,积极创造条件,吸引在国外具有一定知名度和成就的高层次科技人才定期做中短期的研究,发挥其连锁效应,带动和培养本土人才。

(3) 重视创新型人才教育培养

R&D 投入绩效的提升,离不开 R&D 人员的培养。因此,要充分发挥教育在创新型人才培养中的重要作用。一是要加强科技创新与人才培养的有机结合,鼓励科研院所与高等院校合作培养研究型人才。二是支持研究生参与或承担科研项目,鼓励本科生投入科研工作,在创新实践中培养他们的探索兴趣和科学精神,为创新型人才奠定基础。三是高等院校要积极面向国家科技发展战略和市场对创新人才的需求,及时合理地设置一些交叉学科、新兴学科并及时调整专业结构。四是加强职业教育、继续教育与培训,培养适应经济社会发展需求的各类实用技术专业人才。

(4) 实施 R&D 人员的激励政策

积极创造条件,深化人才管理体制和科研单位运行机制的配套改革,建立有效激励 R&D 人员创造性活动的人事制度、分配制度等各项管理制度,物质和精神鼓励并重,给予科技人员相应的待遇和社会地位,特别是推进高层次科技人才的培养与集聚。一方面,制定相关知识产权法规,强调科研成果的归属;另一方面,鼓励 R&D 人员进行科技成果入股,充分调动 R&D 人员的积极性。

8.3.2　建立健全提升 R&D 投入绩效的保障体系

8.3.2.1　强化政府在提升 R&D 投入绩效中的作用

(1) 充分运用科技税收政策

完善 R&D 活动的政策保障体系,注重政府科技税收政策的连贯性,加强 R&D 投入和税收政策的耦合,提高 R&D 投入绩效。要充分运用科技税收政策,将税收优惠政策运用在 R&D 活动中。直接税收优惠可以在一定时期对 R&D 活动实行减税、免税或实行低税率;间接税收优惠可以采取投资抵免、加速折旧等方式。如此可以达到鼓励 R&D 活动的各执行部门投资和技术创新的目的。

(2) 重视中介机构的建设,完善 R&D 活动成果转化机制

R&D 活动成果转化机制直接关系到 R&D 投入绩效的提升和对经济的促进作用。成果转化机制的进一步完善,可以增强 R&D 活动的绩效。而目前成果转化率仅为 20% 左右,严重制约了 R&D 活动的顺利进行,影响了 R&D 活动人员的积极性和主动性。加强中介机构的建设可以有效地解决这一问题,进而促进 R&D 投入绩效的提高。政府应着力发展和推动科技成果转化的各种中介机构,并不断提高其服务质量和水平。第一,建立多种形式的中介机构,如建立利用科技知识和市场经验提供咨询服务的科技评估机构、信息咨询机构、专利服务所等,建立直接参与服务对象转化工作的工程技术服务中心、生产力促进中心等,建立加强科技资源流动和合理配置的技术经纪机构、科技人才中介机构等;第二,完善中介机构的功能,确立中介机构的市场独立地位,促使其向企业化方向发展,更加有效的为 R&D 资源流动和科技成果转化服务;第三,充分发挥行业协会、科技园区等组织的作用,努力构建中介服务网络体系。

8.3.2.2　加强知识产权管理和保护的法律保障

加强知识产权管理和保护,是对 R&D 投入绩效的有力保障。加强知识产权管理和保护,可以引导企业、科研机构、高校建立和完

善知识产权管理制度,充分利用专利信息和专利制度,不断提高专利的数量和质量,加强专利技术的实施,促进科技成果向现实生产力转化。保护知识产权是我国完善市场经济体制、促进自主创新的需要,也是树立国际信用、开展国际合作的需要,提升 R&D 投入绩效离不开这一重要的保障措施。因此,要进一步完善国家知识产权制度,加大知识产权保护力度,依法严厉打击侵犯知识产权的违法行为。要建立对企业并购、技术交易等重大经济活动知识产权特别审查机制,避免自主知识产权流失。强化科技人员和科技管理人员的知识产权意识,推动企业、科研院所、高等院校重视和加强知识产权管理。此外,要充分发挥行业协会在保护知识产权方面的重要作用,建立健全有利于知识产权保护的从业资格制度和社会信用制度。

8.3.3 积极开展国内外的 R&D 合作

8.3.3.1 推进企业 R&D 主导,产学研合作的技术创新体系建设

当前,企业在技术创新中发挥着越来越重要的作用。支持、鼓励企业成为 R&D 活动的主体和技术创新主体,建立企业与科研院所、高等学校产学研合作的技术创新体系,是提升 R&D 投入绩效的重要环节。一是要发挥政策的导向作用,使企业成为研究开发投入的主体。通过财税、金融等政策,引导企业增加研究开发投入,推动企业特别是大企业建立研究开发机构,鼓励企业与高等院校、科研院所联合,增强技术创新能力。大中型企业要发挥自身资金、技术和人才集中的优势,增加投入、增强科技活动和 R&D 活动能力,提高专利水平,适时开展具有源头创新意义的基础研究项目。二是要支持企业承担国家研究开发任务,在具有明确市场应用前景的领域,建立企业牵头组织、高等院校和科研院所共同参与实施的产学研合作机制。三是要加快现代企业制度建设,增强企业技术创新的内在动力,如把技术要素参与分配作为高新技术企业产权制度改革的重要内容。四是要营造良好创新环境,扶持中小企业的技术创新活动。中小企业应利用自身机制灵活、创新效率高、模仿能力强、创新产品进入市场快等优势,增强 R&D 活动能

力。中小企业特别是科技型中小企业是目前各国最富有创新活力的单元,是未来成长为大企业的基础和源泉,但目前中小企业承受创新风险能力弱,为此更需要政府为其创造更为有利的政策环境,从支持中小企业的科技投融资体系和创业风险投资机制和加快科技中介服务机构建设入手,切实为中小企业技术创新提供优质服务。中小企业可以考虑与科研机构及高校之间建立战略技术联盟,获得技术创新研究所需资金和短缺的人才。

8.3.3.2 积极推进国际 R&D 合作

2009 年 OECD 发布的《主要科技指标》数据显示,在 2007 年,OECD 国家 30 个成员国和中国、俄罗斯、阿根廷、南非、以色列、新加坡、罗马尼亚、斯洛文尼亚、中国台湾 9 个非 OECD 国家(地区),共 39 个国家(地区)的 R&D 经费总额达到 1.02 万亿美元,若加上有 R&D 活动的其他 71 个国家(地区)的最新 R&D 经费,则世界 R&D 经费总额达到 1.07 万亿美元,历史性突破了 1 万亿美元,标志着世界 R&D 活动进入了一个全新的发展阶段。

因此,迫切需要扩大国际和地区科技合作与交流,建立一个全新的平台和基础,扩大多种形式的国际和地区科技合作与交流。首先,鼓励我国的科研院所、高等院校与海外研究开发机构建立联合实验室或研究开发中心,支持在双边、多边科技合作协议框架下的国际合作项目。其次,建立中国内地与港澳台的 R&D 合作机制,加强沟通交流以及重大 R&D 项目的联合攻关。第三,支持我国企业"走出去",扩大高新技术及其产品的出口,鼓励和支持企业在海外设立研发中心或产业化基地。第四,积极主动参与国际重大科学工程和国际学术组织。支持我国科学家和科研机构参与或牵头组织国际和区域性重大科学工程。支持我国科学家在重要国际学术组织中担任领导职务,提高我国科学家参与国际学术交流的能力。第五,积极鼓励跨国公司在华设立研发机构,加强与国际知名的跨国公司进行研发合作,提高自身的研发能力和水平。

8.3.4 重视 R&D 投入绩效评价,建立完善的绩效评价体系

近年来,虽然国内加大了对 R&D 投入绩效评价的研究,但对

R&D 投入绩效评价的研究在我国还是一个值得继续推进的研究领域。由于评价单元的多元化,评价方法的多样性,无论从政府角度的宏观评价,还是从企业角度的微观评价,目前并没有建立定期的、完善的、正规的绩效评价系统。这种状况无疑不利于中国 R&D 投入绩效的评价与管理。

因此,从全面、系统的角度出发,从我国 R&D 投入绩效的实际情况入手,继续完善 R&D 投入绩效评价体系,要建立和完善适应 R&D 活动规律和特点的 R&D 投入绩效管理信息系统,建立健全相应的评估和监督管理机制。利用不同层级的 R&D 投入绩效评价体系对整个宏观 R&D 投入、区域 R&D 投入、行业 R&D 投入以及不同类型、不同执行部门乃至单个 R&D 项目的绩效情况进行实时反映和动态评价。在条件许可的情况下,可利用有效的 R&D 投入绩效预警系统进行监控和分析,对更好地提高 R&D 投入绩效具有重要意义。

8.4　本章小结

本章采用 SWOT 和 QSPM 分析法研究表明,提高中国 R&D 投入绩效的战略应确定为:以企业 R&D 为主导,坚持多元化 R&D 投入和国际 R&D 合作,着力优化 R&D 投入结构,加大海外人才引进力度,采用财税政策激励,切实提高中国 R&D 投入绩效。

因此,本书从投入、保障、合作以及监控等 4 个方面提出了提升中国 R&D 投入绩效的对策建议,不断加大 R&D 经费投入和人员投入的力度,一方面推进 R&D 经费投入方式的多元化以及结构的优化。另一方面实施 R&D 高级人才的引进、培养和教育工作,提高 R&D 人员投入;建立健全提升 R&D 投入绩效的保障体系,在强化政府提升 R&D 投入绩效中的作用的同时,加强知识产权管理和保护的法律保障;积极开展国内外的 R&D 合作,不仅推进企业 R&D 主导、产学研合作的技术创新体系建设,而且推进国际 R&D 合作战略;重视 R&D 投入绩效评价,建立完善的绩效评价体系。

参考文献

[1] Collier D W. Measuring the performance of R&D department. *Research Management*, 1977, 20(2).

[2] Pappas R A, Remer D S. Measuring R&D productivity. *Research Management*, 1985, 28(3).

[3] Own W B, Gobeli D. Observations on the measurement of R&D productivity: a case study. *IEEE Transactions on Engineering Management*, 1992, 39(4).

[4] Werner B M, Souder W E. Measuring R&D performance-state of the art. *Research-Technology Management*, 1997, 40(2).

[5] Keller T R, Holland W E. The measurement of performance among research and development employees: a longitudinal analysis. *IEEE Transactions on Engineering Management* 1982, 29(2).

[6] Wilson D K, Mueser R, Raelin J A. New look at performance appraisal for scientists and engineers. *Research-Technology Management*, 1994, 37(4).

[7] Sohn S Y, Yong Gyu Joo, Hong Kyu Han. Structural equation model for the evaluation of national funding on R&D project of SMEs in consideration with MBNQA criteria. *Evaluation and Program Planning*, 2007, 30(1).

[8] Bela Gold. Some key problems in evaluating R&D performance. *Engineering and Technology Management*, 1989, 6(1).

[9] Drongelen I, Cook A. Design principles for development of measurement systems for research and development processes.

R&D *Management*,1997,27(4).

[10] Bowon Kim, Heungshik Ok. An effective R&D performance measurement system: survey of Korean R&D researchers. *Omega*,2002,30.

[11] Eric C Wang. R&D efficiency and economic performance: A cross-country analysis using the stochastic frontier approach. *Policy Modeling*,2007,29.

[12] Brian P Cozzarin. Data and the measurement of R&D program impacts Evaluation and Program Planning,2008,31(3).

[13] Valentina Lazzarotti, Raffaella Manzini, Luca Mari. A model for R&D performance measurement. *International Journal of Production Economics*, 2011,134(1).

[14] Hakyeon Lee, Yongtae Park, Hoogon Choi. Comparative evaluation of performance of national R&D programs with heterogeneous objectives: a DEA approach. *European Journal of Operational Research*,2008,196(3).

[15] Lee H, Park Y. An international comparison of R&D efficiency: DEA approach. *Asian Journal of Technology Innovation*, 2005, 13(2).

[16] Toshiyuki Sueyoshi, Mika Goto. A use of DEA-DA to measure importance of R&D expenditure in Japanese information technology industry. *Decision Support Systems*, 2013,54(2).

[17] Sohn S Y, Yong Gyu Joo, Hong Kyu Han. Structural equation model for the evaluation of national funding on R&D project of SMEs in consideration with MBNQA criteria. *Evaluation and Program Planning*,2007,10—20.

[18] Uk Jung, Seo D W. An ANP approach for R&D project evaluation based on interdependencies between research objectives and evaluation criteria Original Research Article.

Decision Support Systems,2010,49(3).

[19] Bhalla A S, Fluitman A G. Science and technology indicators and socio-economic development. *World Development*, 1985,13(2).

[20] Simón Teitel. Science and technology indicators, country size and economic development: an international comparison. *World Development*,1987,15(9).

[21] C van der Eerdena,Saelensb F H. The use of science and technology indicators in strategic planning. *Long Range Planning*,1991,24(3).

[22] Hariolf Grupp, Mary Ellen Mogee. Indicators for national science and technology policy:how robust are composite indicators? *Research Policy*,2004,33.

[23] Steven Bowns, Ian Bradley, Paula Knee, Fiona Williams and Geoffrey Williams. Measuring the economic benefits from R&D: improvements in the MMI model of the United Kingdom National Measurement System. *Research Policy*, 2003,32(6).

[24] John H Gibbons,William G Wells Jr. Science, technology in the United States: and government toward the year 2000. *Technology In Society*,1997,19.

[25] David Hunt, Ian Taylor. Science, technology and government: the United Kingdom. *Technology In Society*,1997,19.

[26] Watam Mod and Toshio Ochiai. Science and technology in Japan. *Technology In Society*,1997,19.

[27] Jarunee Wonglimpiyara. National foresight in science and technology strategy development. *Futures*,2007,39.

[28] Mashelkar R A. Indian science, technology, and society: The changing landscape. *Technology in Society*,2008,30(3).

[29] Rao C N R. Science and technology policies: The case of

India. *Technology in Society*,2008,30(3—4).

[30] Manuel Laranja, Elvira Uyarra, Kieron Flanagan. Policies for science, technology and innovation: translating rationales into regional policies in a multi-level setting. *Research Policy*,2008,37(5).

[31] Mu Rongping, Qu Wan. The development of science and technology in China: A comparison with India and the United States. *Technology in Society*,2008,30(3—4).

[32] Ronald N Kostoff, Michael B Briggs, Robert L. Rushenberg,Christine A Bowles,Alan S Icenhour, Kimberley F Nikodym,Ryan B Barth, Michael Pecht. Chinese science and technology-Structure and infrastructure. *Technological Forecasting & Social Change*,2007.

[33] Jian Song. Awakening: Evolution of China's science and technology policies. *Technology in* 2008,30(3—4).

[34] Eric W K Tsang, Paul S L Yip and Mun Heng Toh. The impact of R&D on value added for domestic and foreign firms in a newly industrialized economy. *International Business Review*,2008,17(4).

[35] Eiichi Tomiura. Effects of R&D and networking on the export decision of Japanese firms. *Research Policy*,2007,36(5).

[36] Antonio J Revilla, Zulima Fernández. The relation between firm size and R&D productivity in different technological regimes. *Technovation*,2012,32(11).

[37] Hsiao-Wen Wang, Ming-Cheng Wu. Business type, industry value chain, and R&D performance: Evidence from high-tech firms in an emerging market. *Technological Forecasting and Social Change*,2012,79(2).

[38] Katharine Wakelin. Productivity growth and R&D expenditure in UK manufacturing firms. *Research Policy*,2001,30(2).

[39] Jian Cheng GUAN, Richard C M YAM, Esther P Y Tang and Antonio K W Lau. Innovation strategy and performance during economic transition: Evidences in Beijing, China. *Research Policy*, 2009, 38(5).

[40] Emre Özçelik and Erol Taymaz. R&D support programs in developing countries: The Turkish experience. *Research Policy*, 2008, 37(2).

[41] David Walwyn. Finland and the mobile phone industry: A case study of the return on investment from government-funded research and development. *Technovation*, 2007, 27(3—4).

[42] Massimo G Colombo, Luca Grilli, Samuele Murtinu. R&D subsidies and the performance of high-tech start-ups. *Economics Letters*, 2011, 112(1).

[43] Kyung-Nam Kang, Hayoung Park. Influence of government R&D support and inter-firm collaborations on innovation in Korean biotechnology SMEs. *Technovation*, 2012, 32(1).

[44] In Hyeock Lee and Matthew R Marvel. The moderating effects of home region orientation on R&D investment and international SME performance: Lessons from Korea. *European Management Journal*, 2009, 27(5).

[45] Yasuyuki Todo and Satoshi Shimizutani. R&D intensity for innovative and adaptive purposes in overseas subsidiaries: Evidence from Japanese multinational enterprises. *Research in International Business and Finance*, 2009, 23(1).

[46] Chung-Jen Chen, Yi-Fen Huang, Bou-Wen Lin. How firms innovate through R&D internationalization? An S-curve hypothesis Original Research Article. *Research Policy*, 2012, 41(9).

[47] Louis Y Y Lu and Chyan Yang. The R&D and marketing cooperation across new product development stages: an

empirical study of Taiwan's IT industry. *Industrial Marketing Management*, 2004, 33(7).

[48] Mark A A M. Leenders and Berend Wierenga. The effect of the marketing R&D interface on new product performance: The critical role of resources and scope. *International Journal of Research in Marketing*, 2008, 25(1).

[49] Alfredo Del Monte and Erasmo Papagni. R&D and the growth of firms: empirical analysis of a panel of Italian firms. *Research Policy*, 2003, 32(6).

[50] Chang-Yang Lee. Competition favors the prepared firm: Firms' R&D responses to competitive market pressure. *Research Policy*, 2009, 38(5).

[51] Bou-Wen Lin, Yikuan Lee and Shih-Chang Hung. R&D intensity and commercialization orientation effects on financial performance Journal of Business. *Research*, 2006, 59(6).

[52] Yeonhee Lee, Sooyoung Kim, Hyejin Lee. The impact of service R&D on the performance of Korean information communication technology small and medium enterprises. *Journal of Engineering and Technology Management*, 2011, 28(1-2).

[53] Luca Berchicci. Towards an open R&D system: Internal R&D investment, external knowledge acquisition and innovative performance. *Research Policy*, 2013, 42(1).

[54] Solow R M. Technical change and the aggregate production function. *Review of Economics and Statistics*, 1957, 39(3).

[55] Moses Abramowitz. The search of the source of growth: area of ignorance, old and new. *Journal of Economic History*, 1998, 53(2).

[56] Edward F Denison. The sources of economic growth in the United States and the alternatives before us. *Committee for*

Economic Development, 1962.

[57] Dalew W Jorgenson & Zvi Griliches. Issues in growth accounting: a reply to Edward F Denison. *Survey of Current Business*, 1972, 52(5).

[58] Solow, Robert M. Technical: Change and the aggregate production, *Review of Economics and Statictics*, 1975, (37).

[59] Charles R Hulten. Growth accounting with intermediate inputs. *Review of Economic Studies*, 1978, 45(10).

[60] Simon Kuznets. *Modern economic groeth rate, structure and spread*. Yale University Press, 1966.

[61] Simon Kuznets. *Economic growth of nation*. Harward University Press, 1971.

[62] Stephen P Magee, Leslie Yang. *Endogenous protection in the United States*, 1900—1984. In Stern R M(ed.), *U S trade policies in a changing world economy*, MIT Press, 1987.

[63] Theodore W Schultz. Investment in human capital. *American Economic Review*, 1961, 51(1).

[64] Romer, Paul M. Increasing Returnand Long-Run Growth. *Journal of Political Economy*, 1986, 94.

[65] Lucas, Robert E. On the mechanism of economic development. *Journal of Monetary Economics*, 1986, 22.

[66] Griliches, Zvi and Frank Lichtenberg. Inter-industry technology flows and productivity growth: a reexamination. *Review of Economics Studies*, 1984, 86.

[67] Griliches, Zvi. Productivity, R&D, and basic research at the firm level in the 1970's. *American Economic Review*, 1986, 76.

[68] Lichtenberg Frank. R&D investment and international productivity difference. NBER Working Paper, No. 4161, 1992.

[69] Eaton, Jonathan and KortumSamuel. International technology diffusion. Mimeo, Boston University, 1993.

[70] Coe, David and Elhanan Helpman. International R&D spillovers. *European Economic Review*, 1995, 39.

[71] Jones, Charles I. Growth: with or without scale effect. *American Economic Review*, 1998, 89.

[72] Clark N G. Science, technology and regional economic development. *Research Policy*, 1972, 1(3).

[73] Edward J Malecki Science, technology, and regional economic development: review and prospects. *Research Policy*, 1981, 10(4).

[74] Alfred Greiner, Willi Semmler & Gang Gong. The forces of economic growth: a time series perspective. 2000.

[75] Charles I Jones. Time series tests of endogenous growth models. *Quarterly Journal of Economics*, 1995a, 110.

[76] Cé cile Denis, Kieran Mc Morrow & Werner Rŏger. An analysis of EU and US productivity development. *European Communities*, 2004.

[77] Yasser Abdih & Frederick L Joutz. Relating the knowledge production function to total factor productivity: an endogenous growth puzzle. IMF Working Paper, 2005.

[78] Philippe Aghion, Paul A David, Dominique Foray. Science, technology and innovation for economic growth: Linking policy research and practice in 'STIG Systems'. *Research Policy*, 2009, 38(4).

[79] Christopher Freeman, Luc Soete. Developing science, technology and innovation indicators: what we can learn from the past. *Research Policy*, 2009, 38(4).

[80] Ying-Chyi Chou, Ying-Ying Hsu, Hsin-Yi Yen. Human resources for science and technology: analyzing competitiveness using the analytic hierarchy process. *Technology in Society*, 2008, 30(2).

[81] Roddam Narasimha. Science, technology and the economy: An Indian perspective. *Technology in Society*, 2008, 30(3—4).

[82] Maria Minnitia, and Moren Lévesqueb. Entrepreneurial types and economic growth. *Journal of Business Venturing*, 2008, 10(3—4).

[83] Dorothée Brécard, Arnaud Fougeyrollas, Pierre Le Mouël, Lionel Lemiale, and Paul Zagamé. Macro-economic consequences of European research policy: Prospects of the Nemesis model in the year 2030. *Research Policy*, 2006, 35(7).

[84] Mario Coccia. What is the optimal rate of R&D investment to maximize productivity growth? *Technological Forecasting and Social Change*, 2009, 76(3).

[85] Olivier Bertrand. Effects of foreign acquisitions on R&D activity: Evidence from firm-level data for France. *Research Policy*, 2009, 38(6).

[86] Shaker A Zahra, James C Hayton. The effect of international venturing on firm performance: The moderating influence of absorptive capacity. *Journal of Business Venturing*, 2008, 23(2).

[87] Richard Harrisa, Qian Cher Lia and Mary Trainorb. Is a higher rate of R&D tax credit a panacea for low levels of R&D in disadvantaged regions? *Research Policy*, 2009, 38(1).

[88] Igor Yegorov. Post-Soviet science: Difficulties in the transformation of the R&D systems in Russia and Ukraine. *Research Policy*, 2009, 38(4).

[89] Janet E L. Bercovitz and Maryann P Feldman. Fishing upstream: firm innovation strategy and university research alliances. *Research Policy*, 2007, 36(7).

[90] Wen-Hsiang Lai, Pao-Long Chang. Corporate motivation and performance in R&D alliances. *Journal of Business*

Research，2010，63(5).

[91] Can Huang and Naubahar Sharif. Manufacturing dynamics and spillovers: the case of Guangdong Province and Hong Kong，Macau，and Taiwan(HKMT). *Research Policy*，2009，38(5).

[92] 陈丽佳，卢进：《科技三项费用投入绩效的内涵及特点研究》，《科技管理研究》，2005 年第 5 期。

[93] 普万里，王泽华，茹华所：《科技投入绩效评价研究》，《科技进步与对策》，2007 年第 2 期。

[94] 丁福虎：《科研绩效评价的理论与方法》，《科技管理研究》，2000 年第 3 期。

[95] 徐春杰，李强：《科技投入产出绩效评价模型研究》，《科技进步与对策》，2006 年第 10 期。

[96] 谢福泉：《财政科技投入产出绩效评价指标的选择》，《统计与信息论坛》，2008 年第 8 期。

[97] 张平亮：《企业 R&D 绩效评价体系及其指标的研究》，《科技管理研究》，2006 年第 7 期。

[98] 袁志明，虞锡君：《财政科技投入绩效的内涵及评价实证分析——以 1999—2001 年嘉兴市市本级为例》，《浙江统计》，2004 年第 1 期。

[99] 张玉赋，张华：《江苏省科技投入的绩效模型分析研究》，《中国科技论坛》，2006 年第 5 期。

[100] 张赤东，郑垂勇：《中国制造业企业 R&D 经费资源的优化配置——一个基于循环经济评价指标体系的尝试》，《统计与决策》，2006 年第 22 期。

[101] 韩兆洲，朱珈乐：《R&D 区域投入产出绩效的综合评价——以广东省为例》，《统计与决策》，2012 年第 11 期。

[102] 赵峰：《企业高新技术创新项目 R&D 绩效评价研究》，《中国科技论坛》，2009 年第 2 期。

[103] 王海燕，罗亚非，孙守霞，苏仁辉，曾慧：《通信设备、计算机及

其他电子设备制造业 R&D 绩效分析》,《科研管理》,2007 年
第 1 期。

[104] 许治,师萍:《基于 DEA 方法的我国科技投入相对效率评
价》,《科学学研究》,2005 年第 4 期。

[105] 莫燕:《区域 R&D 绩效评价》,《科研管理》,2004 年第 1 期。

[106] 梁莱歆,张焕凤:《基于 DEA 的我国电子信息业上市公司
R&D 绩效实证研究》,《科技管理研究》,2006 年第 2 期。

[107] 罗卫平,陈志坚:《基于 DEA 的广东省 21 个地市财政科技投
入绩效评价》,《科技管理研究》,2007 年第 3 期。

[108] 徐雪竹,刘振:《DEA 模型在评价科技投入产出绩效中的运
用——以云南省 2000—2004 年数据为例》,《全国商情(经济
理论研究)》,2007 年第 12 期。

[109] 沈渊:《我国地区科技投入对经济增长贡献及其影响因素——
基于 DEA 与 Tobit 方法》,《经济管理》,2009 年第 3 期。

[110] 穆智蕊:《基于超效率 DEA 模型的北京 R&D 投入绩效评
价》,《科技进步与对策》,2012 年第 5 期。

[111] 吕鑫,邓立众:《中关村科技园区中小企业 R&D 投入产出绩
效评价》,《科技和产业》,2012 年第 10 期。

[112] 王馨迪,关忠良,刘小刚:《基于平衡记分卡的科技投入项目
(应用类)绩效评价架构探讨》,《生产力研究》,2008 年第
18 期。

[113] 苏仁辉,罗亚非,何舒洁,王海燕:《农副食品加工业的 R&D
绩效评价》,《科研管理》,2007 年第 1 期。

[114] 赵涛,张爱国:《基于因子分析的区域 R&D 绩效评价研究》,
《西北农林科技大学学报(社会科学版)》,2006 年第 3 期。

[115] 李松:《基于因子分析的我国制造业各行业 R&D 投入绩效
评价研究》,《北京工业职业技术学院学报》,2010 年第 1 期。

[116] 谢福泉,任浩,张军果:《财政科技投入产出绩效评价体系的
构建——科技项目后评价视角》,《中国科技论坛》,2006 年
第 6 期。

[117] 宋彧，宋锦：《黑龙江科技投入综合评价指标体系研究》，《商业研究》，2006 年第 2 期。

[118] 陈颖，李强：《内生增长条件下科技投入产出绩效评价：一个模型框架》，《科学学与科学技术管理》，2006 年第 12 期。

[119] 杨志江，钟优慧：《区域科技投入绩效的动态综合评价——广西区 1999—2003 年科技投入绩效的综合分析》，《商场现代化》，2006 年第 11 期。

[120] 李辉，马悦：《高技术产业融资结构对 R&D 绩效的影响研究》，《吉林大学社会科学学报》，2009 年第 4 期。

[121] 魏和清：《从科技投入与产出看我国科技发展的绩效》，《科技进步与对策》，2002 年第 12 期。

[122] 邓向荣，刘乃辉，周密：《转型期我国政府科技投入绩效研究》，《科技管理研究》，2005 年第 10 期。

[123] 刘丹鹤，杨舰：《R&D 投入、经济增长与科技管理》，《科学学与科学技术管理》，2006 年第 9 期。

[124] 戴勇，肖丁丁，锁颖馨：《研发投入、企业家精神与产学研绩效的关系研究——以广东省部分产学研合作企业为例》，《科学学与科学技术管理》，2010 年第 11 期。

[125] 李剑，沈坤荣：《研发活动对经济增长的影响——大中型工业企业的面板协整动态 OLS 估计》，《山西财经大学学报》，2009 年第 3 期。

[126] 孙早，宋炜：《企业 R&D 投入对产业创新绩效的影响——来自中国制造业的经验证据》，《数量经济技术经济研究》，2012 年第 4 期。

[127] 程华，李晓菲，李冬琴，居晟：《研发投入、技术能力与产出绩效关系的研究——基于帕维特产业分类的视角》，《中国科技论坛》，2013 年第 1 期。

[128] 吕忠伟，李峻浩：《R&D 空间溢出对区域经济增长的作用研究》，《统计研究》，2008 年第 3 期。

[129] 李武威：《外资研发、技术创新资源投入与本土企业创新绩效

的关系研究》,《情报杂志》,2013 年第 2 期。

[130] 孙敬水,岳牡娟:《我国 R&D 投入与经济增长实证研究——基于 panel data 模型分析》,《科技管理研究》,2009 年第 7 期。

[131] 赖明勇,张新,彭水军,包群:《经济增长的源泉:人力资本、研究开发与技术外溢》,《中国社会科学》,2005 年第 2 期。

[132] 陈利华,杨宏进:《我国科技投入的技术进步效应——基于 30 个省市跨省数据的实证分析》,《科学学与科学技术管理》,2005 年第 7 期。

[133] 吴林海,杜文献:《中国 R&D 经费配置对经济增长的影响研究》,《统计与决策》,2008 年第 11 期。

[134] 高艳,胡树华:《中部区域科技投入对经济增长的灰色关联度分析》,《科技与经济》,2004 年第 3 期。

[135] 姜庆华,米传民:《我国科技投入与经济增长关系的灰色关联度分析》,《技术经济与管理研究》,2006 年第 4 期。

[136] 贾鹏,王晓明,贾燕子:《我国科技投入与经济增长关联的实证分析》,《科技与管理》,2004 年第 4 期。

[137] 徐冬林,郭云南:《R&D 投入对中国经济增长的动态时滞效应分析》,《中南财经政法大学学报》,2007 年第 6 期。

[138] 范黎波,宋志红,宋志华:《R&D 投入与经济增长的协整分析——基于中国 1987—2005 年数据》,《财贸经济》,2008 年第 2 期。

[139] 王海鹏,田澎,靳萍:《中国科技投入与经济增长的 Granger 因果关系分析》,《系统工程》,2005 年第 2 期。

[140] 苏桅芳,胡日东,衣长军:《中国经济增长与科技投入的关系——基于协整与 VAR 模型的实证分析》,《科技管理研究》,2006 年第 9 期。

[141] 杨朝峰,贾小峰:《政府公共 R&D 影响经济增长的机制研究》,《中国软科学》,2008 年第 8 期。

[142] 陈志斌,施建军,孙辛勤:《江苏 R&D 活动:比较、评价与促

进经济发展对策研究》,《江苏社会科学》,2003 年第 3 期。

[143] 李华:《要素投入和科技进步对辽宁工业经济增长的贡献》,《社会科学辑刊》,1996 年第 3 期。

[144] 李新运,于永信:《21 世纪初山东省经济增长对科技投入的需求分析》,《科学与管理》,1999 年第 6 期。

[145] 米传民,刘思峰,杨菊:《江苏省科技投入与经济增长的灰色关联研究》,《科学学与科学技术管理》,2004 年第 1 期。

[146] 唐五湘,刘志辉:《北京市科技投入与经济增长的 T 型关联度分析》,《工业技术经济》,2006 年第 6 期。

[147] 李子彪,胡宝民,奚丽娟:《区域科技投入对经济增长贡献的定量研究》,《科技管理研究》,2006 年第 7 期。

[148] 叶喆喆,郗永勤:《福建省科技投入与经济增长的灰色关联度分析》,《华东经济管理》,2006 年第 8 期。

[149] 胡恩华,刘洪,张龙:《我国科技投入经济效果的实证研究》,《科研管理》,2006 年第 4 期。

[150] 赵建斌,袁卫,钟卫:《我国 R&D 经费投入模式的国际比较研究》,《中国科技论坛》,2009 年第 1 期。

[151] 魏杰,徐春骐:《我国科学研究经费优化配置的比较研究》,《西安财经学院学报》,2006 年第 4 期。

[152] 李春友,阙立红:《中美不同主体和活动间 R&D 经费配置比较研究》,《广东商学院学报》,2006 年第 6 期。

[153] 杨宏进,邹珊刚:《我国 R&D 人力资源配置分析》,《科研管理》,2005 年第 2 期。

[154] 杨立英,金碧辉,孙涛涛:《经济增长对科研经费投入贡献力的国际比较》,《科学学与科学技术管理》,2006 年第 12 期。

[155] 赵彦云,张明倩:《东盟 10+3 区域 R&D 投入与经济增长分析》,《科技管理研究》,2005 年第 12 期。

[156] 刘磊,胡树华:《国内外 R&D 管理比较研究及对中国科技资源配置的启示》,《科学学研究》,2000 年第 1 期。

[157] 师萍,张蔚虹:《中国 R&D 投入的绩效分析与制度支持研

究》,科学出版社,2008 年。

[158] 徐伟民:《科技政策与高新技术企业的 R&D 投入决策——来自上海的微观实证分析》,《上海经济研究》,2009 年第 5 期。

[159] 赵立雨,师萍:《基于协整理论的政府科技投入绩效与目标强度研究》,《科学学与科学技术管理》,2008 年第 11 期。

[160] 张运生,曾德明,张利飞:《高技术企业 R&D 人员配置网络研究》,《中国科技论坛》,2007 年第 1 期。

[161]《我国 R&D 专题分析》课题总体研究组.国家创新系统中 R&D 资源配置研究.科学技术文献出版社,2006 年。

[162] 吴林海,杜文献,童霞:《中国未来 R&D 投入配置的理论与实证研究》,化学工业出版社,2009 年。

[163] 彭宇文,吴林海:《基于三大研发主体、三大研发活动的国内外 R&D 经费配置比较研究》,《工业技术经济》,2006 年第 10 期。

[164] 王明安:《浅议中国 R&D 资金配置》,《科技情报开发与经济》,2005 年第 4 期。

[165] 陈瑶瑶,池仁勇,丁峥嵘,郭元源,段姗:《浙江省 R&D 资源配置特征及其对策研究》,《科技管理研究》,2005 年第 2 期。

[166] 韩骁,杨锁强,陈红亚:《陕西省 R&D 资源评价与优化配置对策研究》,《情报杂志》,2003 年第 3 期。

[167] 王丁,杨建梅,陈建煊:《用软系统方法论对广东 R&D 资源配置问题的研究》,《科学管理研究》,1999 年第 2 期。

[168] 朱玲,党耀国,王正新:《江苏省"十一五"期间 R&D 投入结构优化模型》,《研究与发展管理》,2008 年第 5 期。

[169] 董友,胡宝民,于建朝:《河北省高校 R&D 资源配置现状与对策建议》,《河北大学学报(哲学社会科学版)》,2007 年第 1 期。

[170] 陈凌芹:《绩效管理》,中国纺织出版社,2004 年。

[171] 冯鸿雁:《财政支出绩效评价体系构建及其应用研究》,天津大学图书馆,2005 年。

[172] 吴俊卿:《绩效评价的理论与方法——在科研机构的实践》,科学技术文献出版社,1992 年。

[173] 肖敏,谢富纪:《我国区域 R&D 资源配置效率差异及其影响因素分析》,《软科学》,2009 年第 10 期。

[174] 黄鲁成,张红彩,王彤:《我国研发支出的影响因素分析》,《研究与发展管理》,2005 年第 6 期。

[175] 徐海洪:《电子及通信设备制造业 R&D 效率及其影响因素研究》,大连理工大学出版社,2009 年。

[176] 傅家骥,等:《高质量经济增长的实现要素分析》,《数量经济技术经济研究》,1994 年第 3 期。

[177] [美]弗兰克·H·奈特:《风险、不确定性和利润》,王宇,王文玉译,中国人民大学出版社,2005 年。

[178] 姚建华:《基于企业家创新的产业演化研究》,暨南大学博士学位论文,2009 年。

[179] 叶义成,柯丽华,黄德育:《系统综合评价技术及其应用》,冶金工业出版社,2006 年。

[180] 杜栋,庞庆华:《现代综合评价方法与案例精选》,清华大学出版社,2005 年。

[181] 张文彤,董伟:《SPSS 统计分析高级教程》,高等教育出版社,2004 年。

[182] 张德丰:《MATLAB 神经网路应用设计》,机械工业出版社,2009 年。

[183] 叶正波:《可持续发展评估理论及实践》,中国环境科学出版社,2002 年。

[184] 李旭:《社会系统动力学——政策研究的原理、方法和应用》,复旦大学出版社,2009 年。

[185] 王其藩:《系统动力学》,上海财经大学出版社,2009 年。

[186] 潘云涛:《科技评价理论、方法及实证》,科学技术文献出版社,2008 年。

[187] 陈海波,李雨婧,陈芳:《基于 Logistic 曲线模型的我国 R&D 投入规律及战略思考》,《科技管理研究》,2010 年第 9 期。

[188] 董江水:《应用 SPSS 软件拟合 Logistic 曲线研究》,《金陵科

技学院学报》,2007 年第 1 期。

[189] 杨连峰:《基于 Logistic 曲线的中国网民人数增长规律研究》,《厦门理工学院学报》,2008 年第 4 期。

[190] 殷祚云:《Logistic 曲线拟合方法研究》,《数理统计与管理》,2002 年第 21 期。

[191] 徐俊增,彭世彰,李道西,叶澜涛:《基于 Logistic 曲线的作物累积蒸发蒸腾量模拟研究》,《河海大学学报(自然科学版)》,2007 年第 2 期。

[192] 吴林海,杜文献,童霞:《中国未来 R&D 投入配置的理论与实证研究》,化学工业出版社,2009 年。

[193] 陈海波,李建民,赵喜仓:《江苏省 R&D 活动中政府作用分析》,《江苏大学学报(社会科学版)》,2003 年第 3 期。

[194] 程华,赵祥:《政府科技资助的溢出效应研究——基于我国大中型工业企业的实证研究》,《科学学研究》,2009 年第 6 期。

[195] 陈海波:《企业 R&D 投入绩效影响因素的实证分析——基于江苏省企业创新调查数据》,《科技进步与对策》,2011 年第 11 期。

[196] 陈海波,刘洁:《我国工业企业 R&D 状况的区域比较分析》,《中国软科学》,2008 年第 1 期。

[197] 陈海波:《中国 R&D 投入与经济增长的系统动态仿真研究》,《统计与决策》,2011 年第 10 期。

附　表

附表1　基于区域层面的中国大陆R&D投入绩效评价的原始数据

指标名称	X_1：高技术产业当年价产值/亿元	X_2：国内有效专利数/件	X_3：高技术产品出口额/亿美元	X_4：R&D人员/万人年	X_5：R&D经费数/亿元	X_6：万人口R&D人员研究人员时当量/人	X_7：R&D经费占GDP的比重/%	X_8：研究与开发机构科技经费支出占GDP的比重/%	X_9：地方财政科技拨款占地方财政支出的比重/%	X_{10}：各地区规模以上工业企业每项新产品项目的产值/万元/项	X_{11}：每亿元R&D经费支出的国外主要检索工具收录的科技论文数/(篇/亿元)	X_{12}：每亿元R&D经费支出的发明专利申请授权量/(项/亿元)
北　京	2 897.64	131 255.0	133.54	29.7	936.6	60.35	5.76	3.86	5.64	3 841.0	65.45	16.95
天　津	2 672.26	38 690.0	173.81	11.16	297.8	25.13	2.63	0.31	3.35	2 590.06	31.13	8.49
河　北	973.25	33 813.0	38.76	11.18	201.3	5.78	0.82	0.12	0.94	3 162.61	32.4	7.3
山　西	318.06	14 764.0	5.88	6.78	113.4	7.55	1.01	0.21	1.15	4 102.77	21.83	9.82
内蒙古	326.19	7 162.0	3.92	3.62	85.2	6.03	0.59	0.08	0.94	4 128.51	8.59	4.27
辽　宁	1 884.49	54 320.0	58.29	12.96	363.8	11.25	1.64	0.27	2.23	3 838.52	42.25	8.7

续表

指标名称	X₁: 高技术产业当年价产值总产值/亿元	X₂: 国内有效专利数/件	X₃: 高技术产品出口额/亿美元	X₄: R&D人员/万人年	X₅: R&D经费/亿元	X₆: 万人口R&D研究人员全时当量/人	X₇: R&D经费占GDP的比重/%	X₈: 研究与开发机构科技经费支出占GDP的比重/%	X₉: 地方财政科技拨款占地方财政支出的比重/%	X₁₀: 各地区规模以上工业企业每项新产品项目的产值/万元/项	X₁₁: 每亿元R&D经费支出的国外主要工具检索的科技论文数/(篇/亿元)	X₁₂: 每亿元R&D经费支出的发明专利申请授权量/(项/亿元)
吉 林	1 020.64	15 594.0	2.58	7.07	89.1	10.03	0.84	0.26	0.96	8 697.45	93.06	13.49
黑龙江	395.28	29 042.0	1.63	8.73	128.8	11.18	1.02	0.23	1.19	1 378.79	93.89	15.16
上 海	7 021.37	149 202.0	930.82	19.87	597.7	29.7	3.11	0.88	5.58	4 541.56	49.5	15.33
江 苏	19 487.82	371 322.0	1 303.42	45.51	1 065.5	15.59	2.17	0.21	3.43	3 618.94	26.96	10.36
浙 江	3 722.45	331 703.0	155.39	32.42	598.1	13.68	1.85	0.12	3.74	3 144.44	27.31	15.27
安 徽	1 118.58	60 400.0	9.42	12.26	214.6	6.22	1.4	0.2	2.33	3 006.37	35.67	9.44
福 建	3 068.02	58 969.0	134.45	12.86	221.5	8.52	1.26	0.08	1.84	4 753.32	23.22	8.78
江 西	1 418.64	14 237.0	39.39	5.69	96.8	4.27	0.83	0.12	0.84	3 319.35	34.62	7.01
山 东	6 201.13	139 884.0	154.88	32.73	844.4	10.35	1.86	0.11	2.17	4 739.5	17.0	6.94
河 南	2 127.42	50 785.0	57.55	16.74	264.5	5.68	0.98	0.16	1.33	3 307.72	26.87	9.31
湖 北	1 720.97	50 906.0	43.21	16.64	323.0	10.35	1.65	0.39	1.37	3 745.76	54.75	9.78
湖 南	1 544.9	43 108.0	8.57	12.77	233.2	5.86	1.19	0.12	1.19	5 147.34	49.83	11.17

续表

指标名称	X_1：高技术产业当年产值总值/亿元	X_2：国内有效专利数/件	X_3：高技术产品出口额/亿美元	X_4：R&D人员/万人年	X_5：R&D经费/亿元	X_6：万人口R&D研究员全时当量人时/人	X_7：万R&D经费占GDP的比重/%	X_8：研究与开发机构科技经费支出占GDP的比重/%	X_9：地方财政科技拨款占地方财政支出的比重/%	X_{10}：各地区规模以上工业企业新产品项目每项产值万元/项	X_{11}：每亿元R&D经费国外主要检索工具收录的科技论文数(篇/亿元)	X_{12}：每亿元R&D经费支出的发明专利申请授权量/(项/亿元)
广东	23 576.34	400 571.0	2 021.17	51.56	1 045.5	16.0	1.96	0.1	3.04	4 469.21	14.14	17.45
广西	615.8	13 149.0	8.71	6.12	81.0	4.4	0.69	0.13	1.11	3 514.39	22.8	7.83
海南	98.26	2 442.0	3.12	0.83	10.4	2.47	0.41	0.37	1.26	3 310.94	29.71	26.15
重庆	1 160.27	41 070.0	58.92	6.53	128.4	6.81	1.28	0.22	0.97	6 872.83	48.73	14.52
四川	3 221.42	74 455.0	113.89	13.41	294.1	5.47	1.4	0.83	0.98	2 056.84	43.23	11.12
贵州	369.93	11 240.0	0.67	2.49	36.3	2.55	0.64	0.12	0.96	5 433.83	22.01	16.42
云南	201.39	13 683.0	2.03	4.36	56.1	3.1	0.63	0.24	0.97	2 402.84	46.72	17.93
西藏	6.0	390.0	0.1	0.19	1.2	2.23	0.19	0.34	0.45	2 424.64	6.67	22.5
陕西	1 060.36	31 544.0	20.68	10.06	249.4	11.79	1.99	1.19	0.99	2 168.14	71.96	12.59
甘肃	95.63	6 728.0	1.29	3.18	48.5	5.07	0.97	0.45	0.74	4 279.06	88.19	11.38
青海	30.65	1 195.0	0.04	0.75	12.6	5.61	0.75	0.14	0.39	904.3	11.75	5.56
宁夏	45.12	2 133.0	0.68	1.2	15.3	5.04	0.73	0.06	1.11	1 726.09	10.13	6.73
新疆	33.57	8 603.0	1.49	2.39	33.0	4.38	0.5	0.22	1.16	3 674.48	26.21	9.15

附表 2 2012 年基于行业层面的中国 R&D 投入绩效评价的原始数据

行业	Y_1：主营业务收入/万元	Y_2：新产品销售收入/万元	Y_3：新产品开发项目数/项	Y_4：专利申请数/件	Y_5：拥有发明专利数/件	X_1：R&D人员/人	X_2：R&D人员全时当量/人年	X_3：R&D经费/万元
煤炭开采和洗选业	313 691 358	11 156 173	1 470	1 917	505	72 726	50 763	1 451 311
石油和天然气开采业	128 824 818	592 612	1 043	2 337	698	42 117	32 372	821 291
黑色金属矿采选业	81 135 523	322 942	67	301	162	3 113	1 942	41 268
有色金属矿采选业	49 280 202	669 279	81	193	88	5 758	3 148	139 231
非金属矿采选业	37 516 050	534 697	224	145	70	4 588	3 405	72 678
农副食品加工业	438 242 364	14 677 321	3 947	4 350	1 689	37 044	25 154	920 658
食品制造业	138 807 947	6 814 431	3 007	3 870	1 512	29 643	19 564	626 131
饮料制造业	115 764 646	7 833 815	2 628	2 174	600	27 854	20 013	693 436
烟草制品业	66 642 283	14 928 820	800	1 145	381	6 236	3 483	159 702
纺织业	322 775 478	32 539 362	7 822	12 711	1 854	72 684	50 863	1 360 233
纺织服装、鞋、帽制造业	132 135 009	8 075 745	1 452	3 565	345	21 823	17 248	289 534
皮革、毛皮、羽毛（绒）及其制品业	87 437 508	5 078 221	1 049	2 008	214	10 309	7 960	154 417
木材加工及木、竹、藤、棕、草制品业	117 761 883	2 464 675	821	1 914	541	7 739	4 634	144 700
家具制造业	49 388 248	2 549 037	1 134	3 298	303	7 378	4 960	90 341
造纸及纸制品业	117 972 987	10 182 264	1 512	2 243	619	21 234	15 258	558 877
印刷业和记录媒介的复制	37 907 033	2 795 217	1 081	1 281	365	11 725	8 156	190 130
文教体育用品制造业	31 330 261	2 079 770	1 690	4 463	555	10 213	7 863	136 993
石油加工、炼焦及核燃料加工业	372 843 171	11 571 279	1 578	1 055	632	18 117	13 638	625 447
化学原料及化学制品制造业	601 032 171	64 328 995	17 353	18 436	9 417	176 864	132 036	4 699 215

行业	Y₁: 主营业务收入/万元	Y₂: 新产品销售收入/万元	Y₃: 新产品开发项目数/项	Y₄: 专利申请数/件	Y₅: 拥有发明专利数/件	X₁: R&D人员/人	X₂: R&D人员全时当量/人年	X₃: R&D经费/万元
医药制造业	144 784 843	23 170 435	16 440	11 115	6 968	118 558	93 467	2 112 462
化学纤维制造业	66 431 025	12 845 566	1 563	2 231	560	19 036	14 445	587 560
橡胶制品业	727 36 152	10 968 601	3 310	2 814	849	24 358	18 189	631 281
塑料制品业	152 654 481	9 208 862	9 438	7 735	2 055	36 988	28 477	726 377
非金属矿物制品业	392 812 774	14 523 912	6 238	9 136	2 715	75 411	53 107	1 397 206
黑色金属冶炼及压延加工业	658 224 921	68 352 484	7 371	8 381	2 911	112 747	81 788	5 126 475
有色金属冶炼及压延加工业	368 335 689	34 103 901	4 041	6 519	2 456	60 511	44 746	1 901 947
金属制品业	229 277 876	15 547 666	6 520	12 699	2 575	57 959	40 167	1 112 914
通用设备制造业	400 730 012	59 293 578	27 985	33 060	8 637	206 404	154 694	4 066 679
专用设备制造业	260 851 706	44 792 466	22 362	32 022	10 300	188 022	146 529	3 656 608
交通运输设备制造业	629 595 940	200 879 221	31 329	38 829	9 267	286 920	220 087	785 546
电气机械及器材制造业	500 693 814	109 980 157	32 603	57 713	16 667	265 703	205 275	6 240 088
通信设备、计算机及其他电子设备制造业	634 787 743	182 267 801	34 672	71 890	40 980	376 172	318 018	9 410 520
仪器仪表及文化、办公用品机械制造业	74 593 400	14 584 253	9 802	14 059	4 319	75 784	61 605	1 208 653
工艺品及其他制造业	71 047 263	3 881 170	2 016	3 396	612	17 699	12 360	242 662
电力、热力的生产和供应业	471 276 913	1 799 907	1 569	6 716	2 256	33 715	21 344	428 121
燃气生产和供应业	32 030 705	171 814	48	63	8	1 018	442	12 316
水的生产和供应业	11 654 202	22 771	86	197	111	1 591	1 163	18 307

附表 3 中国 R&D 投入绩效系统动态仿真模型构建的原始数据

年份	财政支出/亿元	人均 GDP/(元/人)	GDP/亿元	GDP年增长率/%	年末人口总数/万人	出生率/‰	死亡率/‰	年出生人口/人	年死亡人口/人	R&D 经费支出/亿元
1995	6823.72	5 046	60 793.7	10.9	121 121	17.12	6.57	20 735.915 2	7 957.649 7	348.69
1996	7 937.55	5 846	71 176.6	10.0	122 389	16.98	6.56	20 781.652 2	8 028.718 4	404.48
1997	9 233.56	6 420	78 973.0	9.3	123 626	16.57	6.51	20 484.828 2	8 048.052 6	509.16
1998	10 798.18	6 796	84 402.3	7.8	124 761	15.64	6.50	19 512.620 4	8 109.465 0	551.12
1999	13 187.67	7 159	89 677.1	7.6	125 786	14.64	6.46	18 415.070 4	8 125.775 6	678.91
2000	15 886.50	7 858	99 214.6	8.4	126 743	14.03	6.45	17 782.042 9	8 174.923 5	895.66
2001	18 902.58	8 622	109 655.2	8.3	127 627	13.38	6.43	17 076.492 6	8 206.416 1	1 042.49
2002	22 053.15	9 398	120 332.7	9.1	128 453	12.86	6.41	16 519.055 8	8 233.837 3	1 287.64
2003	24 649.95	10 542	135 822.8	10.0	129 227	12.41	6.40	16 037.070 7	8270.528 0	1 539.63
2004	28 486.89	12 336	159 878.3	10.1	129 988	12.29	6.42	15 975.525 2	8 345.229 6	1 966.33
2005	33 930.28	14 185	183 217.4	10.4	130 756	12.40	6.51	16 213.744 0	8 512.215 6	2 449.97
2006	40 422.73	16 500	216 314.4	11.6	131 448	12.09	6.81	15 892.063 2	8 951.608 8	3 003.10
2007	49 781.35	20 169	265 810.3	13.0	132 129	12.10	6.93	15 987.609 0	9156.539 7	3 710.24
2008	62 592.66	23 708	314 045.4	9.6	132 802	12.14	7.06	16 122.162 8	9 375.821 2	4 616.02
2009	76 299.93	25 608	340 902.8	9.2	133 450	11.95	7.08	15 947.275 0	9 448.260 0	5 802.10
2010	89 874.16	30 015	401 512.8	10.4	134 091	11.90	7.11	15 956.829 0	9 533.870 1	7 062.60
2011	109 247.79	35 181	472 881.6	9.3	134 735	11.93	7.14	16 073.885 5	9 620.0790	8 687.00

年份	R&D人员/万人年	高校 R&D 经费支出/亿元	普通高等学校毕业生数/万人	国内外专利申请受理数/件	大中型工业企业新产品销售收入/亿元	新产品成长因子	国家科技支撑/科技攻关计划/中央财政拨款/万元	国家自然科学基金中央财政拨款/万元	973 计划中央财政拨款/万元	政府对科技活动的支持度因子
1995	75.17	42.3	80.5	83 045	2 620	0.029 6				
1996	80.40	47.8	83.9	102 735	3 382	0.038 2	52 000	64 583		
1997	83.12	57.7	82.9	114 208	3 631	0.041 0	53 718	77 726		
1998	75.52	54.4	83.0	121 989	4 367	0.049 3	103 700	88 862	30 000	0.116 3
1999	82.17	63.5	84.8	134 239	5 550	0.062 6	116 600	108 358	40 000	0.139 5
2000	92.21	76.7	95.0	170 682	7 641	0.086 2	103 209	128 431	50 000	0.146 9
2001	95.65	102.4	103.6	203 573	8 794	0.099 2	105 340	159 835	58 930	0.165 3
2002	103.51	130.5	133.7	252 631	10 838	0.122 3	133 840	196 839	68 587	0.201 8
2003	109.48	162.3	187.7	308 487	14 098	0.159 0	134 540	204 943	80 000	0.216 4
2004	115.26	200.9	239.1	353 807	20 421	0.230 4	161 440	224 995	89 700	0.247 9
2005	136.48	242.3	306.8	476 264	24 097	0.271 8	162 440	270 128	98 297	0.268 5
2006	150.25	276.8	377.5	573 178	31 233	0.352 3	288 790	362 014	97 892	0.366 5
2007	173.62	314.7	447.8	693 917	40 976	0.462 2	542 337	433 096	129 263	0.570 8
2008	196.54	390.2	511.9	828 328	51 292	0.578 6	506 556	535 851	150 415	0.596 3
2009	229.10	468.1	531.1	976 686	57 978	0.654 0	500 000	642 697	189 976	0.660 4
2010	255.40	597.3	575.4	1 222 286	72 864	0.821 9	500 000	1 038 109	271 813	0.842 4
2011	288.30	688.9	608.2	1 633 347	88 650	1.000 0	550 000	1 404 343	309 245	1.000 0

续表

年份	星火计划/万元	火炬计划/万元	国家重点新产品计划/万元	科技型中小企业技术创新基金/万元	科技成果产业化水平因子	技术合同成交金额/亿元	科技中介机构发展水平因子	R&D投入绩效因子	新产品成长因子	政府对科技活动的支持度因子	科技成果产业化水平因子	科技中介机构发展水平因子
1995	3 900	5 100							0.029 6			
1996	3 900	5 100	950						0.038 2			
1997	3 900	5 100	13 500			351.4	0.073 8		0.041			0.073 8
1998	4 000	5 100	13 500			435.8	0.091 5		0.049 3	0.116 3		0.091 5
1999	4 000	5 000	14 000	100 000	0.244 3	523.5	0.109 9	0.139 1	0.062 6	0.139 5	0.244 3	0.109 9
2000	10 000	5 000	14 000	80 000	0.232 8	650.8	0.136 6	0.150 6	0.086 2	0.146 9	0.232 8	0.136 6
2001	10 000	7 000	14 000	78 330	0.297 5	782.7	0.164 3	0.181 6	0.099 2	0.165 3	0.297 5	0.164 3
2002	10 000	7 000	14 000	54 024	0.284 4	884	0.185 6	0.198 5	0.122 3	0.201 8	0.284 4	0.185 6
2003	10 500	7 000	14 000	66 382	0.291 0	1 085	0.227 7	0.223 6	0.159	0.216 4	0.291 0	0.227 7
2004	11 700	7 000	14 000	82 719	0.304 0	1 334	0.280 0	0.265 6	0.230 4	0.247 9	0.304 0	0.280 0
2005	10 160	7 000	14 000	98 848	0.322 7	1 551	0.325 6	0.297 1	0.271 8	0.268 5	0.322 7	0.325 6
2006	10 825	13 900	14 000	84 288	0.331 1	1 818	0.381 6	0.357 9	0.352 3	0.366 5	0.331 1	0.381 6
2007	13 875	15 176	14 000	125 620	0.418 3	2 227	0.467 5	0.479 7	0.462 2	0.570 8	0.418 3	0.467 5
2008	15 000	22 765	15 000	162 109	0.498 2	2 665	0.559 4	0.558 1	0.578 6	0.596 3	0.498 2	0.559 4
2009	20 000	22 000	20 000	348 357	0.715 5	3 039	0.637 9	0.666 9	0.654	0.660 4	0.715 5	0.637 9
2010	21 892	20 000	20 000	429 709	0.737 6	3 907	0.820 1	0.805 5	0.821 9	0.842 4	0.737 6	0.820 1
2011	30 000	32 000	29 850	463 999	1.000 0	4 764	1.000 0	1.000 0	1.000 0	1.000 0	1.000 0	1.000 0

后 记

本书是在我的博士论文基础上修改而成的,较为系统地对中国 R&D 投入绩效评价进行了理论和实证研究,在理论研究和方法应用上具有一定的创新性。

然而,由于时间、资料和能力所限,研究的深度和精密度需要进一步提高:第一,书中的实证研究未能在 R&D 投入的各个层面或角度进行实证分析;第二,影响因素的研究也只在微观层面进行了论述,尽管具有一定的代表性,但仍有一定缺憾;第三,系统动力学模型的仿真研究未能将所有的影响因素融入其中。在后续的研究工作中我们将做进一步探讨的内容应包括:(1)可进一步从各个层面和角度对 R&D 投入绩效进行延伸研究;(2)从微观层面找寻典型的企业进行跟踪分析,进一步明晰企业 R&D 投入绩效的评价;(3)如何在科技与社会、经济的大系统中进行协调,形成一个由三者结合、相互独立又相互影响的三位一体的 R&D 统计指标体系,并将其应用于实践,为完善系统动力学模型奠定数据基础。此外对我国 R&D 投入绩效评价在推广应用方面可做进一步的努力和开拓。

在本书即将出版之际,感谢我的导师赵喜仓教授的悉心指导和帮助,感谢梅强教授、陈丽珍教授、孔玉生教授、周绿林教授、施国洪教授以及帮助过我的诸位老师,感谢江苏省科技厅、江苏省统计局的有关领导,他们为我的研究给予了大力支持和热情帮助,感谢本书参考文献中的各位学者,他们的研究成果为我带来了许多启发。此外,我的研究生李馨、江婷、王昕言、张悦对书稿进行了认真修改和充实,我的家人给予了我无微不至的关心和照顾,妻子刘洁与我一样是高校教师,她的智慧与敏锐给了我许多灵感,女儿陈欣悦天真活泼,给我带来了诸多生活乐趣,江苏大学出版社顾正彤和柳艳编辑为本书的出版付出了辛劳和汗水,在此一并表示感谢!

陈海波

2013 年 11 月